JN064404

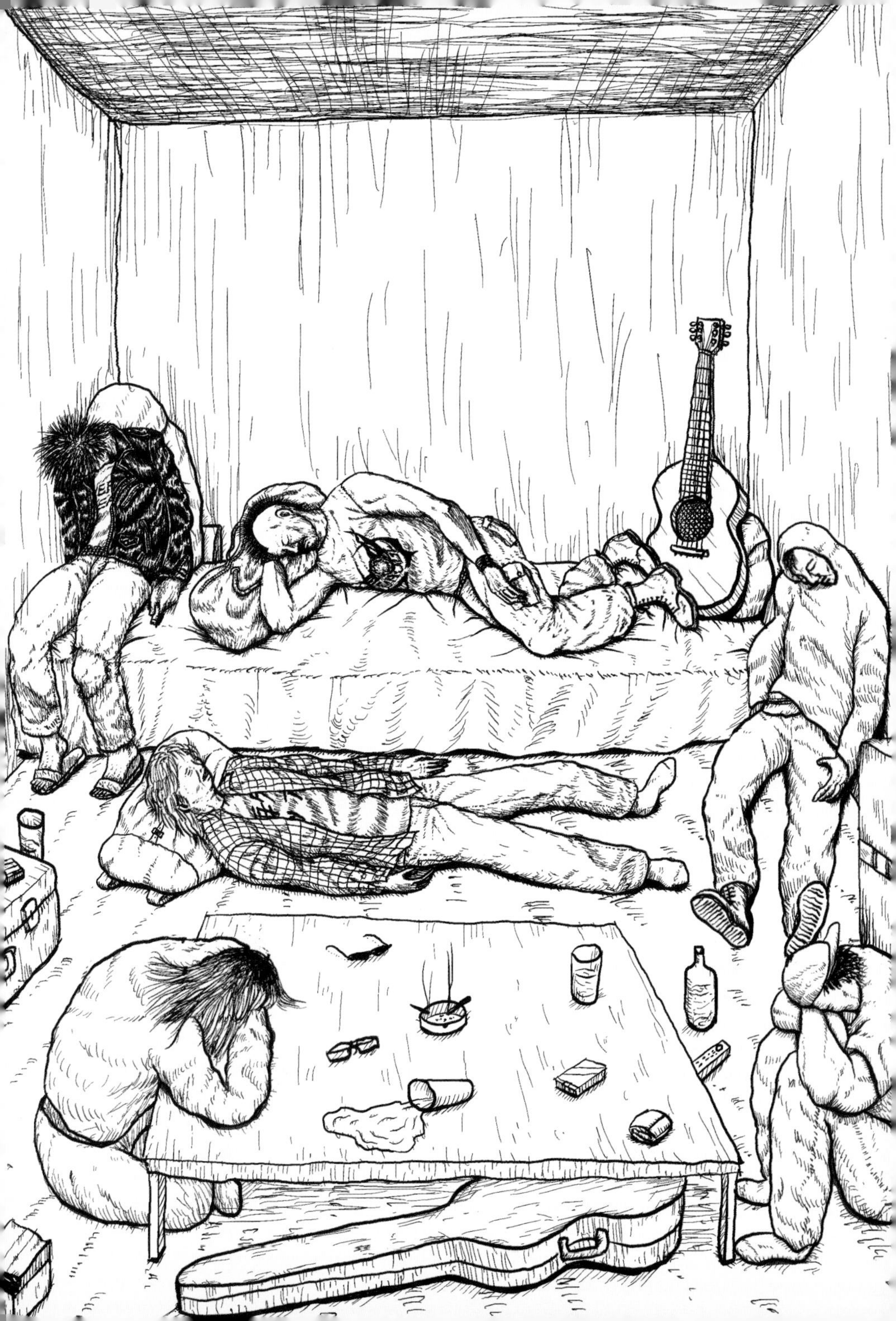

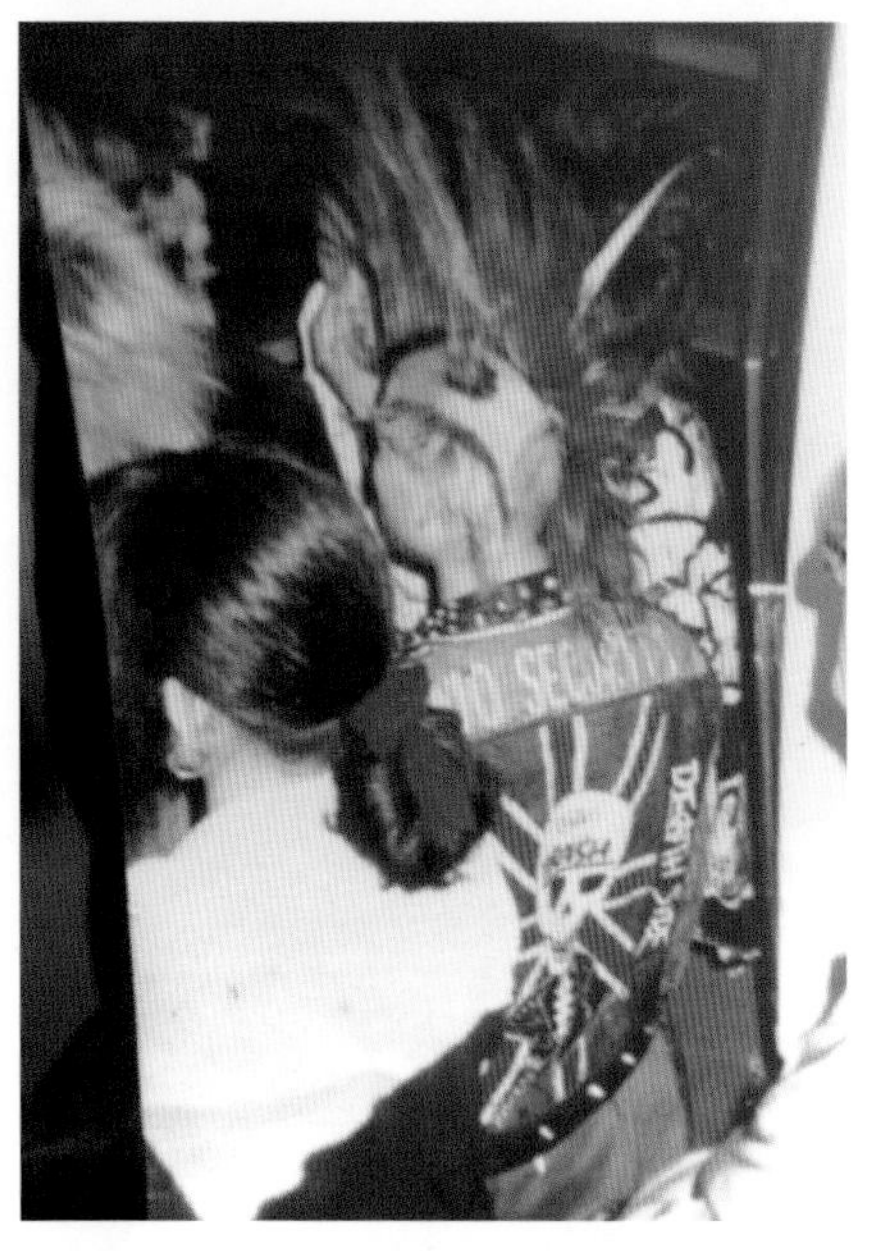

10代の頃、ライブハウスの客として。

原宿、竹下通りにたまっている頃の筆者。

CHELSEA、ヒロシ、FUJIMAKIとのDEATH SIDE。

1987年、「BLOODY SUMMER TOUR」初日のDEATH SIDE。
ドラムはOUTOのミッチュン。

上：18歳頃、ライブ帰りにどこかの駅のホームにて。
下：1987年、「BLOODY SUMMER TOUR」で鹿児島へ行った時の写真。オフで海へ。

友人宅で歌詞を書いている筆者。

2004年、FORWARDアメリカツアー、オークランドのパーティーにて。STAR STRANGLED BASTARDSと。

2004年、FORWARDアメリカツアー。ポートランドでPOISON IDEAのピッグ・チャンピオン、ジェリー・Aと。

2006年、FORWARD・WARHEADのアメリカツアーにて。WARHEADのJUNとニューヨークのマディソン・スクエア・ガーデン前で。

2006年、FORWARD・WARHEADアメリカツアー、ニューヨークのCBGB前で。

2004年、FORWARDアメリカツアー、シカゴでのライブの模様。

2012年、FORWARDアメリカツアー機材車の荷物。

上：2006年、FORWARD・WARHEADアメリカツアーの「CHAOS IN TEJAS」中庭で。WARHEADとFORWARDとパコ。
下：2012年、FORWARDアメリカツアーの車内。

2012年、FORWARDアメリカツアー。サンフランシスコの公園で。

2014年、FORWARDアメリカツアー。ライブハウスの野外スペース。

アメリカツアーのライブで、用意されていたビール。

2014年、FORWARDオーストラリアツアー。沼のようなところで泳ぐメンバーたち。

2014年、FORWARDオーストラリアツアー。移動中の潜水艦上にてTEARGASとFORWARD。

上：2015年、FORWARD韓国ツアー。どこかの飯屋の前で。メンバー、フクちゃんとNAO。
下：2015年、FORWARD韓国ツアー。二次会の公園。

2014年、FORWARDアメリカツアー最終日。カナダのホテルで帰りの空港へ行く前に、盟友LONG KNIFEと。

2015年、FORWARD韓国ツアー。ライブ後の集合写真。

2016年、DEATH SIDEニューヨーク公演2日目。ソーホー地区散歩。

上：2016年、DEATH SIDEイギリスツアーのブリストルで。パブに行くボート上で、CHAOS U.Kのギャバとメンバー。
下：2016年、DEATH SIDEイギリスツアーのブリストルのパブ。CHAOS U.Kのカオス、フィル、デビルマンなどとメンバー、SOUICHI。

2016年、DEATH SIDEイギリスツアー。ブリストルのパブでCHAOSU.Kのフィルと。指に同じ「乾杯」のタトゥー。

2016年、DEATH SIDEイギリスツアー。初日ライブの様子。

2016年、DEATH SIDEチェコ「OBSCENE EXTREME」のオフで行ったアドルシュパフ奇岩群。

2016年、DEATH SIDEニューヨーク公演で、アンディと弁慶と共にBEASTIE BOYSの写真の真似。

2016年、DEATH SIDEチェコ「OBSCENE EXTREME」のオフで行ったアドルシュパフの駅。

2016年、FORWARD北欧ツアーのストックホルムで。友人マルクとメンバー。

右:2016年、DEATH SIDEチェコ「OBSCENE EXTREME」でのライブの模様。/左上:2016年、FORWARD北欧ツアーでの白夜。この明るさで夜中の12時過ぎ。/左下:2016年、FORWARD北欧ツアー。フィンランドの「HÄSSÄKKÄ PÄIVÄT」フェスのライブ後。

2017年、DEATH SIDEオーストラリアツアーでのライブの模様。

2017年、DEATH SIDEオーストラリアツアー。スクワットライブ会場の様子。

2017年、DEATH SIDEオーストラリアツアー。飯屋でヤップの子どもとメンバー。

2018年、DEATH SIDEスウェーデン・ストックホルムで、ライブ終了後。ホテルでメンバーだけの打ち上げ。

2018年、FORWARDアメリカツアーにて。どこかの街中を歩くメンバー。

2018年、FORWARDアメリカツアー。POISON IDEAのスレイヤー・ヒッピー、ベジタブル、LONG KNIFEのコリン。

2018年、FORWARDアメリカツアーの移動中。レッドウッズ州立公園で盟友LONG KNIFEと木の中で。

2018年、DEATH SIDEスウェーデン・ストックホルム。旧市街地観光。

2019年、DEATH SIDE･MUSTANGイタリアツアー。コテージでみんなで食事。

上：2019年、DEATH SIDE･MUSTANGイタリアツアー。「VENEZIA HARDCORE FEST」物販会場の様子。／下：2019年、DEATH SIDEのロスアンジェルス、オークランドツアーにて。ENZYME、クリスチャンとメンバー。

上：2019年、FORWARDチェコ「OBSCENE EXTREME」でのライブ。
下：2019年、FORWARDチェコ「OBSCENE EXTREME」帰りに、ロシアの空港でWARHEADと再会。

2019年、DEATH SIDEのロスアンジェルス、オークランドツアー。サンフランシスコの港にて。

2022年、DEATH SIDEオーストリア、セルビアツアー。セルビア「TO BE PUNK FESTIVAL」の楽屋。

2022年、DEATH SIDEオーストリア、セルビアツアー。オーストリア・ウィーン観光。

上：DEATH SIDEオーストリア、セルビアツアー。ウィーン観光でホットワインを飲むメンバーとゲオルグ。
下：DEATH SIDEオーストリア、セルビアツアー。セルビアのライブ終了後、RUIDOSA INMUNDICIAのメンバーと。

I ♥ CHAOS U.K.

2019年、DEATH SIDE。アメリカ・オークランド「MANIC RERAPSE」でのライブ。

2023年現在のDEATH SIDEメンバー。左から弁慶（Gt.）、YOU（Ba.）、MUKA-CHIN（Dr.）、ISHIYA（Vo.）、ORI（Gt.）。

2023年現在のFORWARDメンバー。左からSOUICHI（Gt.）、ISHIYA（Vo.）、秋山（Dr.）、YOU（Ba.）。

Laugh Til You Die

笑って死ねたら最高さ!　ISHIYA 著

2004年6月

「おお！　ここがGG ALLINが住んでたアパートかよ！」

「ハハハ！　あなたは日本のGG ALLINですねー」

「んなわけねぇだろ！」

そこはアメリカのミシガン州デトロイト近郊にあるアナーバーだった。ミシガン州立大学を中心として成り立っているような街だ。

パンクの元祖と言われているIGGY POPのホームタウンであり、THE STOOGESが誕生した街でもある。

アナーバーには、ライブで人を殴る、ステージで排泄をした自分の糞を観客に投げつけ、自分の体に塗りたくる。挙げ句の果てには糞を食べてしまうパフォーマンスで、アメリカ最悪にして最狂のパンクロッカーGG ALLINが一時期住んでいた。

GG ALLINの大ファンだった俺、ISHIYAは、この街に訪れたときに「彼が住んでいたアパートがある」と聞いた。そして、今回のアメリカツアーをオーガナイズしたカナダのレーベル「UGLY POP」のサイモンに案内され、バンドのメンバーと訪れたのだ。

初めてのアメリカツアーでの時差ボケもやっと取れ、何本かのライブをこなしてきたので、何となくアメリカという国の感じがわかってきたところだった。

アナーバーには前日到着したのだが、ライブまで時間もあり疲れていたので休もうかと思っていたその矢先、その日に泊まる予定だった家に続々と人が集まりだした。手に持っているビールも、1缶や2缶ではなく、ケースや箱の明らかに大人数分だ。

「ライブ前にいったい何が始まるんだ？」

庭ではバーベキューの用意がされ、家に入りきれない人数が集まってくる。そして、「ハーイ！」とかなんとか言いながら、みんなで酒を飲みだすではないか。

「な、何だこれは？」

これが〝アメリカ名物ハウスパーティー〟だと気づくまでに、そう時間はかからなかった。

「ライブ前にパーティー？　マジかこいつら！」

郷に入っては郷に従え。せっかく来た初めてのアメリカだ。パーティーでも何でもやってやろうじゃねぇか！

かなりの人数が集まり、どいつもこいつもバカ騒ぎをしていやがる。家主はアンディとその彼女だが、彼女はみんなの騒ぎに限界寸前だ。

そりゃそうだ。見知らぬアジア人がやって来たかと思えば、今度は知らない人間が大勢押し寄せ、静かに暮らしていた家がどんちゃん騒ぎになっている。マズイ。これは絶対にマズイ。彼女が怒りだす前に移動すべきだ！　生焼けで着火剤の味がするバーベキューを無理やり口に放り込み、パーティーをお開きにしてライブ会場へ向かう。

「今日はどんなところでライブなんだろうなぁ」

それまでのアメリカでのライブでは、日本のようなライブハウスはひとつもなく、バーが併設されたステージとマイクシステム、スピーカーだけがあるような場所が基本で、他はボウリング場だったりと、全てがカルチャーショックだった。「世界は広いんだなぁ」と実感していた矢先の、アメリカ体験初期であった。

そして、この日のライブ会場についた途端、メンバー全員の頭に「？」マークが浮かんだ。

「え？ ここでやるの？」

「家？ だよね？」

「うん。どう見ても人が住んでいる家だね」

「ライブだよね？」

「うん。これからライブだよ」

全く状況が飲み込めないまま、アメリカのどこにでもあるような普通の一軒家（と言っても多少はボロいのだが）にある玄関の扉を開けた。そこには廊下がありキッチンがあり、部屋がある、家の形状をした廃墟とまでは言わなくても、やはり古い普通の家だった。

映画に出てきそうな、パンクスたちがタムロする雰囲気の落書きだらけの家なのだが、そこの家主らしきパンクスがやってきて俺たちを歓迎してくれた。

「ようこそBAD IDEA HOUSEへ。ここでいつもライブをやっているんだ」

「マジか！ ここでライブなのか！ 家だぞ家！ 昨日泊まった家より広いくらいじゃねぇか！」

口には出さなくとも、メンバー全員の声が聞こえてくるようだ。

「日本から来たんだよね？ マーチャンダイズはこっちの部屋ね」

「子ども部屋か？」というような部屋にテーブルがあり、どうやら物販をするスペースのようだ。といっても6畳ぐらいだろうか、わけの分からないガラクタも散乱しているので、かなり狭い。

「ライブをやるのはこっちだよ」

メイン会場は、リビングと思われる家の中では一番広いスペースで、ドラムセットが置いてある。

「本当にここでライブをやるみたいだな」

メンバー一同が唖然とする中、開場時間が押し迫っていたので、Tシャツやレコードの入った段ボール箱を運び込み、物販部屋のテーブルにセッティングした。昨日泊めてくれたアナーバーのオーガナイザーであるアンディに物販を任せた。

通常、ライブ前は、ギターやベースのアンプ、ドラムセットなどを運び込むのだが、この日は手はずが整っているのか必要はないらしい。とは言っても、毎回ライブが始まる直前まで、どの機材を使うのかが分からない。

「本当にここでやるのかよ?」

「もうガタガタ言ってもしゃぁないよ。やるしかないんだから」

うっすらと覚悟を決めていく。今まで日本でどれだけ恵まれた環境でライブをやっていたのかと痛感し、アメリカハードコアパンクD.I.Y.(Do it yourself.自分自身でやるの意味)の現実に、打ちひしがれる寸前だった。

あまりの衝撃の大きさに呆然としていると、すぐに出番だというではないか。どうやらこの日の出演バンドは少ないらしく、3バンドのようだ。そのうちひとバンドは地元では有名で、アメリカパンクシーンでもその名の知れたSTATEのため、俺たちFORWARDの出番は2番目だという。

出演直前までタイムスケジュールを知らなかったメンバーは、急いで準備をしているが、まだ曲順を決めていない。

「もうしゃあねぇから、ライブやりながら決めよう。日本語なんかわかんねぇだろうから、俺がマイクでみんなに曲名を聞くから、それをやろう」

それ以外に方法が見当たらない。すると一番セッティングの早かったツインギターのひとりT．Tが、聞いたことのあるメロディを弾きはじめた。

「テーレーレ　レレーレーレ　テレーレーレ　レレーレー」

「お～れ～が　いた～ん～じゃ　およ～め～にゃ　行け～ぬ～」

寅さんこと渥美清の映画『男はつらいよ』のテーマソングだ！　初めてのアメリカで初めて体験するこの状況。この時の気分がありありと伝わるようなこのメロディ。

俺は床にあったマイクを拾い、声を出した。

「さぁ、何やる？」

こうして、バンド経験20年以上の俺でも初体験の、ハウスショーが始まった。始まってみると「こんなに盛り上がるのか！」と驚くほどの大盛況で、これまで体験したことのない楽しさと充実感に包まれた。

「やっぱり、世界は広ぇなぁ」

２００４年6月。俺自身初めての海外となる、アメリカツアー3か所目の出来事だった。

第五章　ジャパニーズ・ハードコアを世界へ

まえがき

なぜ俺が今、バンドでアメリカツアーを行うようになったのか。話せば長くなるが、かいつまんで書いておこう。俺は高校をやめた17歳の頃からバンドをやりはじめ、現在56歳になろうという年齢までボーカルを続けている。

最初のバンドは高校生のメンバーで、非常に短い期間に数回のライブをやっただけで解散し、その後に加入したバンドで10年ほど活動した。

それがDEATH SIDEというバンドで、１９９０年代に入ると日本のハードコアパンクシーンの中では、それなりに名前が知られるバンドとなった。

数々のレコードを出し、俺が20歳の１９８７年の頃から毎年のように日本全国をツアーしていた。メンバーが固定して活動が安定すると、日本だけでは飽き足らず、「海外でライブをやりたい」という気持ちが抑えられなくなってきた。

そこから「海外でライブをやるためにはどうすればよいのか？」と考え始め、色々な方法を試してみたのだが、遂に海外へ行くことなく解散してしまった。

DEATH SIDEが解散したのが１９９４年頃なので、俺が27歳あたりのことだ。まだまだバンドはできるし、変わらず海外へ行きたい気持ちを持ち続けていた。

そこで新たなバンドを結成し、再び「海外でライブをやろう」と動き出したのが１９９６年頃で、そのFORWARDというバンドで遂にアメリカツアーを実現することとなった。

初めてアメリカツアーに行ったのが２００４年の37歳の頃なので、20年近く「バンドで海外に行きたい」と思い続け、やっと念願が叶ったというわけだ。

それからは何度も海外ツアーへ行くようになり、２０２３年２月現在まで、俺個人では通算５回のロングツアーと、単発２回のライブをアメリカで行なっている。さらにカナダ、オーストラリア、チェコ、スウェーデンに２度、イギリス、イタリア、韓国、フィンランド、オーストリア、セルビアに１度という感じで、機会があれば必ずバンドで海外へ行くようになった。

１回のライブだけという国もあるが、基本的には何か所も巡るツアーをやっている。それまでも１か月以上つづく、日本全国ツアーを毎年やっていた経験はあるが、海外とは移動距離が全く違う。


詳しいことは後々書いていくとして、こうして何度もバンドで海外に行くようになったのは、２００４年に行った最初のアメリカツアーで世界の広さを体感したのがきっかけだ。知らない国の知らない文化、言葉の通じない国々で、どこまで俺の思いが伝わるのか？俺の生き様を示す音と感情に共鳴する人間はどれだけいるのか？　俺が今まで人生を懸けてやってきたことは間違っていないのか？　という興味が抑えられなくなったのだ。

決して「自分の正しさの証明」などという、ごう慢な感情ではなく、好き勝手やってきた生き方がどう受け止められるのかの確認であったと思う。さらにその生き方をライブで体現することで、全く知らない人間と共鳴して魂が触れあえるならば、こんなに幸せな人生はない。そいつを一度でも体感すると、もうやめることなどできないのだ。

俺は、10代の頃からハードコアパンクが大好きでパンクスとして生きてきたし、これからもパンクスであり続けるだろう。

最初は自分のことだけで手一杯だった。自分のことしか考えられず、余裕などどこにもなかった。

しかし、パンクというものに触れ、「単なる音楽ではなく生き方」だと理解すると、子どもの頃から感じていた、「世の中がおかしい」という思いを抑える必要などないと知った。

そして、「おかしい」と感じていた事柄全てに共通する「我慢」や「抑圧」「強制」に抗うように生きてきた。そのための犠牲もあったが、どうしても「常識」や「国家」「法律」「規則」というものに縛られながら生きることが出来なかった。

どうしても「自由」でいたかった。

「自由」が何よりも大事だった。親友である日本のハードコアパンクバンド・鉄アレイの歌詞にあるが、自由のために不自由にはなれない。自由でいること、自由そのものであること、そんな生き方を今でもずっと志している。

その影響は、ハードコアパンクの世界の先輩たちや友人たちによるところが非常に大きい。中でもGHOULのボーカルだった片手のないパンクス・MASAMIさんの生き様は、決して真似できるものではないし真似しようとは思わない凄まじいものなのだが、大きな影響を受けた。

パンクスを全うしているMASAMIさんの生き方を見て育てば、いわゆる「一般的常識」をなぞっているような生き方では、個人的にとても「俺はパンクだ！」とは言えないと思っている。（詳しくは、自著『右手を失くしたカリスマ～MASAMI伝』を参照してほしい）

音楽的にはパンクではないのかもしれないが、生き様としてのパンクといえば、THE FOOLSの伊藤耕さんという人間も、とんでもない化け物だ。「Mr.FREEDOM」と言われるだけあって、伊藤耕さんこそ「自由」そのものである。

そんな先輩たちの生き様を見ていれば、世間から「まとも」と言われる生き方など到底できるものではない。

気に入らないものには抗い、抵抗し、自分に正直に生きる。それがたとえ法律に触れていようが構わない。それが俺の「常識」であり「普通」で「一般的」な「自由」であるパンクスの生き方だと思っている。


とは言っても、ハードコアパンクスにだって生活はある。真面目に仕事をして、決められたことは守り、他人に迷惑をかけてはいけないという「常識」を「普通」だと思い生きている人間もいる。

それを否定することはしないし、むしろ尊敬すらできるのだが、ただ、俺にはできないし、やりたくないというだけだ。

確かインドだったと思うが、こんな教えがあるという。

「誰でも人に迷惑をかけて生きているのだから、人に迷惑をかけられても許してあげなさい」

こんな感覚の方が、どうも俺にはしっくりくる。

まぁ許せるものにも種類と限度はあるが、やりたいことを我慢して、人の顔色を窺っていては、楽しく笑って人生が過ごせるとは到底思えない。

DEATH SIDEの歌詞でも書いているが、俺は死ぬ時に笑っていたい。そのためには今ある人生を、今あるこの生命を、俺が有意義だと思えることにしか使いたくないし、これからもそうやって生きていくだろう。

「そんなものパンクじゃねぇ！　ただのわがままじゃねぇか！」

そう思われるなら、俺とあなたは全く違うのでどうしようもない。あなたにはあなたの生き方がある。あなたはあなたの道でがんばって、うまくいけばといいなと心から願うだけだ。

ただ、俺は違う。それを理解してもらえるなら、これから始まる話を聞いてもらえるかもしれない。


それでは遅くなったが本題に入ろう。

この物語は、世間一般では日の目を見ないアンダーグラウンドのハードコアパンクでありながらも、世界に飛び出し挑戦し続ける人間たちの話である。

もっともっと凄い人間は、この世界にたくさんいる。そこら辺に転がっているどうしようもない人間の、世間から足を踏み外した話でお目汚しを垂れ流すが、こんな輩でも好きなことをやっていれば世界に行けるのかと、どうか広い心で楽しんでいただけるとありがたい。

第一章

ハードコアパンクへの目覚め

東京無宿人

#01

俺がDEATH SIDEというバンドのボーカルとして、東京のライブハウスで活動を始めた1985年頃は、自分の部屋を借りていなかった。わかりやすく言うと宿なし、無宿人である。

といっても、路上生活者であるホームレスやネットカフェ難民とはまた少し違い、どう説明したら良いのかわからないが、とにかく部屋はないが、誰かの家に居候しながら日々の生活を送っていた。

ネットカフェはないし、携帯電話もインターネットもない時代なので、どうやって宿無し居候生活をしていたのか不思議に思うかもしれないが、仕事もせず毎日、原宿竹下通りに溜まっていて、ハードコアパンクのライブがあるときにライブハウスへ通うといった生活をしていた。

初めて東京で居候させてくれたのも、ハードコアパンクのライブで出会ったヤツだ。林という名で、いつもTHE TRASHというバンドのライブにいた。地元で借りていたアパートを追い出されてどうしようかと悩んでいるときに、林はこんなことを言ってくれた。

「行くとこないなら、俺んち実家だけど来てもいいし、友達のアパートも聞いてやるよ」

この言葉で俺は東京へ出る覚悟を決めた。持つべきものは友である。ライブハウスで出会った友人というものがどれだけ素晴らしいかを痛感した。それまで生きてきた学校やバイトなどの世界では到底出会うことがなかった、本当に困ったときに助けてくれる人間が、ライブハウスで出会った友人だった。

林は俺の本名も知らなければ、俺も林の下の名前も知らない。お互い東京と埼玉なのは知っているが、どこに住んでいるかは知らない。基本的にはTHE TRASHのライブに行くと会うだけの関係だ。それでも困っている友人だからと助けてくれる。本当の友人を、このとき身を以て知った。

地元のアパートを追われるように引き払い、荷物のほとんどを捨て、ボストンバッグひとつで東京へ出たのだが、まずは林の実家へ行くしかない。

東京の林の実家へ行くと心よく迎え入れてくれ、一週間くらいは世話になった気がする。しかしそこは実家であり、よく知らない人間をずっと置いておくのが無理なのは当たり前だ。林は、カメラマンのアシスタントをしていて、文京区の新大塚でひとり暮らしをしている友人を紹介してくれて、俺はいきなり転がり込むことになった。

知らない人間をいきなり居候させてくれたそのカメラマンアシスタントも凄いが、困っている俺を放っておけなかったと思われる林は本当にいい奴で、いつも明るく前向きでマイナスな言葉を発さない男だった。常にポジティブで、いつもなんとかなると思わせてくれる素晴らしい友人である。林とは意外なところで再会を果たすことになるのだが、それはまた後の話で。


新居候先の彼は某有名カメラマンのアシスタントで仕事がかなり忙しく、たまにしか帰ってこなかった。しばらく居候させてくれていたのだが、それも1か月を超えたあたりになると堪忍袋の緒が切れたようだ。

そりゃそうだ。見ず知らずの訳のわからん男が、家賃も光熱費も払わずにずっと部屋に居たら嫌になるだろう。俺には金もないために、飯を奢ってやることすらできないばかりか、自分の飯さえままならない状態だった。

「お前いつまでいるんだよ！」

軽くキレ気味で、眉間にしわを寄せた不機嫌な顔で言われたのを今でもよく覚えている。ここまで世話になった礼もできなかったが、俺は素直に出て行くことにした。

「さてどうしよう？　金もねぇし、行くところもねぇな」

腹は減っていたが、不思議と全く不安はなかった。ほとんど知らない人間の部屋に居候しているのも悪いなと思っていたので、追い出されたことで開き直れていたのかもしれない。

「まぁなんとかなるだろ」

一般的な人間の感覚であれば、明日の心配はするし、金や住むところの問題などで不安になるものだろう。なぜ、ここまでお気楽だったのかは自分でも不思議である。

とりあえず、原宿に行ってみた。着いたのは夕方ぐらいで、暗くなり始めた竹下通りを歩いていると、すれ違いざまにひとりの男が声をかけてきた。

「あれ？ こんなとこで何してんの？」

見るとたまにハードコアのライブで会うモヒカンの、確か横浜のパンクスだ。

「いやーさっき友達の部屋を追い出されちゃってさ」

「ほんとに？ 行くとこないの？ んじゃ俺んち来なよ」

「ええっ!? マジで？」

「友達もみんないるから来なよ。今バイト終わったところだから、一緒に行こう」

「マジで？ ありがとう！」

部屋を追い出された足で、そのままやって来た原宿。竹下通りを少し歩いただけのほんの1時間も経たないうちに、次の居候先が決まった。嘘のような話だが、何ひとつ嘘はついていない。俺も本当にびっくりしたので、鮮明に覚えている。捨てる神あれば拾う神ありというのか。こんな奇跡があるんだなと心底驚いた。

この時、俺に声をかけてくれたのが、後ににら子供のボーカルとなるミッキーである。

ミッキーの部屋に着くと、そこは共同玄関共同トイレで六畳一間。家具は唯一ステレオだけで、布団と毛布とゴミが散乱した部屋に、何人かの男がいたような気がする。

そして部屋の居候人間たちと、この日からつるんで遊ぶようになる。

ミッキーがバイトしていた弁当屋は、当時竹下通りの真ん中辺りにあった。ゲンドウミサイルのギターだったヒロシと別アパートに住む鉄槌のボーカルだった昭司も同じ店で働いていたので、毎日、用もないのに竹下通りへ行くようになる。

俺や他の居候人たちは、みんなのバイトが終わる時間まで竹下通りで時間を潰していたように思う。そのうちミッキーとヒロシもクビになったか辞めたか、弁当屋が潰れたか何かで一緒に竹下通りでタムロするようになる。確かミッキーは他のバイトを探して働いていたと思う。

この頃、竹下通りやライブで出会ったわけのわからない人間がミッキーの部屋に頻繁に出入りしていて、六畳一間に13～14人いたこともあった。日本に働きに来る外国人出稼ぎ労働者が借りている部屋より、遥かに密集度は高い。でもなぜか非常に居心地は良く、いつも金がなく空腹だったが、みんなで楽しく過ごす日々は充実していた。

こうして俺の宿無し居候生活が始まった。18歳だった１９８５年頃の話だ。

#02 ライフスタイルも真似たCHAOS U.K

当時は仕事をしていなかったし、する気も全くなかった。どうやって食っていたかというと、原宿竹下通りのミッキーたちが働いていた弁当屋の残り物などで食いつないでいた。しかし、しばらくするとミッキーたちが弁当屋からいなくなったので食うに困った。「仕事をしろ！」などと言ってはいけない。そんなことを言われたら、この物語は成り立たない。

いつも溜まっていた原宿には、クレープ屋もあって、バイトのお姉さんにクレープを食べさせてもらったり、弁当屋の隣にあった喫茶店で閉店後に飯を食わせてもらったりもした。要するに竹下通りにある店の店員と仲良くなって、何かしらを食わせてもらっていたという感じで、餓死寸前の状態などにはならずに済んでいた。

ミッキーがバンドをやりたいと言い出したのはこの頃で、弾けもしないのに「俺ベースやるよ」と。居候部屋で始まったのが、にら子供というバンドである。

アパートが三軒茶屋で、近くに老舗インディーズレコードショップ「フジヤマ」があって、よく通っていた。ある日、恐悪狂人団が五寸釘を打ちまくっているカセットテープを見つけた。それを見てミッキーが作ったのが、にら子供の1円テープだ。

1円テープ自体の発案は俺だったと思うのだが、ミッキーの部屋に出入りしていた人間で、スタジオに入って録音したような記憶である。A面が「にら」と叫び、B面が「子供」と叫ぶだけで、それに合わせ「ダダ」「ダダダ」と弾くだけ。両面合わせて2秒以下のテープなので、演奏能力も必要ないし、チューニングすらできなくても問題ない。手作業でカセットテープをハサミで切ってセロテープで繋げて短く編集し、当時あったカセットデッキのオートリバース機能で、永遠に「にら」「子供」と繰り返すように作った、あまりにもふざけた作品だった。

このにら子供の1円カセットテープのタイトルが「GLOBAL DOMINATION」というものであり、CHAOS

U.Kのアルバム「SHORT SHARP SHOCK」の中にある曲のタイトルと同じだ。
このアルバムが大好きだった俺は、タイトルの意味を調べてみた。すると、「GLOBAL DOMINATION」とは「世界制覇」だと言うではないか。

想像すら及ばない、途方もない感覚ではあるのだが、ぼんやりとこの頃から世界を目指していたのかもしれない。

家もなく金もなく、あるのは友人とバンドだけ。夢ぐらいは、想像のつかない大きなものをぶちあげたかったのかもしれない。


ミッキーのおかげで日々、かなり面白おかしく過ごしていたのだが、あまりにも人の出入りが多いために、アパートを追い出されることになってしまった。

ミッキーは、最後まで本当に優しくしてくれた記憶がある。何度も大家に怒られながら、僕たちに出ていけとは絶対に言わず、追い出されるときも居候には何ひとつ文句を言わなかった。

散々世話になったミッキーは、少ししてから野方に部屋を借り、伝説の「Fuck the ニコマート」や「野方一丁目クソババアFuck Off!」などの、にら子供の曲を生み出すが、その時には俺はメンバーではなかった。

いつもニコニコしていて、仲間を否定したり怒ったりすることがない、そんな優しさを持ったミッキーという男がいなければ、俺は東京で生活を始めることなどできなかった。本当に感謝している。

同時期の1985年に、俺の大好きなCHAOS U.Kが初来日を果たす。日本に一大旋風を巻き起こした凄まじいライブの数々を行ったのだが、東京公演の目黒鹿鳴館と新宿ツバキハウスの1部2部の全てを観た俺は、初となる海外の本物のハードコアパンクであるCHAOS U.Kの虜になった。
CHAOS U.Kの初来日の衝撃は凄まじかった。ライブはもちろんとんでもなくカッコよかったのだが、CHAOS

U.Kのメンバーの「着替えもせずにボロボロの服を着て、風呂にも入らない」というライフスタイルにまで影響を受けた。

近くのゴミ捨て場で拾った服を着たり、紐が針金にしてある編み上げブーツを履いたりするなど、とんでもない逸話ばかりなのだが、CHAOS U.K初来日に関しては自著『ISHIYA私観 ジャパニーズ・ハードコア30年史』に詳しく書いてあるので、そちらを読んでいただきたい。

このCHAOS U.Kのおかげ(?)で、家のなかった俺が風呂に入らず着替えなくても、一向に気にしないようになったとも言える。なんなら汚い方がカッコいいとさえ思っていた。

日常生活と大好きなバンドのライフスタイルがリンクしたとも言えるが、徹底的に仕事をせず家もないという生活に自信や誇りすら持つようになったのは、CHAOS U.Kの影響が大きかったと思う。それほど俺の人生に影響を与えたバンドがCHAOS U.Kだ。

貧乏で食うのにも困っていたが、仕事をするよりも、みんなとワイワイやりながら暮らすのが楽しかった。「楽しくないことなどやる必要はない」と本気で思っていたし、今でも根本は変わらないと思う。

ミッキーの家がなくなってしまい、困り果てた居候たちだったが、この時期にはバラバラになっていた気がする。しかし、相変わらず原宿の竹下通りにタムロして、その日の家を探していたと思う。

誰かが泊まれる場所を見つけたら、そこに行くのだが、そんな時に出会ったのがDEATH SIDEで一緒にバンドをやることになるCHELSEAだった。

みんな、何とか泊まるところや居場所を見つけていたようだったが、この頃の俺は本当にやばい状況だった。野宿をしたこともある。しかし、野宿はあまりにも辛い。そんな状況を知ってか、ASYLUMのGAZELLEが「ここならみんないるからISHIYAも一緒に行こうよ」と、とあるアパートに連れて行ってくれた。非常に助かった思い出があるのだが、このアパートに彼女といたのがCHELSEAだった。

高円寺にあった、当時POISONのギタリストをやっていた奴のアパートで、ミッキーの家と同じようにパンクスたちの溜まり場になっていた。ミッキーの家ほどではないが色んな人間が出入りしていたのだと思う。

部屋ができたので非常に助かったのだが、そこはシンナー部屋だったので、あの匂いを受け付けない俺は、みんながシンナーを始めると出て行かざるを得ない。

ただ、この部屋がきっかけで、高円寺という街と関わるようになった。

頑固な怠け者

#03

高円寺の部屋では、初対面なのに色んなことを話してくれたCHELSEAのおかげで、すぐに打ち解けることができた。

CHAOS U.Kの話で盛りあがり、ちょうど来日公演が終わったばかりだったので、観ていないCHELSEAに「何で来ないかね?　CHAOS U.Kだぞ?　パンクスなら普通来るだろ」といった話を延々としたために、後々まで根に持たれていた。

他にも音楽のことや女性の好みの話など、くだらないことをひとしきり話すと、おもむろにシンナーを吸う流れになり、その日の俺は我慢して寝たような記憶である。

その後、「行くところどうしようかな?」と困っていたところ、確か原宿の喫茶店で働いていた男と知り合い、そいつのアパートに居候ができることになった。なぜ知り合い、居候したかははっきり覚えていない。原宿で知り合ったことだけは確かだと思うのだが。

六畳一間風呂なしだが、今度はトイレ付きで自由が丘にあるアパートだ。金髪や紫、赤や七色やモヒカンなど、家主以外全員が派手な頭で自由が丘が似合わないにも程がある。こうして居候先が見つかると、ミッキーの家時代にいつもつるんでいた4人が再び集結した。

相変わらず金のない俺たちは、キセル(電車の無賃乗車)をするのだが、常習だった原宿竹下口改札では覚えられてしまい、俺たちのキセル通過は不可能となっていた。

そんな調子で相変わらず食うものにも困っていて、この頃はマクドナルドなどが、作ってから1時間ほど経つと廃棄するハンバーガーを拾って食料にしていた。

ハンバーガーは紙で包まれていて、中が見えない黒いビニール袋に詰めて捨てられていたのだが、何度も拾っているうちに、上から触っただけで「これはチーズバーガー、これはフィレオフィッシュ、これはポテトの袋だからハズレ」などとわかるようになった。麻雀の盲牌ならぬ盲バーガーだ。

しかし良い子のみんなは、いくら金がなくても真似などしてはいけない。まぁ真似する奴などいないだろうが。

ホームレスのような生活（本当に家はなかったが）をしていると、ほとんど食事に金はかからない。そこまでして自由な生活をしたかった。この感覚や気持ちがわかる人は、一体どれだけいるのだろう。

「拾ったもの食うぐらいならバイトでも何でもするわ！」というのが一般的な当たり前の感覚だと思う。しかしこの頃の俺たちは、少なくとも俺は、金のために仕事をして嫌な思いをするぐらいなら、拾ったものを食べて自由でいる方が、遥かに気分がよく充実した生活だった。

何より一般的な社会規範に反した、常識的ではない生き方がパンクであると思っていたし、実際に、この生活をしていた日々は俺の人生にとって大きな影響があり、とても重要な時間だ。

とかなんとか偉そうなことを言っているが、要するに頑固な怠け者ということだろう。そして、どんな生活をしていようが金は必要だ。何かしらの手段で金を手に入れなければ生きていけない。

俺たちのグループは全員派手な髪型をして毎日竹下通りの真ん中あたりに暗くなるまでタムロしていた。

当時は金髪なだけでも目立ってしまう時代である。そんな時代に竹下通りのど真ん中で、赤や青、紫や緑の他にも、七色の髪色などで派手に髪を立てているパンクスやモヒカンがいれば目立つのは当然で、外国人観光客や修学旅行生などに写真を撮られるのは日常的だった。

そこで考えついたのが、イギリスのロンドン、カムデンタウンという場所のキングスロードの話である。当時、派手なパンクスたちが観光客に写真を撮らせて金を稼いでいるというのを雑誌などで見たことがあった。

「俺たちもそれでいこう！」と言ったかどうかは覚えていないが、平日でも人でごった返していた竹下通りのど真ん中で、修学旅行生や外国人観光客に写真を撮らせたりして日銭を稼いでいた。

修学旅行生に「タバコある？」と聞いて出してきたら「未成年は吸っちゃだめだ」と箱ごと取りあげたり、仲間が「どんぐりころころ〜どんぐりこ〜」と歌い前転して、混雑極まりないラッシュのような竹下通りの人々を足止めし、間に俺たちが立ちはだかり、写真を撮らせたりしていた。

基本的に昼間はこんな感じで、夜になると渋谷に移動するほか、ライブがある時にはライブハウスへ行くといった生活だ。

これだけで食っていけるわけはないのだが、現金収入を得る方法は他にも色々あった。しかしそこは、ご想像にお任せする。書けるわけがないだろ！

鉄アレイのメンバーと仲良くなったのも、この時期だ。竹下通りにベースのKATSUTAが来るようになり、ボーカルのＲＹＯが原宿に住み始めたのもこの時期だったと思う。

KAKIが初めて竹下通りに来た時は、直管マフラーでやかましいバイクの後ろにKATSUTAを乗せ、人でごった返す竹下通りに入って来るという登場で、かなりウケた記憶がある。竹下通りの溜まり場にはCHELSEAも来るようになり、ずっと続く仲間たちとの友人関係が出来あがった。東京でライブをやり始めた時期である。

しかしそもそも、俺がこうまでして頑なに実家へ帰らず、援助を受けないのには理由があった。

書こうかどうか迷ったが、現在でも無数にいる、似たような境遇の人間たちに少しでも希望が与えられればと思い、恥を忍んで書き記そう。

俺がこんな生活をするようになった大きな理由として、幼少期の体験がある。
それは俺にやっと記憶がある、4歳頃のことだった。

#04 目覚め

世の中には酷い話が掃いて捨てるほどあり、身につまされるでは済まない話だらけである。親がいても育児放棄されて飯を食うこともできず、挙げ句の果てには暴力で生命を落としてしまう幼子や、戦火に巻き込まれ一家親族皆離散、両親とも死に別れ、幼い子どもが孤独ながらも懸命に生きるために、あらゆる悪事に手を染めながらたくましく生きる姿など、今の世界には酷い話があふれている。

そんな凄まじい話と比べれば、大したことのない輩が、ほんの少し斜に構えながら生きた話をしなければならないのは心苦しいが、そこらにいる半端者でもなんとか生きる術として見つけ出せるものはあるものだと、どうかお許しをいただきたい。

物心のつく前の4歳で母親と死別した俺は、父親の手で育てられることとなる。唯一残っている実の母親の記憶は、病院のベッドにいる母親が、必死の形相で俺に手を伸ばしてくるもので、子どもだった俺は、その形相が恐ろしくて父親の陰に隠れると、母親がガクッとなり、病室を出された。

確かその後すぐに母親が死んだと思うので、あれは我が子に触れたいと願う最後の気力だったのだろう。

母親が死んでからしばらくすると、見も知らぬ女性が家にやってきた。生涯で初めて認識した「母親」という存在だった。小学校に上がる前の、確か5歳か6歳の頃である。

この継母と父親の間に子どもができたために、継母と父の実家のある、埼玉県では有数の大きな街へ引っ越した。ここは歴史ある古い城下町と住宅地が混在した、徳川家康ゆかりの寺院や、関東三大祭りのひとつとして数えられる祭りも開催される場所だ。

東京からは電車で30分から1時間、中途半端な田舎感は否めず、若者のほとんどはヤンキーになるしかないような、暴走族とヤクザが幅を利かせる、典型的な地方都市だ。

妹が生まれると、この継母の俺に対する暴力やいじめが激化していく。継母は、年端もいかぬ子どもが絶対に出来ないようなことを言いつけて案の定、失敗すると、それ見たことかと嬉々として折檻する。

ある時は、小学校に上がったばかりの俺の髪の毛を鷲掴みにし、板の間の廊下へ鼻血が出るまで叩きつけるという暴力をやった上に、鼻血が出て仰向けに転がっている俺に、ティッシュをひらひらと舞い降らせた。父親にはシレっと黙り通して、何もなかったように日々生活を送っていたりするのである。俺を折檻するのを生きがいとしていたのだ。

人生最初に、暴力による痛みと精神的な苦痛を実践で教えてくれた先生は、継母だと言える。

日常的な暴力の痛みと追い込まれる精神の苦痛に耐えられず、小学2年生の7歳という年齢で、俺は祖父母の家に家出をする。話を聞いた祖父母が、見るに見かねて俺を引き取ることとなり、継母と父親はめでたく離婚となる。

俺には他にも種違いの姉がいて、当初は「親戚のお姉ちゃん」と信じていたが、母親の連れ子で実の姉であったことを後から知る。姉とは小学生時代に会ったきり音信不通で、最後に会ったのが9歳ごろだったような記憶である。

俺の物心がついた1970年代頃には、世の中が騒がしくなっていた。

連合赤軍あさま山荘事件で一日中テレビが大騒ぎし、オイルショックで街のトイレットペーパーは売り切れ、ベトナム戦争が終結し、ロッキード事件で元総理大臣が逮捕される。俺にとっては、どこかそれらのニュースは他人事だった。プロ野球の結果や、プロレスラーのアントニオ猪木がプロボクシング世界ヘビー級チャンピオンのモハメド・アリと対決することに興味を持ち「何で巨人と猪木ばかり人気があるのか？」と不満と反抗心を抱えながら、土曜日の夜8時に放送されるドリフターズと、ジャイアント馬場の全日本プロレスの、どちらを見るかで真剣に頭を悩ませていた。テレビゲームのない時代で、やっとインベーダーゲームが駄菓子屋やゲームセンターに出始めた頃だ。普段は鼻水を垂らしながら野球だ、サッカーだ、プロレスごっこだと遊びまわっていた。周りの友人の中には、兄弟からの影響で当時流行っていたハードロックという音楽を聴いているマセた小学生もいたが、俺はそこらの小学生と変わらない日々を過ごしていた。

スマホもネットもCDすらもないこの時代、音楽を聴く手段はレコードかカセットテープであり、日常的に触れる音楽は家庭にあるテレビやラジオから流れてくるものだけだ。

祖父母の家にはステレオはおろかラジカセすらもなく、音楽とは縁遠い生活を送っていた。その頃の俺にとっての音楽は、テレビ番組の主題歌ぐらいのものだった。

しかし、いつも祖父と観ていたプロレスでは、レスラーの入場テーマソングに心を奪われた。

アブドーラ・ザ・ブッチャーのテーマソング「吹けよ風、呼べよ嵐」のPINK FLOYDや、ブルーザー・ブロディのテーマソング「移民の歌」のLED ZEPPELIN、ザ・ファンクスのテーマソング「スピニング・トーホールド」の演奏は日本のフュージョンロックバンドのクリエイションで、新日本プロレスの次期シリーズ予告では、JEFF BECKの「スター・サイクル」が流れていたりしたので、気づかぬうちに本物のロックは聴いていた。

その頃、俺が持っていた音楽フォーマットは、ポータブルレコードプレーヤーのみだったために、シングル盤だけで音楽を聴いていた。持っているレコードは、プロレスラーのテーマソングばかりで、あくまでもプロレスやレスラーがメインであり、演奏者が誰であるかなどと知るのはもっと大人になってからだ。

俺にとっての音楽は、あくまでもプロレスラーのイメージの付加価値だった。

小学校の卒業を迎えようとしていたある日、流行していたテレビドラマ『3年B組金八先生』を観ていると、生徒役の女優が中学生であるにもかかわらずアルバイトをしているため、主人公である金八先生が、バイト先のライブハウスに行くシーンがあった。

そのシーンで登場した、ステージでギターを弾きながら歌う男に釘づけになってしまう。フォークシンガーの友川カズキ（当時、友川かずき）である。

「トドを殺すな」という歌を歌っていたのだが、タイトルからしてそれまでテレビで流れていた歌謡曲とは全く違った。佇まいも、笑うでもなく怒るでもなく、全く愛想を振りまかない歌手を初めて目の当たりにするのだが、歌が始まると全身に衝撃が走った。

可哀想なトドと
可哀想な人間に唄います

北海道の空と海の蒼
かき分けるように生きてゆく動物達
役に立てば善だってさ
役に立たなきゃ悪だってさ
誰が断を下したんだよ

トドを殺すな　トドを殺すな
俺達みんなトドだぜ

おい撃つなよ　おい撃つなよ
おいおい俺を撃つなよ

（友川かずき「トドを殺すな」一番より）

見たことも聴いたこともない歌い方と声で絶叫しながら、ギターをガッチャガチャにかき鳴らすその姿に、心の中に得体の知れない戦慄が走り、今までに経験したことのない感覚が全身を貫いた。その春に中学生となる少年が、初めて出会った本物の音楽である。

それまで聴いていたプロレステーマソングも本物の音楽であったが、何かの付加価値があるわけでもなく、他からの影響もなく、誰から教えてもらったわけでもなく、俺が初めて個人で純粋に衝撃を受けたのが、友川カズキの音楽だった。

#05 パンクとの出会い

祖父母の家で父親も一緒に生活していたが、祖母が他界して何年か経った小学校高学年の頃に、通算三人目の母親がやって来る。

またもや新たな母親とは折り合いがつかず、中学に入ると少々ではあるが素行がよろしくなくなっていく。俺は何度も母親が変わって折り合いがつけられるほど、器のでかい素直な人間ではなかったようだ。

中学に入学すると、新たな人間関係を築く段階で多少の揉め事も起きた。その中には喧嘩の強さによって立場の変わる、いわゆる不良と呼ばれる世界があった。

中学生の優劣決定手段で、勉強以外にあるのは、体力と体格、伴う技術と精神力、経験などで決する世界であり、それはスポーツでも不良でも基本的に変わりはなかった。

当時、若者の間で流行していた音楽は、リーゼントに革ジャン、サングラスに、白いドカンという太いズボンを穿いた不良スタイルで、シンプルなロックンロールサウンドを奏でるバンド「横浜銀蝿」だった。

日本全国の不良や、不良に憧れる少年たちのほとんどが聴いていた音楽であり、コンサートにも少年少女が詰め掛けた。

そんなある日、地元の暴走族の大先輩たちから下々の不良たちへ、お達しが行き渡る。

「俺たちの友達がデビューするから、お前らはこれを聴け」

地元の暴走族や不良の先輩たちの、上下関係の上から順に回ってきたと思われるダビングで劣化したカセットテープが、いつもつるんで遊んでいたグループの人間にも渡された。

不良少年はパンチパーマかアイパーのリーゼントで、ソリ込みを入れ、太いズボンと丈が長いか短いかの学生服、女物のサンダルを履いて、タバコやシンナーを吸う。不良少女は長いスカートに厚化粧、オキシドールで脱色した髪にクルクルのパーマをかけたアフロヘアもどきの髪型か、聖子ちゃんカットと呼ばれた歌手の松田聖子の髪型をして、ペッタンコに潰した学生カバンという出で立ちだ。これが当時の基本的な不良スタイルだった。

不良たちの間では、ひらがなや英語を漢字に変換する流行があった。愛羅武勇（I LOVE YOU）、夜露死苦（よろしく）、仏恥義理（ぶっちぎり）といったもので、暴走族では英語のチーム名を漢字で表記するのも流行っていた。

そして、暴走族の先輩から回ってきたカセットテープには、当時の流行りとはまた違う、意味のわからない単語が漢字で記されていた。

「亜無亜危異（アナーキー）」

俺の通っていた地元の中学では、素行の悪い人間は皆、横浜銀蝿よりもアナーキーを聴いていて、俺もそうした素行の悪い生徒の中のひとりであった。

そしてアナーキーを聴いた後、友人たちの間では話題騒然となった。

「お前聴いたかよ！　スッゲエぞアナーキー！」

「聴いた聴いた！　あれいいよな！　団地のオバサン！　俺んち団地だからよー、マジであんなんだよ」

「あのブザーのとこ何て言ってんだろ？」

「なんか天皇とかそんなことらしいぜ」

俺が購入したアナーキーのファーストアルバム『アナーキー』の楽曲には、学校や家庭という日常生活で、当時の中高生なら誰もが抱えていた、どうすることもできない不満や鬱憤を晴らすようにぶちまけられる歌詞が満載されていた。

歌の一部がブザー音で消されている箇所があり、謎が謎を呼び、さらに話題となっていた。このアナーキーの「東京・イズ・バーニング」という曲の歌詞で、ブザー音になっている部分の歌詞が「象徴」という天皇のことであるとわかり、天皇という存在について考え始めたのもこのときからだ。勉強などしたことなかったのだが、学校の授業などよりも、はるかにためになったのが音楽だった。

他には夜になるとラジオをよく聴いていて、投稿などもしていた暗い一面もあった。ちなみにラビット関根（現在の関根勤）と小堺一機の番組で、俺の投稿が採用され、そこから関根勤が俺の投稿にあった、男性がタイツなどを履くと股間がもっこりとなるため「もっこり」という言葉を使った投稿をたいそう気に入り、ネタにしてテレビやラジオで多用し始めた。

すると世の中で「もっこり」という言葉が流行り始めた。関根勤が宇津井健の『スーパージャイアンツ』のタイツ姿などを形容したほかにも、人気漫画『シティーハンター』でも「もっこり」という言葉が使われたが、大元は俺のラジオへの投稿である。

話を戻そう。そしてその後「アナーキー以外に面白いものはないか？」と探し始めるのだが、通常はここで、アナーキーのバンド名の元であるSEX PISTOLSや、楽曲の原曲であるTHE CLASHや STIFF LITTLE FINGERS、EATERに行くのがパンクの王道コースではある。しかし当時、東京近郊のベッドタウンの街では情報が少なすぎて、アナーキーに原曲があった事実など知る術はなかった。

この頃になるとレコードプレーヤーとアンプを手に入れ、アナログ盤が聴ける環境になっており、色々なレコードが欲しくなり、地元にあったロックなども扱うレコード屋に通うようになる。

この時期に手に入れたレコードの中に、とんでもない作品がふたつあった。ひとつ目のレコードは、THE STALINのメジャーデビューアルバム『STOP JAP』である。

当時、雑誌にも出ていたTHE STALINは、豚の頭を投げる、ステージで全裸になりマスターベーションをするなどの行為が取りあげられており、音楽を聴かせても「気持ち悪い」と言って、あからさまに俺を避ける友人まで出てくる始末だった。友人たちには音楽も歌詞もスキャンダラスな存在である、THE STALINの何もかもが受け入れられなかったようだ。

さらに、俺を孤立させた音楽がもうひとつあった。当時日本盤で発売されたCRASSのアルバム『PENIS ENVY』である。

雑誌『宝島』がまだ小さいサイズの頃だが、少しだけパンクやハードコアが取りあげられ始めていた。東京で「ハードコアパンク」なるものが出現したと、ライブを取りあげた記事もあった。他に海外の反戦反核フェスにハードコアパンクバンドのCRASSが関わっているという記事が掲載されていた。確か『宝島』の広告ページだったと思うが、CRASSのアルバムが発売されると知った俺は、興味津々で購入したのである。

CRASSのアルバムに針を落とすと、聴いたことのないノイジーな音と、それまで知っていた音楽の感覚では理解出来ない、訳のわからない曲が流れる。アルバムを聴いている時の恐怖はトラウマになるほどの感覚で、英語であるにもかかわらず、これほど震えあがった覚えがないほど強烈な音だった。

ポスターやジャケットや歌詞に書いてある英語の意味が知りたくなり、中学の英語の教師にCRASSの歌詞を書いて持っていき「翻訳してくれ」と言ったところ、内容を教えてもらえなかった。

教えてはいけない内容だったのか、中学の英語教師にはわからない英語だったかのかは定かではないが、俺は初めて英語の辞書で単語を調べた。ここでもまた、音楽の影響から率先して勉強をするのだが、この時に調べた英語の歌詞にある単語や、CRASSのトレードマークによって「反戦」という概念を初めて知る。

こうして俄然パンクに興味を持った俺は、雑誌でも「パンクが取りあげられていないか？」と、立ち読みしながら少ない記事を漁っていた。

確かこの頃にGAUZEやTHE COMES、THE EXECUTEなどのバンドが『宝島』に載っていた。他にも、『ヤングセンス』という雑誌で、MASAMIさんが在籍していたTHE TRASHと、BLANKEY JET CITYなどで活躍した、中村達也君の蝶のメイクの写真が載っているOXYDOLLを発見して「何だこの人たち！　すっげぇ！」と思ったのを覚えている。

こうして俺が初めてハードコアパンクと出会ったのが、中学3年生だった１９８２年。５００円玉が登場した年だった。

バンド開始

#06

高校に入学した頃、世間ではビデオなどを貸し出すレンタルショップが出始めた。当時はＣＤやＤＶＤはまだなく、ビデオのみのレンタルだったが、黎明期のレンタルショップには、アナログ盤のレコードを扱う貸レコード屋があり、俺が高校生になったばかりの頃、巷に溢れ出すようになる。

そしてなんと、地元にできた貸レコード屋の中に、１店舗だけインディーズのレコードや輸入盤を取り揃えている店ができた。その店には、俺がすでに好きだったTHE STALINの、入手不可能と言われていたインディーズ時代のアルバム『trash』があるではないか。

見つけた瞬間には声をあげ小躍りするほど喜んでしまったのだが、そのコーナーにあるレコードを漁っていると、名前だけ知っていて聴きたくてたまらなかったバンドのレコードが山のようにあるではないか。

その中からピックアップして借りたものが、ジャパニーズハードコアパンクの金字塔であるオムニバスアルバムで、インディーズレーベルのシティ・ロッカー・レコードから発売された『OUTSIDER』だった。『OUTSIDER』に収録されたライブの多くが、１９８２年の9月に新宿LOFTで行われた「消毒ＧＩＧ　ＶＯＬ6 HARD CORE 2DAY」なので、発売は１９８２年終わりから１９８３年始め頃だと思う。

当時の俺は高校１年生で、初めて出会った日本のハードコアパンクが『OUTSIDER』だった。発売されて半年から1年未満の頃だ。

そこからどっぷりハードコアパンクにのめり込んでいくことになる。『OUTSIDER』のほかにも、シティ・ロッカー・オムニバスのGAUZEや、あのバンドのアルバム『DETESTATION』、THE COMESの『NO SIDE』などを何度も借りていると、店員から声をかけられるようになる。

「こういうのが好きなら、DISCHARGEとかG.B.H、THE EXPLOITEDなんかも好きだと思うよ。ほらこれ」と言って、おすすめのレコードを出してくれるではないか。他にもCHAOS U.K、DISORDER、CHAOTIC DISCHORD、KILLING JOKE、CHRON GEN、Infa-Riot、Oi!のオムニバスなどのレコードを片っ端から借りて聴いてみると、脳天に雷が落ち、全身の毛が逆立ち、血が沸騰するような抗えない衝撃に体が震えた。

そして、日本ハードコアパンク界不朽の名作『GREAT PUNK HITS』が発売され、俺の人生が決定してしまった。

中学生の頃から、金があると友人たちと原宿へ遊びに行ったりしていたのだが、この頃になるとめちゃくちゃかっこいいトロージャン（長いモヒカンを綺麗に立てた髪型）のMASAMIさんとクマさん（BEAR BOMB）を、駅前のテント村などでよく見かけた。

原宿にはパンクショップもあり、原宿駅前テント村のジムズインの他には、BLACK、東倫、SMASH、LA MOSCA、A STORE ROBOTの他に、DEAD ENDもこの後ぐらいにできたと思う。そんな店で買ったパンクファッションで、地元の街をブラついていたときに声をかけてきたのが、中学までやらされていたボーイスカウトの先輩だった。

「おう、お前パンク好きなの？ 俺のこと見たことねぇか？ L.S.D.ってバンドでドラムやってんだけど」

これがL.S.D.、我殺のドラムだった故・鈴木立君との交流の始まりである。

立君との話は、自著『ISHIYA私観ジャパニーズ・ハードコア30年史』に書いてあるので、詳しく知りたい方は読むことをお勧めする。

立君との出会いで、パンク専門雑誌『DOLL』やインディーズレコードが買える場所を聞き、より一層深いハードコアパンクの世界にのめり込んでいくこととなる。

髪型をモヒカンにしたのも高校1年生で、入学当初から懸命に取り組んでいたラグビーは怪我で辞めており、ラグビー以外で学校に興味のなかった俺は、それまで遊んでいた同級生たちとも全くうまくいかず、ある教師とは常に揉め事を起こしていて、高校生活にもうんざりしていた。

ハードコアパンクを聴けば聴くほど、自分が今置かれている状況全てに違和感や嫌悪感が出てきて、全く居場所のない家と居場所のない学校……俺には音楽しか、ハードコアパンクしか、心の拠り所がなかった。そして2年生になってすぐに、高校をやめる。

実際にバンドをやり始めたのも高校をやめる寸前で、格安でベースとアンプを手に入れ、アナーキーやTHE STALINのタブ譜を見て、聴きながらコピーをすると愕然とした。立って弾けない上に、座って弾いていても聴いている曲と全く違う。

「おかしい。こんなはずはない。わかった！　楽譜なんか見てるからダメなんだ！　そうだ！　俺はハードコアだ！　もっと速くなければダメだ！」

今度はDISCHARGEや『GREAT PUNK HITS』などのハードコアを耳コピしていたが、やはり聴いている曲と弾いている曲が全く違う。

そこで思いついたのが、「ボーカルなら楽器ができなくてもやれるじゃん！　俺でもバンドできるじゃん！　良かった良かった」という安易なものだった。

「ボーカルをやるとして、どうするかな？」と思案しているときに、地元にある老舗楽器屋の前をふらふらと通ったので、何となく入ってみた。

すると別の高校へ行った中学の同級生が溜まっていて、声をかけてみると、どうやらヘヴィメタルのコピーバンドをやっているというではないか。

「こいつは都合がいいな」と、仕方なく知らないメタルにも話を合わせ、メタルやりながらパンクのコピーもやるという話で落ち着き、バンドができることになったのである。しかし俺の心の中は、かなりざわついていた。

「マズイ。メタルを歌わなくてはならない」

メタルなど聴いたことがないのだが、それ以前にボーカル自体、バンド自体がほぼ初体験だ。しかし背に腹はかえられぬと、バンドを始めることとなったのが、東京ディズニーランドがオープンした、１９８３年の頃のことである。

#07

ハードコアパンクの実体験

バンドを組む前、高校に辛うじて通っていた末期に、L.S.D.と我殺のドラムである立君から「お前もＧＩＧ（ライブのことをパンクの世界ではＧＩＧと呼んでいた）に来いよ」と言われた。

「こいつ来てもやられねぇよな？」

「大丈夫だろ」

立君と、もうひとりの先輩は意味不明なことを言っていたのだが、ＧＩＧに行ってみたら全てが理解できた。

そして「俺が出るから観に来いよ」と言われて、渋谷屋根裏に行った。ライブはL.S.D.で出演すると言っていたはずなのに、出演したのは我殺だったような気もするし、そもそも出ていなかった気もするが、それよりも、初めて来たハードコアパンクのライブの恐ろしさに緊張しまくっていた。

当時、渋谷のセンター街にあったライブハウス屋根裏は、ビルの３階にあり、２階がキャバレーのロンドンで、細い階段を上がっていかなくてはならない。渋谷の駅から既にパンクスがいて、俺を見つけると近寄ってくる。

「屋根裏行くんでしょ？　チケットある？」

持っていないと言うとチケットを買わされ、センター街に入ると、すぐにパンクスがタムロしている場所があった。スマホなどない時代なので、Googleマップで検索するなどできるはずもなく、当時の音楽情報誌『ぴあ』の地図で当たりをつけて屋根裏に向かっていったのだが、どう見てもここだ。ここしかない。

しかし、キャバレーの看板はあるが他には何もなくライブハウスかどうかが分からない。するとまたもやパンクスが寄ってきて「チケットある？」と声をかけてくる。「またチケットかよ。何人がチケット売ってるんだよ？」と思ったが、場所がわからないので訊ねてみた。

「チケットはさっき買ったんすけど、これってどっから入るんすかね？」

「ああ、そこの階段上がって行けばあるよ」

見ると「キャバレーに入るのか？」と思うような、狭い階段に続く、入り口のような場所があった。ウロウロしている派手なお姉さんやお兄さんたちを尻目に恐る恐る階段を上ると、まずキャバレーがあり、その階段の上には踊り場があった。その辺りから尋常ではない雰囲気が漂っている。映画『千と千尋の神隠し』で千尋が感じた不安など比べ物にならないくらい、あまりにも不穏な空気が漂う。

階段に座り込んで酒を飲み騒ぐ輩は皆、男も女もド派手な髪型とパンクファッションに身を包み、場所も明るさも雰囲気も、どこもかしこも尋常ではないものばかりだ。

並んでいるのかいないのかわからないが、輩たちの後ろになんとなくくっついて進んで行くと、踊り場に机が出された受付が見えた。

チケットを渡すと、ドリンク代なるものを請求される。何のことやら分からず、あたふたしながら金を払いそのまま入ろうとするが、緊張していて汚くてわかりにくい扉が目に入っていなかった。上に続く階段があったので、これを上ってしまったのが運の尽き。その階段は楽屋へと続く階段だった。階段を上り切った部屋の入口付近の椅子に座っている人間と目が合う。

「テメェなんだコラァ！」

三白眼の酔っ払った男に恐ろしい形相で凄まれた。

「す、すいませんっ！」

これがあのバンドのギタリストであるRANDY内田さんだと、後に知ることになる。

あまりの怖さで逃げるように階段を下り、人が入っていく扉を見つけやっと中に入る。入った瞬間、鉄の棒らしきものが「ドンガラガッシャーン！」と飛んできた。マイクスタンドである。

緊張の極みで怒鳴られ、やっと入ったと思ったらマイクスタンドが飛んでくる、一体何だここは？

勇気を出して奥に進むと、狭い空間に人がごった返し、体験したことのない音量の音楽に合わせ、狂ったように人が飛んだり跳ねたり暴れたりしている。後ろから押されて客の渦に巻き込まれると、度が過ぎる人と人の密着で、どうやっても飛んだり跳ねたりする輩たちと同じ動きになってしまう。幸い目の前では大好きなハードコアパンクのバンドが演奏している。

「ええい、ままよ！」とばかりに、飛んだり跳ねたり暴れたりしていると、日頃の鬱憤などどこかへ行ってしまい「こんなに楽しく気持ちいいことがあったのか！」と気分が高揚しスカッとする。

調子に乗って次のバンドでも飛んだり跳ねたりしようと待ち構えていると、何やら客席の雰囲気が変わった。

それまで飛んだり跳ねたりしていたギュウギュウ詰めのフロアがポカンと開け、チェーンを持ったいかつい男や、右手をポケットに入れたままの綺麗に立てたモヒカンの男などがフロアの中心にやってくる。どう見ても普通ではない。いや、生き物であれば絶対に感知する危険なオーラが発散され、誰もがわかる恐ろしい雰囲気を纏っているのだ。

しかし、トレーナーにオーバーオールというような、普通の格好をした人間も混じっている。「何だこの集団は？」と思っていると、バンドの演奏が始まった。恐ろしいオーラの集団がフロアの中心にいるために、最前列に少し人間がいるだけで、前のバンドのときのように大人数での飛んだり跳ねたりが行われない。その恐ろしい集団はニコニコしているのだが、トレーナーの人物が最前列でノリ始めると、隣でノッていたパンクスにぶつかる。パンクスはノりながらも、トレーナー男がガンガンぶつかってくるので、軽く突き飛ばして文句を言っている。

そのときである。チェーンの男と右手をポケットに突っ込んだモヒカンの男が、トレーナー男と小競り合いをしているパンクスに近づきチェーンで殴打し始めるではないか。そして目の前で、殴る蹴るなどの惨劇が繰り広げられる。

「ちょっと待ってぇぇぇ!!! 何が起きたんだ？ 何か悪いことでもしたのか？」

そう思っているが声などあげられるわけもなく、血まみれになっていくパンクスをただ見ていることしかできない。

血まみれパンクスは、自力でその場から逃げ出したが、その間もバンドの演奏は平然と続いている。

観客も何もなかったようにまたバンドを観始めるのだが、先ほどの殴る蹴るを行った暴行集団が、何もなかったかのようにニコニコしながら酒を飲み、楽しくノリ出すではないか。

観客たちもそれと呼応するように盛りあがり始め、また元のように飛んだり跳ねたりし始める。

「何だよこれ！ 怖すぎるだろ」

チェーンの男はTHE TRASHのHIROSHIさん、綺麗なモヒカンで右手をポケットに入れた男はMASAMIさんだった。そしてトレーナーの人物は、当時THE CLAYのギターで、その後THE TRASHに加入するKAZUSHI君だと思う。MASAMIさんは原宿にいつもいた、モヒカンで右手のないあのパンクスだった。

これが初めてのハードコアパンク体験である。しかし、結構多くのバンドが出ていたはずだが、ほとんど覚えていない。覚えているのは楽屋で凄まれたRANDY内田さんが、ステージでギターを弾いていたのだが、ボーカルは名前を書くことができないあの人ではなかったので、あれは一体何のバンドだったのか。

ただ、ひとつだけ強く印象に残っているバンドがあった。観客も大盛り上がりで、演奏もちゃんと曲をやっていて、それも家で何度も聴いていた、知っているあの曲をやっている、

自然と体が動き、目の前で起きた惨状など忘れるほど汗だくになりながら拳を突き上げ暴れたバンド。それがGAUZEだった。

地元の限界

#08

初めてハードコアパンクのライブに行った俺は、興奮冷めやらぬまま日々を過ごし、高校にはほとんど行かず、レコードを買いに東京に行ってばかりいた。

立君に教えてもらった、池袋東武百貨店にあった五番街、新宿のUK EDISON、WOODSTOCK、高円寺のRECORD BOYによく行っていた。

学校に行く気もなければ家に居場所もない俺は、親には「高校をやめる」と伝えて、隣町にある大手自動車メーカーの下請け工場で、当時としては平均的な日給6千円、週休2日で週払いのバイトを始めた。

するとバイト先に、ハードコアパンクのライブに通っているヤツがいて意気投合する。ライブハウスでも会うようになり、そいつの仲間たちから「俺らはいつもTHE TRASHのライブに行っている」と聞いて、THE TRASHのライブに行き、いつも一緒に行動するようになる。このときの仲間に、東京で最初に俺を居候させてくれた林がいた。

しかしTHE TRASHを初めて観たときには驚愕とともに、初めて行った屋根裏の、あの惨劇が蘇ってきた。

「あのチェーンの人じゃねぇかぁぁぁ！」

などと言って友人の胸ぐらを掴んで攻め立てるようなことは全くなく、初めて行ったライブの惨劇とは程遠い、明るく楽しくニコニコ笑えるライブをやっているではないか。

「こんなに楽しいライブがあるのか！」と、ギャップにやられてしまい、恐ろしいだけではないハードコアパンクの一面も知り、さらにライブハウスに通いつめるようになる。ハードコアパンクのライブには、毎回必ずMASAMIさんがいて、GHOULというバンドの凄さを体験し、足繁く通うようになった。

女性ボーカルのめちゃくちゃかっこいいバンドだったTHE COMESが解散後、メンバーが結成したLIP CREAMにも心を奪われ、GHOULとTHE TRASH、GAUZE、LIP CREAMのライブには、チケット代と電車賃があるときには必ず行くようになっていった。

この時期、地元のヘヴィメタルの奴らとバンドでスタジオに入っていたのだが、メンバーにはハードコアの中でも比較的メタルっぽいあのバンドやZOUO、流行り始めていたメタルコアの中でも、わかりやすいP.C.Gなどを聴かせて、「メタルとハードコアを融合させたオリジナル曲をやろう！」と言っていた。バンド素人である俺の歌がめちゃくちゃなので苦肉の策ではあるのだが、なんとかバンドを続けていたのである。

そりゃそうだ。俺がEARTHSHAKERの「MORE」や、IRON MAIDENの「DRIFTER」を歌うなんて勘違いのレベルでは済まされない。藤波辰爾に「マッチョ・ドラゴン」を歌わせるようなものだ。

いつも入っていたスタジオに、ハードコアパンクのコピーやオリジナルをやっている高校生バンドがいた。当然話が合い、練習がなくてもスタジオに行ってそいつらと話すようになっていた。そんなとき、当時、好きだった女の子が、俺のバンドのギタリストに惚れていることが発覚する。

「そんなもんやってられっか！」

モテない男のひがみで、最初のバンドは数回のライブであっけなく解散する。バンドが解散しても、同じスタジオで練習していた高校生のハードコアバンドとは仲良くなっていたので、こんな提案を持ちかけた。

「バンドなくなっちゃったから、ツインボーカルでやらないか？」

こうして半ば無理やり加入したこの高校生バンドが、DEATH SIDEだったのである。

2、3度ライブを地元近郊でやった記憶があるが、元々が高校生のバンドなので、ライブハウスなどではほとんどやっていなかったと思う。俺も個人的に東京のライブばかり行っていて、バンドに入れてもらったのはいいが、あまり参加することはできなかった。

こうしてハードコアパンクにどっぷりと浸かり始めた頃、バイト帰りの道すがら、不動産屋の店先にあった張り紙を見つけた。

「木造2階建 6畳1間 風呂なし 共同トイレ 共同玄関 家賃9千円 敷金1 礼金1 管理費なし」

「9千円？ 何だそれ？ それなら俺でも払えるだろ」

こうして17歳の1984年にひとり暮らしを始めた。しかしこんな年齢で地元にアパートを借りれば、溜まり場になるのは必然で、ありとあらゆる人間がやってきた。

髪の毛を染めたのもアパートを借りてすぐの頃で、原宿で買ったクレイジーカラーで真っ赤に染めたモヒカンは、立てていても寝かせていても、地元ではかなり目立つ存在だった。

この頃、原宿を歩いていたら、『Hot-Dog PRESS』というファッション雑誌に写真を撮られて掲載されたり、中野公会堂で行われた雑誌『P.O.W』主催のライブのときに、インタビューされて写真が掲載されたため、ハードコアのライブに来る人間の中でも少し目立ち始めた時期でもあった。

髪の毛が派手なために職を転々としていて、当時は造園業をやっていた。新興住宅地などへ行き庭整備のセールスをするときに「こんちわー！ 石屋です！ 砂利敷きませんかー？」と訪問販売をするので、仕事を聞かれた際は石屋と答えていたため、俺はISHIYAと呼ばれるようになった。

この俺がやっていた石屋の親方が、かなりあこぎな商売をしていた。目利きでもあったのだが、群馬県あたりの川へトラックで連れて行かれ、親方は上の道路から双眼鏡で石を見ながら、売れそうな御影石などを発見すると、俺に「あの石取ってこい」と指示を出す。俺が河原まで崖のような場所を降りて行って、ワイヤーをかけクレーンで引き上げて積んで帰るのだが、その石を何十万という値段で庭作りの経費として計上し、一軒の一戸建ての庭を作るのに２００万ぐらい請求していた。長くても４、５日で終わる作業と、拾ってきた石で２００万。真っ赤のモヒカンでは仕事もないので、俺の日給は当時でもあり得ない４千円。その親方のそのまた親方など、障がいがあるのかわからないが、喋ることもほとんどできず話しかけても笑うことしかできないような人を、自分のトラックで寝起きさせて風呂にも入れず、汚れたときには庭の水道からホースで水をかけて洗い、給料もやらずにこき使っていた。

髪の毛が赤いモヒカンというだけで仕事のない当時でも、ここまで足元を見られながら仕事をしなくてはならないなんて、いったいどういうことだ？ 子どもの頃から、唯一の肉親である父親が帰ってこられない理由も仕事だった。父親が帰ってこない間、継母からひどい暴力も受けていた。

仕事で家に帰れない父親と、幸せとは感じない家族。髪の毛が派手だからと見た目で仕事をさせない大企業下請けや、その他様々なバイト先に、足元を見て人とは思えない扱いでこき使う親方連中。仕事ってなんだ？ そんなことまでして、金を稼いで生きていかなきゃならないのか？ 俺はもう仕事をして金を稼ぐという「普通」の「一般的」な生き方に、とことん嫌気が差していた。髪の毛を戻せばいい？ そんなことできるか！ 俺がやっと見つけた居場所で生きていくためには、金より大事なものがあるんだ！

「こんなもんやってられっか！」

限界に達した俺は仕事へ行かなくなり、家賃も払えないばかりか日々の飯代すらなくなり、合成酒の一升瓶で５００円ぐらいのものを日数かけて少しずつ飲むだけで生きていたら、空腹すぎて部屋で動けなくなったりするほどだった。

溜まり場にもなっていたため、大家もうるさく、家賃も払えないのであれば、追い出されるのは必然である。

こうして家がなくなる寸前のときに、ウチに来てもいいと声をかけてくれたのが、THE TRASHのライブでいつも会っていた林だったというわけだ。

DEATH SIDE 本格始動

#09

こうして東京に出てからは居候生活をしながら毎日、原宿竹下通りに溜まっては悪さをしてライブに通う日々だった。この時期に、東京のライブハウスでも、DEATH SIDEとしてハードコアパンクのライブに出演させてもらえるようになっていった。

GAUZEのSHINさんに誘ってもらったり、THE TRASHのライブに出演させてもらったりしていたのだが、日本のハードコアパンクシーンのトップバンドと一緒にライブをやっていると、どうしても高校生のメンバーでは限界を感じるようになってしまった。

中間試験や期末試験のときにはライブができない上に、髪型やルックスなども全く派手にはできない。10代のパンクスであればルックスも重要だったし、オリジナル曲はあったものの、どうにもピンと来る感じではなかった。参加させてもらったバンドであるにも関わらず、俺はメンバー全員をクビにするような形で新たなメンバー探しを始めた。

そして、この時期にいつも一緒に遊んでいたCHELSEAにヘルプを頼むのだが、新生DEATH SIDEついては、自著『ISHIYA私観ジャパニーズ・ハードコア30年史』に書いてあるので詳細はそちらを読んでいただきたい。

CHELSEAは高円寺の溜まり場だったアパートから出て、当時の彼女と別のアパートに住んでいたので、その部屋にもよく遊びに行き泊めてもらった。

このアパート時代に、CHELSEAがDEATH SIDEでヘルプをやってくれることになったと思う。この部屋でDEATH SIDEの1ｓｔシングル1曲目の「DRUNK TOO MUCH」を作った。

元々は俺が持っていったリフをCHELSEAがあれよあれよという間にあの曲にしたのだが、原型は平歌リフのバッキングのコード3つのみに残されているだけで、全く違う曲になった。このときに「こんな曲になるのか！ こいつ凄ぇな！」と思ったのを覚えている。

POISONとも遊ぶようになって、飲み屋に行くようになったのだが、金がないのにどうやって飲んでいたのか定かではない。

覚えているのは、新宿歌舞伎町にあった将軍という居酒屋。チューハイなどが1杯100円で飲めたので、いつもそこに行っていた。そこでは現在、X JAPANで活躍するYOSHIKIなども飲んでいて、仲良くなっていったと思う。

この時期、俺は、S.V.Sという友達バンドの車に乗り、LIP CREAM、OUTO、SYSTEMATIC DEATH、GAUZEによる「THRASH TIL' DEATH TOUR」にくっついて行った。そのツアーで途中からGAUZEの車に乗せてもらって、GAUZE単独で行った北九州までついて行った。そこで初めて観た白（KURO）がめちゃくちゃカッコよく、ツアーで観たLIP CREAMとGAUZE、同年代のOUTOのかっこよさに、改めて痺れたのを覚えている。初めてバンドツアーを体験して、バンドに対する思いが強くなっていった時期でもある。

「THRASH TIL' DEATH TOUR」から帰ってきて、本気でバンドをやろうと思った俺は真剣にメンバーを探し始める。鉄アレイが一時期解散して、新たなメンバーで活動を始めた時期でもあり、鉄アレイのメンバーだったドラムスのFUJIMAKIがDEATH SIDEに参加してくれることになった。ライブでメンバー募集のビラを配っていたら、後のSLIP HEAD BUTTのベーシストであるISHIIちゃんも、「俺やるよ」と、DEATH SIDEに参加してくれることとなった。

さあ、これで後はギターだと思っていたところ、CHELSEAが当時やっていたPOISONをやめて「正式にDEATH SIDEへ加入する」と言い出した。ヘルプを頼んだし曲も作ってもらったが、俺としてはCHELSEAとやる気はなかった。POISONもあるし、CHELSEAのメタリックとも言えるソロを多用したギターが好みではなかったのだ。

俺はCHAOS U.Kのようなノイズコアがやりたかったので、新しいギタリストがいいと思っていたのだが、仲も良いし面白い奴だったので加入してくれるならやってもらおうという気持ちになり、CHELSEAも加入した。こうして新生DEATH SIDEが正式にスタートする。

この辺りの話も自著『ISHIYA私観　ジャパニーズ・ハードコア30年史』に書かれているので、詳しく知りたい方は読んでもらえるとわかる。

ライブは屋根裏と目黒鹿鳴館、新宿LOFTの3つに通いまくっていたが、同時期に俺がハードコアパンクに触れた初めての場所である渋谷センター街にあった屋根裏がなくなってしまう。

DEATH SIDEで何度か出演させてもらったが、自分で演奏したライブよりも、観に行ったライブの印象が強く残る、素晴らしいライブハウスだった。屋根裏最後のイベントが何日間か行われていたのだが、俺は警備で入り口を担当していた思い出がある。

その後、下北沢へ移転する屋根裏ではあるが、渋谷センター街にあった屋根裏体験の事実が、未だにハードコアパンクバンドをやり続け、ライブハウスを愛し続けている大きな要因である。屋根裏がなかったら、今の俺はこうなっていないだろう。

バンドを真剣に始めようとしていた時期だったが、相変わらず家がないので、住むところは探さなくてはならない。明大前の女の子の家に、みんなで住まわせてもらったり、その家に行かなくなるとCHELSEAが彼女と住み始めたアパートにも居候した。

その頃にはFUJIMAKIとISHIIちゃんがバンドをやめ、新たにPOISONのドラムスのイノ君（RAN-LIN）と、ヘルプでSYSTEMATIC DEATHのＹＯＵがベースを弾いている。今でも一緒にバンドをやっているＹＯＵと、最初にバンドをやり始めた時期でもある。

この時期に、DEATH SIDEの1ｓｔシングル「SATISFY THE INSTINCT」をレコーディングし、オムニバス『HANG THE SUCKER Vol.2』にも参加した。みんなで明大前に住んでいた１９８７年頃で、夏にはDEATH SIDE初めての日本全国ツアーである「BLOODY SUMMER TOUR」を、LIP CREAM、OUTOとまわった。このツアーによってバンド活動の根本を知り、活動において基本となる指針を学んだ。

中央線の中野にCHELSEAが彼女と住み始めたアパートがあったのだが、ふたりっきりの時間はほとんどなかった。CHELSEAはそれまで、いつも誰かと住んでいたために俺を受け入れてくれたが、彼女をかなり説得してくれていたらしい。彼女の器の大きさとCHELSEAへの愛の深さが、今となってはよくわかる。このCHELSEAと生活していた時期に、DEATH SIDEは本格的に曲作りを行うようになる。

バンドのメンバーであり、それも曲作りをする人間と一緒に住んでいれば意思の疎通が頻繁に行われるため、湯水のように曲が出来あがる。元々作曲ペースが早いCHELSEAだったが、尋常ではないペースで曲作りをしていた。

俺が漠然としたこと、例えば「サビで始まる曲がいい」とか「ゆっくりした重い感じだけどロックやメタルっぽくないのがいい」などと言うと、その通りに作ってくれるので「やっぱりこいつは凄い」と思っていた。確かに凄いとは思っていたが、曲が湯水のようにできるので、そんなペースで曲ができても歌詞が書けるはずもなく、その場で思いついたようなことや、ふざけた日常をふざけた言葉で書いた。そのまま日本語で歌うのは憚られるため英語にするといった、かなりいい加減な作りであった。

もちろん真剣に書いた歌詞もあるが、1ｓｔアルバム『WASTED DREAM』あたりまでの初期DEATH SIDEは、CHELSEAが書いた歌詞が多く、俺の歌詞はほとんどなかったように思う。歌詞については俺が書かないために、CHELSEAは苦労していたようだ。

CHELSEAと最初に遊び始めた頃からTHE EXECUTEのLEMMYさんの家には、ふたりでよく遊びに行って、山のようにあったレコードを聴かせてもらった。この頃もLEMMYさんの家にはよく遊びに行っていたが、LEMMYさんとの話は自著『ISHIYA私観 ジャパニーズ・ハードコア30年史』を読んでいただくとして、この家で聴いたレコードの影響と、LEMMYさんの人間性や音楽理論、MINORU君をはじめとするLIP CREAMのメンバーたちの人間性や音楽性、バンドに対する気持ちが、DEATH SIDEに大きな影響を与えた。

こうしてDEATH SIDEは、本格的に活動を始めるが、バンド活動に一番影響を与えたのはLIP CREAMとOUTOとまわった日本全国ツアーの「BLOODY SUMMER TOUR」だった。

#10

日本全国ツアーのやり方

俺が19歳だった１９８６年、「THRASH TIL' DEATH TOUR」でツアー経験はあったが、個人でついて行っただけでライブはやっていない。そして翌年の１９８７年には、20歳で初めて自分のバンドによる全国ツアーを経験する。

１９８８年に21歳になっても、相変わらず宿なし生活は続いているのだが、放浪居候生活にも段々と限界が見え始めていた。しかし、ツアーというものが無宿人の俺にとっては非常にありがたいライフスタイルだった。

行くところのない俺には、１週間、10日でも1か月でも、寝る場所の心配をしなくていいので、精神的にかなり落ち着く。

その上、大好きなハードコアパンクバンドのライブを毎日観られて、自分のバンドの演奏も出来る。おまけに金もからず飯が食えたり酒も飲め、友人まで増えていき、バンドをやっていなかったら訪れることなどないであろう街にも行ける。

それだけでも幸せで最高なのに、やればやるほど認められていき、俺たちを好きになってくれるファンのような人間まで出てくるなんて夢のようだ。

バンドに対する意識の低さは目も当てられないが、家族というものへの認識が脱線していた俺にとって、友人こそが家族であったし、ツアーで行った街の食事や、友人の実家で出てくるおばあちゃんやお母さんのご飯が、俺にとっての家庭の味だった。

中途半端で甘ったれた怠け者で、好き勝手やるだけで何もまともに続かない俺が、唯一続けられたのがバンドであり、やっとまともな感覚を知ったのもバンドのおかげだ。まともの感覚がまともではないが。

１９８７年に続き１９８８年には、LIP CREAMとDEATH SIDEの２バンドで、夏の全国ツアー

「BLOODY SUMMER TOUR」を行った。

ここで俺たちのようなインディーズのハードコアパンクバンドが、どうやって日本全国を回るツアーをやっていたのかを書いておこう。おそらくではあるが、日本のハードコアパンクスの中で、一番多くの日本全国ツアーを回ったのは俺だと思う。いや、KATSUTAの方が多いか。

基本的にツアーは、3日に一度オフが入るスケジュールでライブを組んでいた。日本全国を車で一周するのだが、バンドごとにワゴン車を用意し、アンプやドラムセット、ギター、ベースなどの機材と、Tシャツなどの物販グッズの段ボールを積み込む。

すると、後ろの3分の1から半分ほどは荷物で埋まってしまうため、運転席と助手席、2列目の3人掛けのシートに、メンバー4人と運転手のスタッフ1人の合計5人で乗り込み、1か月以上にわたるツアーが行われる。はっきり言う。狭い。後ろのシートの真ん中の席は、じゃんけんで負けた人間の指定席だ。

効率よく回るための、土地の回り方がある。東北から回る場合には、当時まだ高速道路も東北道しかなかったために、仙台、岩手、青森というように東京から近い順番で北上する。

青森でフェリーに乗り函館へ到着して、函館でライブをやる場合もあるし、先に札幌へ行く場合もある。先に札幌へ行った場合には帰りに函館でライブをやり、またフェリーで本州へ戻り、今度は下道の一般道で秋田、新潟へ行く。

初期の頃には秋田ではまだライブができなかったため、青森から新潟まで一般道で行っていた。そこから富山、金沢といった北陸が終わると、長野などの中部に入り、そこから関西方面へ。この北陸から長野あたりまでが、高速がなかった場所も多かったと思う。

大阪は大都市のため観客動員が見込めるので、なるべく土日にライブが行えるようにスケジュールを組み、行き帰りに中国地方に寄るために、岡山か広島といった中国地方の都市を1か所挟む。出雲などでライブができるようになってからは、そこから山陰へ行き、その後九州へ向かう。関門海峡か関門トンネルで北九州や博多へ行き、飯塚や大分、熊本へも行った。そこからフェリーで四国へ渡り、四国の後にもう一度広島か岡山の中国地方を挟むが、基本的に広島では8月6日（広島に原爆が落とされた日）か8月15日（終戦記念日）にライブを行いたいので、どちらの日程で広島のライブができるかで決める。

そしてもう一度、大阪、神戸、姫路、京都といった都市から行きと帰りで分散させる。その後、名古屋、豊橋、浜松、静岡といった太平洋側の中部地方を経て、最後に東京で締めくくる。

最初と最後に東京、中盤で東京に戻るパターンや、先に静岡から西に向かうパターン、ライブができる街が近い場合は行きと帰りに分けるなど様々なパターンがあるが、基本的にはこういった形で約1か月半かけてツアーを行う。

高速代も今ほど高くないので、ライブのギャラとTシャツなどの物販で、何とか全国を回ることができた。毎日地元のパンクスの家に泊まるため宿代はかからないし、食事も晩飯は毎日の打ち上げで賄うため、バンドの経費で支払われる。昼間の日常的な生活費はバンドの経費で「1人1日いくら」というように決めて支払ったり、個人の持ち金で賄うが、ほぼ全員金がないので、細々としたバンド経費の分け前で暮らしている。これが基本的な俺たちのツアーのやり方だ。

初期の頃はツアー先の企画者に、2か所先までの交通費を最低補償として支払うように伝えていたが、その後、ギャラを請求するのをやめて「できる限り出してくれるとありがたい」といった形になっていった。それはTシャツなどの物販グッズが増え、売り上げで賄えるようになったためと、各地方になるべく負担をかけたくないという思いからだった。

グッズを販売しながら回るツアーを最初に始めたのもLIP CREAMで、１９８６年の「THRASH TIL' DEATH TOUR」からツアーTシャツを毎回作って販売していた。その後、ツアーに何度も行くようになると、ツアーTシャツ以外にも自分のバンドのTシャツやステッカー、バッヂなどグッズも増えていった。レコードやCDなどを売り歩くのは少し後になってからで、初期の頃は持って行かなかったと記憶している。

しかし、どのツアーも、金になることはまずない。ツアーが終わると一文無しになるのは当たり前だった。バンドで食えることなどないのがハードコアパンクの人間たちだ。

バンド生活を続けるために、みんなバイトなどの仕事をする。俺は宿無し仕事無しだったので、ツアーは非常に助かるライフスタイルだったが、仕事をしている人間は休みを取ってツアーに行った。

普段のライブもあるので、活動をしながら仕事をするためには、自由に休みが取れて、髪型や服装などの外見で判断されない仕事しか選べない。必然的に建築関係の現場などで働くのが、ハードコアパンクバンドをやっているパンクスたちのスタイルになっていた。

とはいえ、当時のLIP CREAMやGAUZEのレコード売り上げはかなりのものだった。そんじょそこらのメジャーバンドより売れていたはずだ。それでもみんなバイトや仕事をしていた。

そしてレーベルの社長は、青山のマンションから港区白金にある芸能人が住むマンションに引っ越した。それが何を意味するかは、俺が書くまでもないだろう。

DEATH SIDEは、LIP CREAM、OUTOと回った1987年夏の「BLOODY SUMMER TOUR」、1988年夏にLIP CREAMと2バンドで回った「BLOODY SUMMER TOUR」以降、毎年、夏の全国ツアーを行うようになった。

DEATH SIDEの1stアルバム『WASTED DREAM』は、1989年元日に発売された。ちょうど時代が昭和から平成になる年だった。

#11 きっかけ

毎年やっていた日本国内のツアーでは、こちらから「行きたい」と言って場所を押さえてもらい、宿泊や打ち上げ、現地でのライブの宣伝やチケット販売は、俺たちの要求に沿った形で地元のパンクスやバンドが対応してくれた。法外な要求ではないので、パンクスでも対応できる内容だったと思う。

地方在住者の中には、東京や大阪まで観に来る人間もいたとは思うが、GHOULとMOBSの「極悪ツアー」以降、東京や大阪で活動する日本を代表するハードコアパンクバンドを、観客たちが体験できたのはツアーが中心だった。

当時の田舎町でモヒカンや赤い頭などのド派手な集団が街を闊歩していれば、目立つことこの上ない。田舎の社会は基本的に狭いので、ハードコアパンクを知らない人間でも音楽や不良文化の人間は知り合いであることが多い。そのため口コミなどでも人が集まり、ライブを体験した人間がパンクスになったりバンドを始めたりすることも多かった。

田舎町で行われる季節の名物イベントのようにもなっていて、年に1度か2度行われる俺たちのツアーを、楽しみにしていてくれた人も多かった。こうして毎年ツアーを行っていると、地方の街やバンドから招かれることもある。

最初の頃は交通費や出演料などのギャラに関しては触れなかった。俺たちの要望に応じて開催してくれたツアーへの、恩返しの意味があったからだ。金銭に関して何も言わず、オファーがあって都合が合えば行くような感じだった。もちろん観客がたくさん入ってギャラが出ることもあったし、中にはこちらには何も言わず自腹を切ってギャラを出してくれた人間もいただろう。

反対にツアー先の地方で観たカッコいいバンドは、こちらからオファーして東京に招聘（しょうへい）することも多い。ツアーと同じく泊まる場所はこちらのバンドメンバーの家で、ギャラもなんとか最低交通費とガソリン代ぐらいは工面できるように、対バンなどを考えライブを企画して宣伝する。

地方でも東京などの大都市でも、基本的には変わらない方法でライブが行われ、その方法が全国的にスタンダードとして定着した。これは現在でも変わらない。「ツアーに出るので東京でやりたい」と地方のバンドから話が来た場合でも、日程を合わせ、会場を押さえ、宿泊はメンバーの家といった、俺たちがツアーで行く際に頼んだ時と同じことをやる。

北海道や九州など東京から離れた街のバンドの場合、ツアーで順々に回って東京に来るため、単発で来るよりも交通費やガソリン代などがかからないので、企画側としても単発よりツアーの方がやりやすいという面もある。連続してライブを行いながら移動するツアーは、地元の負担を極力押さえてライブを行う最善の方法で、収入を得ることを目的として行うものではない。

収入があれば嬉しいが、チケットの価格は学生でも買えるように安く設定しているので、イベントでもない限り観客は多くても１００人程度であり、儲けられるほどの売り上げはない。

しかし地方の単発ライブの場合はオファーによるものがほとんどで、交通費や宿泊の保証が必須になる。その上、演奏料という純粋なギャラが出る場合もある。初期の頃は保証などもなく、客が入らず自腹を切るということもあったが、招聘（しょうへい）時のライブは採算が合うように心がける。それは東京でも地方でも変わらない。

結局、日本全国どこでどんな形でライブをやろうが、やり方としてほぼ変わらない。この方法を始めたのはLIP CREAMであり、それを俺たちの世代が進化させて継続していったのではないかと思う。

このやり方を確立させたLIP CREAMや、１９８５年に初めて全国ツアーを行ったGHOULとMOBSが、日本のハードコアパンクではツアーにおけるD.I.Yの開祖ということになるだろう。

ツアー先では、揉め事が起きる場合も多い。当時は今ほど警察も厳しくなかったようにも思うが、ひょっとしたら俺たちが気にしていなかっただけかもしれない。

ライブを行うのは地方都市のガラの悪い場所で、大抵一番の繁華街だ。警察やヤクザを含めて何もかもが集まってくるために、必然的に何かが起きてしまう。LIP CREAMや鉄アレイと一緒の時よりも、いない時にひどいことが多かった気はするが、気のせいだということにしておこう。

しかしまぁ、毎回問題を起こさなくても、地方では実家の人間も多いので、両親やおばあちゃん、おじいちゃんがいる家で飲んで騒いでいれば宿泊先がなくなっていくのは当然だろう。

ある年には公園で野宿をするツアーもあった。その時一緒にツアーをしていたNightmareは、大阪のバンドであるにもかかわらず、大阪でやったときに一緒に淀川で野宿したのには笑ったが。

他には地元のみんなとバーベキューをしたり、海や川で遊んだりと、オフ日の楽しみも夏のツアーの定番になっていた。

LIP CREAMとのツアー時には遊ぶ予定を入れたら「遊びに行くんじゃねぇんだぞ」と怒られたこともあったが、俺たちは遊ぶことも含めてツアーをやり始めたので、毎年夏は非常に楽しみだった。

連日緊張感のあるライブで、気を張ってばかりでは長い期間のツアーはもたない。それが原因でツアー途中に揉め事になるバンドも多い。ただでさえ毎日顔をつき合わせているのだから、ちゃんとしたライブをやるためにも、ゆるい部分は必要だと思う。「どうせやるなら楽しんでナンボ」という感覚が、非常に大きかったと思う。

こうして毎年のようにあるツアーが、日常生活の一部であり、20代からバンド活動が人生の中心となっていった。20歳そこそこでレコード発売や日本全国ツアーまでできたことは、かなり恵まれていたと思う。俺にそれだけのものがあったかどうかは、本人には分からない。ただ、周りの友人や先輩たちに引っ張られていたのは確かである。

唯一自分が良かったと感じるのは、諦めなかったことだ。生き方にしろ、バンドにしろ、髪型にしろ、それまでやってきたことを基本的に変えていないのが、良かった点であると思える。それが側から見ていいか悪いかは別として。

何かひとつぐらい良いところでもなければ、こんな男がレコードを出して全国ツアーなどできるわけがない。たかが20年かそこら生きただけで、大した経験もしていないし、バンド経験もまだ4～5年というところだが、それでもそれなりのものは見てきた。

幾多のなくなっていったバンドや、いなくなったパンクスたち。みんなバンドやパンクというライフスタイルよりも、大切なものがあったのだろう。それがパンクスでいたときよりも、バンドをやっていたときよりも充実していることを願うばかりであるが、俺はやめずに続けたことで、やっと「自分の生きる道を見つけた」という思いに至った。ただし、当時は相変わらず、ほとんど歌詞は書いていなかったが。

伝えたいことすらなくて「何がパンクだ」と言われても仕方のないところだろう。俺個人としては、ライブで暴れられればそれで良かった。

しかし、そんな俺の、バンドやボーカルに対しての意識の低さを見抜いていた人がいた。

変化

#12

　レコードを発売して全国ツアーを始めると、DEATH SIDEが雑誌などにも取りあげられるようになる。記事ではよく、ボーカルの表現に「吠える」と書かれていた。個人的には全く気にしていなかったのだが、大先輩でもあり、めちゃくちゃかっこいいドラムに痺れていたLIP CREAMのPILLさんに、ある日こう言われた。

「吠えるっていつも書かれているけど、そこをISHIYAはどう思うの？　吠えてるって動物のことじゃない？　ボーカルとしてそう言われてどう思うの？」

　一緒にツアーをして、いつも一緒にライブをやっていた俺のことを、大先輩で憧れていたPILLさんが観ていてくれたのだ。バンドとして金を取って人前でプレイするということを、バンドの中でのボーカルというものを、俺でもわかるように、俺が考えるように示してくれた。

　もちろんそこには、CHELSEAという稀有な才能を持つギタリストの楽曲の素晴らしさはあっただろう。今となれば、それに対して「俺のボーカルはまだまだ物足りないもの」だったと、本人でも思う。

　この言葉で俺はボーカルというものを考えるようになった。意識を変えるとボーカルも変わったようで、その後、雑誌などでも「吠える」という表現はされなくなっていった。

　パンクスと言いながらロクでもない生活で、真面目に生きる人からすれば、俺の生き方などひどいものでしかないだろう。しかし、ここまで社会から逸脱したライフスタイルは、日本のパンクスでは少ない部類に入るのではないだろうか。何度も言うが、世間一般的な生活をしていてはパンクだと思えないのが、俺の個人的な感覚だ。

　ライフスタイルに自信を持ってボーカルをやることで、周りの評価が「吠える」から「叫ぶ」に変化した。微妙な変化であるが、この違いは大きい。そこには感情や想いが入り「伝えたい」という気持ちがある。

こんな気づきを与えてくれるバンドが楽しくてしょうがない。そう感じていたとき、高校生にもかかわらず広島から通い、DEATH SIDEのドラムを叩いてくれていたMUKA-CHINが卒業して上京する。

その後、少し経って、広島の愚鈍でギターを弾き、HALF YEARSなどもやっていたZIGYAKUも上京してきた。そして引っ越し先が、なんとMUKA-CHINの隣の部屋だというではないか。

MUKA-CHINもそうだが、ZIGYAKUも上京して間もなく、東京やシーンのこと、交友関係や様々な事実がわからないでいたところに、俺やCHELSEAが遊びに行って泊まり込んで帰らない。おまけに当時仲の良かったパンクスたちも、MUKA-CHINとZIGYAKUのアパートに来るようになる。

この時期は、定住する居候先はなく「放浪」というのが一番しっくりくる生活だった。本当に家のない放浪者は俺だけなのだが、年齢を重ね、放浪生活が限界に近づいて来ているのも薄々感じていた。MUKA-CHINが上京して、オムニバスアルバム『HANG THE SUCKER Vol.2』や『EYE OF THE THRASH GUERRILLA』に参加したDEATH SIDEは、初めてのアルバム『WASTED DREAM』もレコーディングした。

毎年全国ツアーをするようになり、この頃から鉄アレイとDEATH SIDEで、「BURNING SPIRITS」という企画を立ちあげた。「BURNING SPIRITS」は年間全国を2周するほどツアーも多くやっていた企画である。ゴールデンウィークや秋に、東北のみや関西から九州までといった日本半周ツアーを行い、夏には北海道から九州までの日本全国を一気に回る1か月半ほどのツアーを行った。

LIP CREAMが定着させたハードコアパンクバンドによる、完全なるD.I.Y.ツアーが、こうして受け継がれることになった。

今でこそハードコアパンクも細分化され、ジャパコアやクラストコア、POGO、D.I.Yなどと言われるが、クラストの大元はCHAOS U.Kのファッションスタイルや、DISCHARGEの音であり、D.I.Yに至っては、日本で最初にやり始めたのはGAUZEやLIP CREAMなどの、今やジャパコアとも呼ばれてしまうバンドによるものだ。

ジャパコアは揶揄された呼び方から始まったものだが、今や世界に浸透するジャンルとなっている。元々日本で、ハードコアパンクはそれほど細かく分かれていなかったが、俺たちのような人間がやっているのを「違う」と感じたパンクスたちが、自分なりの思いを表現するために違う道へ進んだのだろう。それは素晴らしいことだし、がんばってほしいと願うばかりである。

東京には、日本のハードコアパンク創成期からシーンを牽引し続けているGAUZEの「消毒ＧＩＧ」があったのだが、元々日本にあったハードコアパンクの活動スタイルを、先輩たちから引き継ぎ、継続させたのは、鉄アレイ、BASTARD、DEATH SIDEであると言っても過言ではないだろう。

それまで関西ハードコアパンクシーンの中心として活動していた、俺と同世代のOUTOが１９８９年に解散し、１９９０年にはLIP CREAMまで解散してしまうという大事件が起きる。特にLIP CREAMの解散によって観客動員は下降の一途を辿り、客が入らないライブも多かった。

この頃は横須賀のMAD CONFLUXやPILEDRIVER、関西のRAPES、Nightmare、東京のCRÜCKやACID、九州から東京進出したME＋SSなどとよくライブをやりながら、シーンを活性化させようとがんばっていた時期でもある。

まだLIP CREAMが解散する前だったと思うが、ライブの打ち上げで、「お前のパンクって何だよ？」とGAUZEのSHINさんに言われた。その問いにまともに答えられず、逆恨みのような逆ギレのような形でGAUZE

を遠ざけたこともあったので、GAUZEの「消毒ＧＩＧ」と俺たちの「BURNING SPIRITS」が別れていった時期でもある。俺たちが仕事もせず、一般的にはまともとは言えない生き方だったので、別れていったとも思えるが。

東京のハードコアパンク黎明期と比べれば、俺たち周辺はそこまで暴力的ではなかったし、揉め事はあったが、喧嘩や暴力沙汰も先輩たちほどではなかったと思う。一般的に見てどうかはさて置いて。

世間的に見ても80年代初期よりも警察の目は厳しくなってきて、悪事の質も変わっていったのではないだろうか。

そんな頃、俺の放浪居候生活にも限界が来る。楽しかった放浪居候生活も、ひとりになるとただ寂しいだけの現実がのしかかる。今までどれだけ友人に助けられてきたのかが身に沁みた。そして、とにかくひとりで住もうと決断した。

確か、東京で初めて部屋を借りたのが23歳だった。漫画『代紋TAKE2』の連載が『週刊ヤングマガジン』で、『スラムダンク』の連載が『週刊少年ジャンプ』で開始され、プロレス団体ＳＷＳの旗揚げや、第二次ＵＷＦ最後の松本運動公園体育館大会が行われた１９９０年のことだと思う。

#13 覚醒

ひとり暮らしを決断した俺は、高円寺に四畳半一間、共同トイレのアパートを借りる。家賃は1万7千5百円だ。部屋を借りる金はどうしたかって？ それは大変申し訳ないが、割愛させていただきたい。

なぜ高円寺にしたかというと、多くの友人が高円寺に住んでいたのでよく遊んでいて、20000Vというライブハウスができて、パンクスもかなり多く、住みやすい環境が整っていたからだ。

以前、高円寺に居候していたときにも、物価は安いし、パンクスの他にも劇団員やミュージシャン、作家や漫画家というような、アンダーグラウンドのアーティストが多く、当時は背広にネクタイという職種の人間をほとんど見かけない街だというのも気に入っていた。

当然、携帯電話などはなく、固定電話さえ持っていなかったので、友達が来るのは突然だ。しかし、ひとり暮らしになってもいつも誰かが来てくれる日々はかなり楽しく、それまでとほとんど変わらない生活であった。違うのは、寝る場所を心配しないでいいことと、家主に気を使わなくてもいいことだった。まぁそんなに家主に気を使って居候はしていなかったが。

ひとり暮らしをし始めたことによって、自分の時間というものができた。ちゃんとした自分の時間ができると、俺のような人間でも考えるようになる。考えるということは何かしたくなるもので、ひとりの時間が多くなると、バンドとハードコアパンクにしか興味のなかった俺は、それればかり考えるようになった。

今まで経験してきたこと、ツアーやレコーディングによるボーカルとしての意識の変化。「パンクとは何か？」と問われ、まともに答えられなかった悔しさ。俺たちのバンドを楽しみにしてくれる観客たちや、今まで世話になった仲間たち。そしてなぜ俺はこうなったのか。

ここまで読んで、お分かりいただけるだろうか？ 歌詞を書くというボーカルとして当たり前の作業に、初めてに真剣に向き合うようになるのである。第一次湾岸戦争が起きたのもこの頃で、社会や国家というものが見えてきて、初めて政治的な歌詞を書いた。

こうしてやっと少しはまともなボーカルを意識し始めた大きな要因は、ひとり暮らしの他に、BOB MARLEY & THE WAILERSやJIMI HENDRIXなどのロックも聴きだしたことだ。それまでになかった新しい感性が磨かれていき、バンドに活かされて形になり始めたためかもしれない。

歌の入れ方やタイミングも細かく意識するようになっていき、「メロディがどうすればできるのか?」と考え始めた時期でもある。鉄アレイのＲＹＯなどは、理論ではなくメロディを歌っていて「俺もメロディをつけて歌いたい」と思ったのがこの頃だ。

ハードコアパンクとしてはメロディなんかいらないのだが、できるかできないかはさておき、気づいて知ったものはやってみたくなる。できるのにあえてやらないのと、できないからやらないのとでは雲泥の差がある。

せっかく本気で書いた歌詞を、どうすれば聴こえるように、伝わるようにできるのか?

俺のボーカルとしての覚醒が始まったのが、DEATH SIDEの２ndアルバム『BET ON THE POSSIBILITY』のレコーディングに入る時期だった。

この少し前の時期に、Ｌ·Ｏ·Ｘという X（現Ｘ JAPAN）のYOSHIKI、LIP CREAMのNAOKIさん、ORANGEのACTさんのプロジェクトバンドにボーカルとして参加した、THE FOOLSの伊藤耕さんに出会う。その出会いは強烈で、一発で虜になった俺は多大な影響を受ける。

Ｌ·Ｏ·Ｘで歌った耕さんの「Jungle」という歌の歌詞もめちゃくちゃカッコいいが、その後聴いた、THE FOOLSの歌詞が深く心に突き刺さり、人の歌を聴いて初めて涙を流した。

そして歌詞作りに目覚めていた俺は、2ndアルバムの歌詞あたりから、耕さんの影響が非常に大きく出ていると思う。

2ndアルバムを発売した後、DEATH SIDEにメジャー契約の話がきたことがあった。ただ単発のレコーディングだけだったのか、年間契約なのかは、書面を一瞥しただけで断ってしまったので覚えていない。CHELSEAは「好きな音楽をやって、バンドで飯を食って何が悪い」という考えで契約したがっていたが、俺はメジャーでやる気などサラサラないし、そんなことで飯を食って何がパンクだと思っていた。

当時はパンクバンドがメジャーへ行くことへの抵抗感が、非常に強かった。メジャー契約によって、金や知名度のために会社の言いなりになり、音楽性や売り出し方など、やりたくないことまでやらされて何がパンクだと思ったのも確かだ。

メジャーに行ったことがないので本当のところは分からないが、SxOxBがメジャーを解約したのは、そのあたりの理由だった。詳しくは自著『関西ハードコア』の、SxOxBインタビューで語られている。

俺としては日本のメジャー契約よりも、海外進出に興味があった。プロレス好きなのもあって、若手レスラーが海外遠征で修行をして帰って来た時に「凱旋帰国!」と銘打った派手な試合や売り出しでその後、活躍していく姿にはかなり影響を受けていた。

海外へ行った日本のハードコアパンクバンドは、最初がROSEROSEのイギリス、そして1989年には同年代で仲が良かったSxOxBがヨーロッパツアーを行い、同年GAUZEもイギリスツアーを行う。

初めての海外から帰ってきたSxOxBやGAUZEから話を聞いていると、文化の違いや見たことのない別世界のハードコアシーン、大好きなCHAOS U.Kの地元についてなど、涎ものの話ばかりだ。

その少し前には、日本のハードコアパンクバンドとして初めてのアメリカツアーが決定していたLIP CREAMからも、海外へ向けての気持ちを聞いていた。残念ながらアメリカツアーは中止となったが夢のような世界が現実として感じられる状況になっていた。

それまではインタビュー時や友達などに「バンドの目標は？」と聞かれても答えを持っていなかった。しかし、この頃から明確に海外進出を目標に、CHELSEAとともに「世界制覇」と答えるようになっていた。

それまでにもCHELSEAとよく遊びに行っていたTHE EXECUTEのLEMMYさんの家で、M.D.C.とDEAD KENNEDYS主催によるワールドコンピレーションアルバム『P.E.A.C.E.』にTHE EXECUTEで参加したときの話や、西ドイツのハードコアパンクバンドINFERNOとTHE EXECUTEのスプリットアルバムの話の他にも、海外との連絡方法ややり取りの話を聞いて、海外への夢を膨らませていた。ふたりでいつも「どうしたらバンドで海外に行けるか？」と考え始めた時期だった。

俺たちが目標とした「世界制覇」という言葉は、CHAOS U.KのアルバムЁ『SHORT SHARP SHOCK』の中にある曲のタイトル「GLOBAL DOMINATION」からとったものだ。そう、俺がにら子供時代に出した1円テープのタイトルだ。

アルバムが出されたのが、CHAOS U.K初来日の頃で、そういえば三軒茶屋のミッキーのアパートで、裁縫の針に墨汁をつけて刺青を入れようとしたときに、思いついたのが「GLOBAL DOMINATION」だった。ひと針目で痛くてやめたヘタレだったたが。

友人や先輩バンドの海外ツアー話を聞いて、漠然とではあるが手が届きそうになった夢の海外。どうすれば良いかと考えてみるのだが、インターネットやメールもない時代、海外との交信手段は手紙か高額料金の国際電話だけだ。その上、メンバーに英語が話せる人間がひとりもいない。

1990年に初来日をして仲良くなった、EXTREME NOISE TERRORのボーカルであるディーンに手紙を出したと思うが、こちらの英語能力不足で話が進まなかった。そうこうするうちに月日は経っていく。

その間もツアーやライブを頻繁に行い、広島のレーベルBLOOD SUCKER RECORDSのオムニバス作品『STARVING DOG EATS MASTER』に参加し、次のアルバムを海外進出の手がかりにしようといった話になったと思う。

そこで俺が提案したのが、ガキの頃から1番好きな海外ハードコアパンクバンドである「CHAOS U.Kと、スプリットアルバムを出せないか?」というものだった。早速、話をレーベルに持っていくと、CHAOS U.KからOKが出たというではないか!

CHAOS U.Kとのスプリットアルバムの発売が1993年なので、海外が現実味を帯びてきたのは、SxOxBやGAUZEが海外ツアーを行った後の1990年代初期だったと思う。

自由であるために

#14

CHAOS U.Kとのスプリットアルバムは、DEATH SIDEを世界に発信するにはかなり効果があると期待していた。しかし、海外も視野に入れた活動ができると思っていた矢先、レコードレーベルとの間に確執が生まれる。レーベルの事務所には遊びに行くことも多く、社長ともかなり仲が良かったのだが、金銭関係がかなり不透明だということが発覚する。

表参道にある青山のマンションから、港区白金にある芸能人が住む家賃30万円のマンションに引っ越したレーベルが、今度は目黒のマンションに引っ越した。その行動で気づくのが普通だと思うが、俺たちは何とも思っていなかった。しかし、ジャケットや歌詞カードの度重なるミスの他にも、プレス枚数も謎で、何枚売れたかもよく分かっていなかった。ケチな社長が1年間もの長期にわたるレコーディングに全く文句を言わず、発売後に渡されたギャラも、当時の俺たちにとってはかなり高額だったためアホ丸出しで喜んでいた。

契約書は交わされていたのだが、内容をよく読まずに判子を押していたので、やりたい放題だったのだと思う。新たにこのレーベルから作品を出した友人バンドが、金銭関係の不透明さに気づいたので俺たちもやっと理解し始める。

そこで社長と話したのだが、全くらちが開かないので「もうあんたのことが信用できない」と、そのレーベルから出すのをやめた。

この騒動があったために、当初メインはアナログ盤で発売予定だったCHAOS U.Kとのスプリットアルバムが、ＣＤのみの発売となってしまう。これが海外進出へ大きな痛手であったと思う。

DEATH SIDEの２ndアルバム『BET ON THE POSSIBILITY』が発売された１９９１年頃、日本では

アナログからデジタルへの移行が始まり、音楽ソフトもＣＤへ移り変わる時期だった。

日本では音楽ソフトの過渡期だったが、海外では当時から今でもアナログが主流である。そのためＣＤしか発売されなかったCHAOS U.KとDEATH SIDEのスプリットアルバムは、それほど海外で流通しなかった。

その上、レーベルと揉めてやめたので、海外進出がつまずいた時期でもある。唯一の海外との交信手段を失っていたところ、アメリカ東部にあるボストンに住んでいるという日本人から連絡が来た。

「アメリカでDEATH SIDEのレコードを出しませんか？」

その人間は以前、日本でDEATH SIDEを観ていた。その時にCHELSEAと仲良くなって、海外にいるのならと日本で手に入らないものを送ってもらうなど、やりとりをしていたという。その後レーベルを始めることになり、DEATH SIDEにオファーが来たという経緯だ。

今のようにサブスクはなく、インターネットもなかったので、自分たちのバンドを海外でも知ってもらうためには、レコードなどの作品を発表し、海外流通させる以外に方法がない。

DEATH SIDEは海外在住の日本人がやっているレーベルからオファーを受け、海外でレコードを発売できたが、通常、作品を出すには、様々な苦労があると思う。そのためかどうかわからないが、通常のミュージシャンや歌手は、事務所やメジャーレーベルとの契約を目指して、様々な活動をするのだろう。

しかし、俺たちの世代がバンドを始めた１９８０年代頃から「インディーズ」という方法が確立された。当時は自主制作と言っていて、インディーズという言葉はあとからついたものだが、英語のINDEPENDENT（独立した、支配されない）という単語から発生したものだ。意味の通り従来のメジャーや事務所契約に頼らず、自分たちでレコードを作って販売してしまうというもので、やはり日本のD.I.Yの元祖になる。

メジャーや芸能人と違った音楽を求める場合には、レコードとライブ以外に選択肢がないため、当時のインディーズは現代と違って絞り込みやすい環境ではあった。そのため、俺たちのようなマイナーバンドでも、実力次第では注目を集めることができる環境だったと言えるだろう。

言いなりにならずに、自分の思ったことを自由にできる環境があるならば、無理してメジャーや事務所と契約することはない。この頃は、ギャラにそれほど頓着していなかった。それはライブでも同じで、金になればありがたいが、バンドで儲けようとは思っていなかった。

貧乏極まりない生活をしていながら、なぜそこまでしてバンドで食おうとしないのか。

ひとことで言えば自由にやりたかったのだ。何の制約もなく、自分たちが信じるものを、やりたいようにやる。これができるのがインディーズであり、目的は金ではなく、やりたいことを好きなように思う存分やること。そんな自分たちの自由が大切だった。

「自分たちが真剣にやっていることを、できるだけ多くの人間に知ってもらい、認めてもらいたい」というスタイルも、多少ではあるが一般とは違っている。

多くの人間に知って欲しくはあるが、知りたいと思う奴だけが知ればいいとも思っている。認めて欲しくて何でもやるという訳ではない。俺たちを知り、接点ができるきっかけやタイミングが重要で、ライブ活動はそのためにやっている部分も大きい。

そんな感覚も、一般的なメジャーバンドや芸能関係とはちょっと違っているのかもしれない。

そして、俺たちのようなバンドは、金儲けが一番の目的ではないので、感覚としても仕事（職業）とは違い、実際、金にはならず食えないので仕事ではない。しかし人生を懸けて本気でやっているので、趣味でもない。このあたりは親や親族、学生時代の友達などに話しても、全く理解されない部分だ。

親や親族、学生時代の友人のような一般社会で生きる人たちに、「バンドをやっている」と言うと「それで食っていけるの？」と言われる。

基本的思考が、いい大人が生きていく場合には、食っていけるか食っていけないか、すなわち仕事として成功しているかいないかが問題であって、俺たちのような人間の生き方は概念の中にないようだ。もしかすると、昨今のバンドマンやパンクスでも、俺たちのような生き方は理解できないかもしれないが。

銭金に縛られた生き方で自由など手に入らない。俺はそう思って生きてきた。だから生活は二の次で、バンドを一番優先することができたのだろう。

俺たちの世代は、似たような人間が多かった。真剣に「仕事をしたら負け」だと思っていた。どうやったら仕事をせずに自由に生きていけるか。それが最優先だった。仕事で時間や生活を縛られている生き方に、自由は感じられない。

普通は生活があって、暮らしがあって、その上でバンドだ。俺や俺の周りの多数の人間は、普通じゃなかったってことだろう。家がないのにバンドはやるなんて、意味がわからなくて当たり前だ。

そこまでして「自由」にこだわった。だから何でもやってみた。思ったことをやらないで「あのときやっておけばよかった」と後悔するよりも、思ったことをやってみて失敗したら「ああ、やっちまった！」という後悔の方が断然いいと思っていた。最低限他人を殺したり騙したり、仲間を裏切らなければ良いと思っていた。

こうした部分は今も大して変わらない。歳を重ね多少の分別はついたが、それもこれも「やっちまった！」という経験のおかげだと思っている。

そんな感覚で生きていたのだが、DEATH SIDEのレコードが海外で発売され、海外ツアーへの思いを実現させようと動き出す。

鉄アレイのボーカルＲＹＯの弟であるプロレスラーの小島聡が、新日本プロレス若手レスラーの登竜門であるヤングライオン杯で優勝し、海外遠征に旅立った１９９４年頃だった。

#15 終わりと始まり

DEATH SIDEの、海外レーベルでDEVOURから発売された2nd7インチシングル「THE WILL NEVER DIE」は、かなり乗り気で話を進め、レコーディングもスムーズにいったと思う。シングルと言いながらも3曲入りで、A面を「THE WILL NEVER DIE」のみにして前面に押し出した作品だ。

確かこのシングルに入っている「SOW THE GRASS SEEDS」の歌の入れ方で、初めてCHELSEAから認めるような言葉を言われたと思う。しかしそれがまた腹が立つ言葉だった。

「お前にも考える頭があるんだな」

もう少しマシな言い草があるだろう。カチンときたが、確実にCHELSEAの予想を良い意味で裏切った、悔しさ混じりの発言であることはわかったので、俺としてはほくそ笑むだけで、何の返事もしなかった。

このシングルのアメリカ発売によって、DEATH SIDEの知名度が海外で浸透していく。

ここでアメリカツアーをすればスムーズにいったかもしれない。しかし、なぜか俺たちはイギリスへコンタクトを取った。今考えれば完全に間違えている。今考えなくても間違えている。どうしてこう頭が悪いのか。

なぜイギリスにしたのか？　記憶の中にあるのは、俺とCHELSEAはふたりとも、アメリカよりもイギリスやヨーロッパのハードコアパンクバンドが好きだったことだ。

ふたりともDISCHARGEを基本に、俺はCHAOS U.Kを筆頭にしたノイズコアが大好きで、CHELSEAはENGLISH DOGSやDISCHARGEのギタリストのBONESがかなり好きで、BROKEN BONESも大好きだった。アメリカにもいいバンドやカッコいいバンドはたくさんあるが、ふたりがルーツと感じているイギリスへ行きたくて仕方なかったのだと思う。

そして高円寺のレコードショップRECORD BOYにいた別宮さんに紹介してもらう形で、イギリスのEXTINCTION OF MANKINDに手紙を送ると返事が来た。確かそこからレコードを送って「ツアーやってもいいよ」というような話になったのだが、イギリスに行く金がないのでツアーが頓挫してしまう。

日本のように、一切金を使わずツアーに行けるほど海外は甘くない。そりゃそうだ。まだ海外ではやっと名前が知れたぐらいの駆け出しバンドに金を出す物好きなど、そうそういるものではない。ましてやハードコアパンクという金銭的な成功を目指していない世界では、どうすることもできなかった。

普通なら金を貯めるなどしてある程度の準備をするのだろうが、俺もCHELSEAも金に関しては恐ろしいほど何も考えない、現実が見えていない人間だったのだ。

ひょっとしたら、ここで海外進出の夢が潰えるとまでは言わなくても、現状の手段では海外へ行けないと分かったので、意識の変化があったかもしれない。それでCHELSEAが、ソロ活動という別の道に光明を見出したとしてもおかしくはないだろう。ただ単に、CHELSEAの創作意欲がありすぎただけだとは思うが。

1年にわたる2ndアルバムのレコーディングには嫌気が差したので「あんなレコーディングは2度とやらない」と決めて次からのレコーディングをしていたが、CHELSEAは作品を作りあげるスタジオワークが大好きだとも言っていた。

片や音楽をやっとかじり始めた程度の、音楽的には素人に近いただのパンクスと、もう片方は音楽を熟知し、類稀なるセンスを持ち合わせたアーティスト気質のミュージシャンであり、パンクを愛しパンクであり続けた男。

この辺りから俺とCHELSEAの間に、溝ができ始めていたのかもしれない。いや、溝ができていると思っているのは、俺だけだったのだろう。あいつは自由にやりたいことを、ひとりでもできる男だった。俺はひとりでは何もできない、何の才能もないただのパンクスだったので、嫉妬のような思いもあったと思う。

そしてDEATH SIDE最後の作品となる7インチシングル「ALL IS HERE NOW」のレコーディングに入る。シングルと言いながら5曲も入っているので、やはりCHELSEAの音楽センスと作曲能力は突出したものがあった。

２ｎｄアルバムまでは、バンドの音楽的な面はCHELSEAに全ての権限があった。しかし1年という長期にわたったレコーディングで俺の感覚も成長し、音楽的な意見も言えるようになっていた。

歌詞についても、それまではCHELSEAが良し悪しの判断をして、CHELSEAがボツにした歌詞は書き直していたが、最後は俺の意見もかなり取り入れられながら、バンドが進行していくようになっていたと思う。

歌詞もCHELSEAを納得させるものを書けるようになっていたのだろう。自信もあったし、自分の歌詞に対する強い思いも持っていた。CHAOS U.KとのスプリットでCHELSEAは何も言わなかったが、ここへ来て、やはり彼のやりたい音楽の方向性やメッセージがあったのだと思う。

しかし俺の態度や、他のメンバーの気持ちなどもあったのかもしれない。歌詞や歌の入れ方も、俺が考えたものでレコーディングした。

常に作曲はCHELSEAがやっていたが、バンドの主導権は何となく俺が握るような形になって、CHELSEAは表現したいものができなくなったのだろう。

２ｎｄアルバムでは、当時、CHELSEAが影響を受けたプログレのPINK FLOYDやKING CRIMSONを模した、コンセプトアルバムを作った。しかし俺は、やはりハードコアパンクがやりたかった。どうしてもロック的なアプローチには拒否反応があったため、CHAOS U.Kとのスプリットでは、ロック的なアプローチをなくし、ソロも抑えるようにしたと思う。CHELSEAのやったことは、ハードコアの新しい形だとも気づかずに。

しかし、そうした自分を抑えたような作品を作ったことでCHELSEAはやりたい音楽への欲求を再確認したかもしれない。

最後のシングルは、いつものCHELSEA節が全開になったような曲も出来たし、俺は歌や歌詞に関してCHELSEAの言うことを聞かなくなってはいたが、ダメ出しも復活していた。

そしてCHELSEAがソロをやりたいと、俺に同意を求めてきた。俺は「自分のバンドがあるのにソロがやりたいというのは、他にやりたいことがあるのか？」と感じて「やるならDEATH SIDEの名前は出すな」という返事をした。何をやるかは知らなかったが、どうせハードコアとは全く違うものをやるのは明らかだった。DEATH SIDEがそう思われるのも嫌だったのだが、要するに気に入らなかっただけだ。

そこからCHELSEAは、俺に一切ソロの話をしなくなる。そして意識的にお互いその話題には触れずに活動を続けるのだが、仲が悪い最悪の状態で１９９４年の夏のツアーを迎えた。

１か月半ほどのツアー、一切口をきかないふたり。そして、ツアーが終わって、喧嘩別れという形でDEATH SIDEは解散する。

それが１９９４年か１９９５年だったと思う。喧嘩別れという、まぁバンドにはありがちな解散だが、その後もずっとCHELSEAとは口をきかなかった。

CHELSEAから何か言ってくることはあったが、俺が完全に無視をして、あまりにもしつこいので殴ったこともあった。

バンドは解散してしまったが、ライブに行けばやはり楽しく、気のあう仲間もたくさんいるので「やっぱりライブハウスはいいなぁ。ハードコアは最高だよ」と、客観的に感じていた。

それまで約10年バンド活動をしてきたが、ここまで何もしないのは初めてで、そのうち他のバンドを観ていると腹が立つようになった。置いていかれるような感覚もあったのだろう。

毎年やっていた夏のツアーに行かないために、夏には何をしていいのかわからない。バンドをやっていないことが、これほど退屈極まりないものなのかと、人生で初めて気づいた。

「バンドをやらない俺が、生きている意味などどこにあるのだ？」

俺にはやはりバンドしかない、パンクしかないと改めて気づき、新しいバンドを始めようと決意する。と言っても1年やそこらの話で、それぐらいの期間でさえバンド活動をしていない事実に耐えられなかったということだ。

解散したDEATH SIDEのメンバーでは、MUKA-CHINがいち早く動いた。元BASTARDのメンバーであるZIGYAKUとIIZAWAが、ボーカルに元CRÜCKのNORIを迎えてやり始めた、JUDGEMENTというバンドに参加することになった。

俺も負けてはいられない。新しいバンドをDEATH SIDEのベーシストだったＹＯＵと始めることになる。これが１９９５年の終わりから１９９６年頃の話だと思う。

FORWARD結成

#16

ＹＯＵとバンドを始めることが決まった。さて他のメンバーである。そんな時に、１９９３年と１９９４年の夏のツアーに参加していた高知のINSANE YOUTHのメンバーから電話がきた。

INSANE YOUTHの素晴らしさはツアーで身を以って感じていたので、一緒にやろうと誘った。だが、しっかりした活動を行いながら、自分たちの地元でシーンを作りあげ引っ張る存在のバンドでもある。そううまくいくものではない。しかし、どうせ新しくバンドをやるなら、誰もが予想しないことをやったほうが面白いに決まっている。おまけに正直言って世界進出を諦めていたわけでもない。

新たなバンドで世界進出できるメンバーとなれば、東京ではもう人材が限られており、みんなバンドを組んでいる。またシーンのど真ん中に立ちたい気持ちもあるし、それができるメンバーともなれば、そこらの奴では到底無理だ。それだけDEATH SIDEのメンバーは凄かった。口には出さないし、当時は俺も気づいていなかったかもしれないが、確実にメンバーの動向は気にしていたし意識していたと思う。CHELSEAより先に、自分のやりたいことを形にしたいという思いもあっただろう。

どうしてもINSANE YOUTHのメンバーとバンドがやりたくて、口説きに口説いていたが、らちが明かない。俺とＹＯＵは、高知に行って話をしようと決めた。それもバイクで。

新しいバンドを結成するために、高知へバイクで旅立った俺とＹＯＵのふたりだったが、ＹＯＵはバイクでのロングツーリングの経験がほとんどなかったと思う。テントに寝袋、バーナーや食料を積んで、高速道路を使わずに高知まで行ったのだが、どうせならと旅気分で行ったために4～5日かかったと思う。

ＹＯＵとふたりで旅をすることなどなかったので、俺としては楽しみだった。しかし初めてに近いロングツーリングだったからなのか、ＹＯＵは疲れていたようで、夜のキャンプでの醍醐味である焚き火を囲んで色んなことを話しながら意識を確認し合ったり、星を見ながら自分を見つめたりできる最高の時間には、早めに飯を済ませてテントの中で寝ていた。

まぁそれはそれで俺はひとりで考えられる時間があったのでいいと言えばいいのだが、せっかくふたりで来ているのに暇を持て余したのは確かである。起きろよな。

ＹＯＵとしては、早く行ってバンドの話を決めて、とっとと帰りたかったのだろうが、俺の旅気分につきあってくれたのだろう。

そしてやっとのことで高知にたどり着き、なんとかメンバーを口説き落として、めでたく東京でバンド活動を始めることが決まるのだが、めでたいのは俺たちであって、INSANE YOUTHは3人バンドだったためにベーシストのHIRO君にとってはめでたくもなんともない。寝耳に水といった感じで、バンドがなくなってしまう現実が突きつけられる。

この事実の中でSOUICHIは「HIROがまだ一緒にやりたいというのなら、俺は東京へは行かない」と伝えるが、HIRO君の返答が「やらない」というものだった。返答を聞いたSOUICHIは、そこでようやく俺とＹＯＵで始めるバンドへの加入を決意した。

俺が自分の思いを優先させたために、被害者になってしまったHIRO君に対して、バンドのメンバーとして、友人としてきちんと話をして、SOUICHIは加入してくれた。新バンド結成における最大のポイントであったと思う。

俺のわがままな思いに答えてくれたHIRO君やSOUICHIにも、この先の活動で思いを返していくしかない。

ようやく東京でバンド活動を再開させることになる。しかし、いきなりライブが決まったために、バンド名を決めなくてはならなくなった。ＹＯＵの部屋にみんなで集まって、ああでもないこうでもないと言っていたのだが、俺が思いついた英単語を何個も言っていると、ある単語の時にＹＯＵが「お！ それいいね！」と言ったものに決まった。俺のインスピレーションとＹＯＵのインスピレーションが合致した瞬間に、英語の話せるSOUICHIも納得し、バンド名は「FORWARD」に決まった。「何があっても、どんな時でも前へ」という、再出発するバンド活動に対する決意を込めたものだ。

FORWARDになってから徳島へツアーに行った時に、THE EXECUTEのLEMMYさんに「お前がラグビーやってたからバンド名がFORWARDなんか?」と言われたが、決して明治大学ラグビー部の故・北島忠治監督時代からのスローガン「前へ」から思いついたわけではないし、明治大学ラグビー部のウイングだった吉田義人が早明戦で見せた、早稲田のフルバック今泉を振り切った泥臭い逆転トライに感動したからでもない。

ましてや元同志社大学で日本代表のロック大八木淳史が、海外チームに歯が立たない日本代表の中で唯一……いや、もうやめておこう。とにかくラグビーからではないということは記しておく。

俺とＹＯＵは、現在まで一番つきあいの長いメンバーであり、音楽は「聴く」と「演る」では全く違う感覚であるという前提で、俺はベースというパートの演奏者をこの人しか知らない。他にも俺のやっているバンドでベースを弾いてくれた人間はいるが、俺がちゃんとバンド活動に目覚めてからは、ヘルプで弾いてくれた人間以外にはＹＯＵのベースしか知らないのである。

ヘルプベーシストが弾いてくれたときのベースラインは、基本的にＹＯＵのものをコピーしたものなので、俺はＹＯＵのベースしか知らないと言っても、決して過言ではないと思う。

高知へ行く時にも、ここまでのつきあいになるとは予想もしていなかった。これほど長くつきあえるのも、ふたりでキャンプに来ているのに寝てしまうというＹＯＵのキャラクターが非常に大きいと思う。何とも憎めない部分があり、これまでもずっと俺のやることについてきてくれた。

何よりもライブで力んでしまう俺を、最初に出す一発の音で和ませてくれるのだ。ライブ中に力まず歌える、俺にとってなくてはならない存在のベーシストだ。

DEATH SIDEのときには、CHELSEAと俺という個性の強いふたりがいたために目立たない存在であったかもしれないが、新しいバンドによってYOUの個性やキャラクターが立ち始める。新しいバンドを始めて一番変化があったのは、YOUだったかもしれない。

それが良いか悪いか、両方であるかは、YOUを知る人間ならわかるだろう。まぁとにかく、どんなにめちゃくちゃでも、なぜかみんなに愛されるキャラを持った人間なのは確かである。

そして新しいメンバーとなったSOUICHIは、ギタープレイが素晴らしくテクニックも秀逸で、CHELSEAのようにソロにこだわる様子もない。自分をゴリ押しして前面に出さない、ギタリストとして珍しいタイプであるにもかかわらず、オリジナリティ溢れる独自の作曲センスが抜きん出ており、FORWARDの楽曲制作の中心となる存在だ。

元々INSANE YOUTHでリーダーシップをとっていて、ギターボーカルでもあったために、コーラスワークや声も素晴らしく、バンドの活動の面でも重要な部分を補佐してくれる、縁の下の力持ち的な役割もできる。さらに〝高知いごっそう〟を地で行く男であり、酒も強い。そして侠気に溢れた人間であるのは、HIRO君に対する態度でもわかってもらえるだろう。

メンバーも揃ってライブを順調に行い、いよいよレコードを作ろうという話になった。当時の俺とYOUは、ちょうど初期のパンクロックを頻繁に聴いていて、楽曲もDEATH SIDE時代とは全く違う作風で、かなりシンプルな曲作りを行っていた。

コード数を極力絞り込んだ楽曲をＹＯＵが作るので、基本的にはボーカルの入れ方やコーラスワーク、ギターの弾き方などで曲の展開を作る。ＹＯＵの作曲センスがDEATH SIDEで発揮されることはなかったが、SYSTEMATIC DEATH時代には素晴らしいものがあったので、それが開花した形でもある。

SOUICHIが作る曲は、コード進行で曲の展開を作るため、複雑な曲に感じる作品であるにもかかわらず、実質はシンプルだったりするために、進行に合わせた歌入れができ、ベースラインによる展開もつけられる。

FORWARDは結成当初から、複数の人間が作曲することでバラエティに富んだ楽曲のバンドになっていた。この感覚もDEATH SIDE時代にはなかった新しいもので、非常に新鮮で楽しいバンド活動となっていた。

そしてFORWARDの1st 7インチシングルは、広島の友人である元愚鈍、現ORIGIN OF MのGＵＹ君のレーベルBLOOD SUCKER RECORDSから発売した。これが１９９７年のことである。

第二章

初のアメリカツアー

遂に海外へ

#17

新しいバンドFORWARDを結成し、レコードやCDなどの作品を発売して全国ツアーを回った。さらに俺の一番好きなバンドであるCHAOS U.Kとの日本ツアーが決定する。

こうして新しいバンドをスタートさせたが、実際バンド活動を始めてからの話は、自著『ISHIYA私観 ジャパニーズ・ハードコア30年史』に書いてあるので、読んでいただければ全ての流れは分かる。

なるべく今まで出版していない話を書いてきたが、『ISHIYA私観 ジャパニーズ・ハードコア30年史』になく、読者が知らないのは海外ツアーに関する話だと思うのだがどうだろうか？

新バンドFORWARDを結成し、1998年にCHAOS U.Kとの日本ツアーを行うことで、俺はずっと持ち続けてきた海外進出を現実のものとするために具体的に動き出した。

CHAOS U.Kとのツアーを終えた後、メンバーと「本格的に海外ツアーを行いたい」と意見がまとまり、CHAOS U.Kのギタリストであるギャバに手紙を書いた。

SOUICHIが家に来てくれて手紙を書いたのだが、英語が堪能なSOUICHIはそれまでにも海外とやりとりしていて、具体的な方法を知っていた。

実際に海外での生活経験もあり、現実的に海外というものを知るSOUICHIがメンバーにいるのは非常に心強く、誰かを介して連絡するのではなく、メンバーの意思をダイレクトに伝えられるコンタクトが初めてできたのである。

間もなく届いた返信には「最初は鉄アレイを呼びたい」という意向が記されていた。FORWARDは駆け出しバンドであり、それまでの実績などからすれば納得せざるを得ない内容ではあったが、個人的には非常に悔しい思いをした。

手紙の通り、２０００年前後に鉄アレイはイギリスツアーを行った。しかし、ライブはCHAOS U.Kの地元であるブリストルのみで何度かの演奏を行うものであり、ツアーというには少し様子が違ったという。

鉄アレイの海外話は、さらに俺の海外への思いに火をつけた。だが、本格的に海外ツアーへ行く道を模索している最中にSOUICHIの父親に不幸があり、どうしても実家のある高知に帰らなくてはならないという。引き留めはしたが、SOUICHIという男の家族に対する責任感は強く、意思を変えるまでには至らなかった。

DEATH SIDEと同じように、再び海外ツアーへの道が閉ざされたと思われるかもしれないが、俺は諦めなかった。英語は話せないが、今回は友人として仲の良いHG FACTというレーベルの佐藤君がいる。彼はレーベル業務で海外とのコンタクト経験が豊富だった。

この頃には海外とのやりとりにメールが使われ始め、コンタクトが容易になっていった。そこでHG FACTから発売するアルバムのアナログ盤を海外で発売し、佐藤君のレーベルにツアーをオーガナイズしてもらうことで話が決まった。SOUICHI脱退後に加入したのは、KGS、JUDGEMENTなどでギターを弾いていたT．T（現EIEFITS）で、１枚のアルバムを発表し、２枚目のアルバム制作に取りかかった２００２年頃の話だったと思う。

毎年行ってきた日本全国ツアーは遂に同行バンドがいなくなり、FORWARDのワンマンツアーとなるのだが、個人的には毎年同じことの繰り返しで、一緒に回るバンドがいなくなったので、限界も感じていた。

飽きた訳ではないが、新しい世界を体験してみたかった。知らない世界を知り、自分自身のアップデートをしたかったのだと思う。家でも憂鬱とまではいかないが、優れない思いで塞ぎ込むことも多かった。

英語の話せるSOUICHIがいなくてもなんとかなる。鉄アレイの海外話を聞いてそう感じた俺は、新しいアルバムで海外ツアーを行うことを正式に決定し話を進めた。レコーディングが無事終わり、海外でのアナログ盤発売に向けて動きだす。

HG FACTの佐藤君がいくつかの海外レーベルと交渉してくれて、カナダのUGLY POPというレーベルから、アメリカを含む発売が決定した。交渉時にアメリカツアーを行いたいとの話も同時進行しており、その条件を満たしてくれたレーベルがUGLY POPだった。

条件といっても、アメリカツアーをブッキングすること、ツアーに向けてレコードを発売するというだけで、交通費を出せだのギャラをいくらよこせだのといった話は全くないので、決定も比較的スムーズだったと思う。

ただ、アメリカでは同時多発テロが起きたあとでもあり、入国に関して問題がある時期で、知名度がないので、場所は押さえられるがどうなるか分からない。しかし、アメリカで協力してくれるかなりの人数に話を通してくれたのは非常に助かった。

なぜアメリカかというと、イギリスやヨーロッパに比べてアメリカでツアーを行う方が比較的簡単であったからだ。レコード発売もアメリカ系のレーベルとのつきあいが多く、レコード販売を含めたツアー企画は、アメリカが断然交渉しやすかったのだと思う。

こうして初めての海外ツアーが決定する。ちょうど第二次湾岸戦争であるイラク戦争が始まった２００３年で、パンクバンドがアメリカでツアーを行うことは、とても大きな意味のある時期であった。

1か月半ほどの予定で、ライブを行う都市も決まり、日程とスケジュールが決定した。しかし、ベースのＹＯＵが体調不良で入院してしまい、キャンセルせざるを得なくなる。

初めての海外ツアー目前で、またしても夢が実現できなくなってしまった。しかし盟友であるＹＯＵなしでは、初の海外ツアーなどあり得ない。

メンバー全員納得の上でツアーはキャンセルとなったのだが、「あとは飛行機のチケットを取るだけ」と具体的に決まっていたので、かなりの手応えは感じていた。次があると確信できるキャンセルだったので、残念ではあるがそれほど落ち込むこともなく、バンド活動にも影響が及ぶことはなかった。

新しいアルバム、と言っても8曲入りの12インチＥＰなのだが、その作品発売後で順調な活動をしていたときに朗報が訪れる。何とSOUICHIが東京に戻りFORWARDに復活するというではないか。

しかし、ギターのＴ．Ｔが「SOUICHI君が帰って来るなら俺はやめるよ」と言い出した。だが、俺とＹＯＵが全力で引き止める。

俺には、SOUICHIとＴ．Ｔのツインギターという構想があり、全くタイプの違うふたりが組むことで、新たなものが生み出せるし、何よりも音圧が増す。こんなにいいことはないと思っていたので、Ｔ．Ｔを説得してツインギターでのバンド活動再開となった。

そしてSOUICHIが戻ったことにより、にわかに海外ツアーの話が再燃する。SOUICHIも復帰後のアメリカツアーにはかなり乗り気で、12インチＥＰはアメリカで発売されているので、新生FORWARDで海外ツアーに出るには申し分のない状態だった。

そこでさらに海外ツアーに向けて新たなアルバムを作ろうという話になる。SOUICHIがいるので、メンバーの英語に対する不安も軽減されたようだ。１度決まっていたこともあり、いよいよアメリカツアーが現実となるのだ。

北朝鮮の拉致被害者５人の家族の帰国があった２００４年のことである。

アメリカではジョージ・Ｗ・ブッシュ大統領が再選を果たし、日本はイラクへ自衛隊派遣をした。日本がアメリカの影響で戦争へ加担しはじめた時期でもあり、俺たちのアメリカ行きが、非常に大きな意味を持つ年であった。

#18

ジャパニーズ・ハードコアパンク初

今でこそ海外ツアーを行うハードコアパンクバンドは多数存在する。なぜなら、それまでに様々なバンドがアメリカへ行き、先駆者として日本のハードコアやパンクを伝えてきた事実があるからだ。

最初に日本からアメリカに渡ったバンドは、1992年のthe 原爆オナニーズだろう。the 原爆オナニーズは1995年にも渡米しており、これが日本のパンクバンドの初アメリカ進出となると思われる。

その後、ガールズバンドのThe GAIAが1995年に西海岸、1997年に西海岸と東海岸で2週間ほどのツアーを行っており、1995年のThe GAIAの渡米以降、日本とアメリカのパイプが繋がり、その後、続々とアメリカツアーを行うバンドが出てきた。

東海岸と西海岸のような広範囲にわたる大規模なアメリカツアーといえば、The GAIAの他に1995年のASSFORTによるニューヨークやサンフランシスコ、ネバダなど約3週間にわたるツアーがある。

The GAIAの渡米によって繋がった、日本バンドのアメリカ進出に重要な役目を果たしたのが、サンフランシスコのレーベルPRANK RECORDSのケン・サンダーソンだ。現在、西横浜のライブハウスEL PUENTEのオーナーである日本人のSHIGERU SHIGGY SATOは、当時、アメリカに住んでいたので間に入り、日本とのコンタクトが実現していく。

1996年にGAUZEとASSFORTがアメリカツアーを行っているが、それ以降、90年代から2000年代にかけて、日本のハードコアやパンク系のバンドが、続々とアメリカツアーを行うようになる。

日本を代表するパワーバイオレンスバンドのSLIGHT SLAPPERSやFUCK ON THE BEACHの他にも、SMASH YOUR FACE、SENSELESS APOCALYPSE、ROMANTIC GORILLA、EXCLAIM、WAG

PLATY、The heckなど、錚々たるバンドがアメリカへ行くようになった。the 原爆オナニーズ以降、１９９５年のThe GAIAのツアーにより、日本のアンダーグラウンドパンクシーンとアメリカの繋がりができたことが、日本のバンドがアメリカツアーを行えるようになった大きな要因であると思う。GAUZEとASSFORTはアメリカへ行っているのだが、俺たち周辺のいわゆるジャパコアと言われるようなバンドは、まだ海外進出を果たしていなかった。２０００年頃に行われた鉄アレイのイギリスツアーによって、ジャパコアバンドの海外進出が始まったと言えるかもしれない。

２００３年にD.S.B、ASSAULTがアメリカツアーを行い、２００４年に入ると、DEATH SIDEのメンバーであったCHELSEAが１９９６〜１９９７年頃に結成したPAINTBOXが、テキサスでのフェス出演に伴うアメリカツアーを行った。PAINTBOXを招聘したフェスは、PRANK RECORDSのケン主催によるもので、その後、テキサスでの大規模なパンクフェス「CHAOS IN TEJAS」になっていく。

そしてPAINTBOXの少し後であるが、何日かの差の、ほぼ同時期にFORWARDもアメリカツアーへ行くことが決定した。

招かれたPAINTBOXとFORWARDは全く違うツアーだったと思う。なぜ違うかと言えば、俺たちは呼ばれたのではなく、「行きたい！　やらせてくれ！」と言って漕ぎ着けたツアーだからだ。求められていたかどうかも定かではない。しかし、行って認めさせればいいだけだ。そのあたりはいつものように気にしてはいなかった。そして、中止になった前回のツアーを押さえていた事実も大きかったのだろう。かなり広範囲にわたるスケジュールになった。

２００３年にASSAULTが西海岸のポートランドから東海岸のニューヨークまでを直線的に移動する、長いツアーを行っており、アメリカ長期ツアーを行う日本のハードコアパンクバンドが出てきた時期だった。同年11月にはD.S.Bもアメリカツアーを行っていて、６月11月共に１週間ほどの期間アメリカを回っている。

そしていよいよ俺たちFORWARDのアメリカツアーが行われる。1か月にわたりアメリカ西海岸と東海岸、中西部までを回る。これまでアメリカツアーを行った日本のハードコアパンクバンドの中でも、一番長く広範囲にわたるツアーとなる可能性は大きい。ツアータイトルは「BURNING SPIRITS US TOUR 2004」とした。

初海外ツアーで1か月18か所。それまで溜めに溜めていた海外への思いが、最初にして爆発したようなスケジュールである。実際は追加ライブがあったので、18か所では済んでいない。

アメリカ中西部のミネアポリスから始まり、シカゴからデトロイト近郊でTHE STOOGESのホームタウンであるアナーバー、五大湖周辺のナイアガラの滝があるバッファローに行き、東海岸のボストン、プロヴィデンス、フィラデルフィアからニューヨークへ。ニューヨーク近郊のニュージャージーから、また中西部ペンシルベニア州ピッツバーグへ行き、そこから飛行機で西海岸のサンディエゴへ飛ぶ。

飛行機チケットの値段はそれほど変わらない。周遊券という複数都市を飛行機で移動できるチケットがあったので、「どうせなら」と飛行機を使う予定を立てた。

西海岸へ飛行機で飛んだ後、サンディエゴからロスアンジェルス、サンフランシスコとやってから、また飛行機でポートランド、シアトルへ行くという、1か月以上行ったツアーだった。

通常海外ツアーを行う際には、必ずと言っていいほどアメリカのバンドがサポートとして一緒にツアーをするのだが、初回のアメリカツアーは、実質FORWARDひとつで回ったようなものだ。

極力金を使わないようにツアーを行うのは、アメリカでも日本でも変わらない。車が一番なのだが、飛行機を使ってしまうと一緒に回れるバンドがいないため、違うやり方でツアーせざるを得なかったのだと思う。

そのため次のツアーでは、1度だけ飛行機を使い、それ以降は基本的にはサポートバンドと一緒に車で回った。

このときはテキサスやワシントンD.C.、南東部アトランタからフロリダ、アメリカど真ん中のテネシー州やオクラホマ州、コロラド州などは入っていないが、日本で行っていた全国ツアーとライブの回数や期間も似たような感じなので、どんな違いがあるか非常に楽しみであった。夢が叶った気持ちもあって「いよいよ海外ツアーだ！」と、かなりうれしかったのを昨日のことのように覚えている。

それはSOUICHIも同じだったようだ。やはりSOUICHIがFORWARDに戻ってきてくれたことは、バンドにとっても俺個人にとっても、とてつもなく有意義で素晴らしいことだった。

事実これ以降、アメリカツアーや海外ツアーの話になると、SOUICHIはメンバーの誰よりも乗り気であり、俺とSOUICHIは基本的に「海外ツアーをやるのならオッケー」というスタンスで、ふたりは断る気がない。何なら予定より長いスケジュールにしてしまう。

こんなところも非常に面白く、気が合う部分であり、バンドの方向性としても文句のつけようのないメンバーであると確信する。

この最初のツアーがかなりの珍道中だったので、記憶にある範囲で細かいことに触れていきたいと思う。

これからアメリカツアーなどを考えているバンドの、参考になれば幸いだ。

#19

初海外入国〜アメリカ・イリノイ州シカゴ滞在

ここからのアメリカ体験は、当時、英語がほとんど話せなかった俺が個人的に感じた感覚と、俺なりに話した内容の解釈だ。英語が話せる人間は全く違った感じなのかもしれないが、俺が感じたアメリカを書いていくので、ご理解願いたい。

ここまで海外ツアーができるようになった理由は、インターネットと電子メールの普及が大きいのではないかと思う。

俺たちも経験したが、英語力が堪能だったとしても、金のないパンクスが高額料金の発生する国際電話で交渉するなどとてもできるものではない。必然的に手紙による交渉が基本になり、時間も意思の疎通も限られた範囲になるため、どうしても大規模なツアーができなかったのではないだろうか。

初の海外ツアーは、不安になるのが一般的であると思うが、そこはパンクスとして気になる部分ではないので、やはり意思疎通と連絡の不便さ、金のなさが大きな原因だったと思う。

金がないのは今も昔も変わらないが、連絡手段の発達により、意思疎通が頻繁に行えることで、お互いの希望が理解しやすくなり、状況が変化した。

事実このときのアメリカツアーでは、西海岸の南部、カリフォルニア周辺でのライブブッキングに苦労していた。するとそれを知ったCHAOS U.Kのギャバが、友人である西海岸のロスアンジェルス近郊のバンドSTARSTRANGLED BASTARDSに連絡をしてくれて、西海岸でライブができるようになった。

世界的に音楽やバンドの情報や状況などがインターネットで簡単に共有できる時代になったからこそ、俺たちのようなインディーズのバンドでも海外ツアーを行えるようになったのではないかと思う。

このときギャバがいなければ、西海岸でライブはできなかったし、それまで築いてきた友人関係の大切さが身に沁みた出来事でもあった。

しかし、それまでにアメリカに行った日本のバンドが、西海岸で多くのライブをやっているにもかかわらず、俺たちが西海岸のブッキングに困るというのも面白い話である。ケン・サンダーソンは、PAINTBOXの招聘で忙しく、俺たちまで手が回らなかったはずだ。そのためこのツアーは、今までの日本のバンドが築いたルートから外れた、かなりの独自ルートによるアメリカツアーになった。

そしていよいよ初の海外、アメリカツアーに旅立つのだが、海外に行くというのは、細かいところまでケアしなければならないという事実に直面する。

日本のツアーであれば、着替えとギターなどの機材を持って、車に乗って出かければいいだけだが、このときはまだ携帯電話の普及も今ほどではなく、メンバー全員が持っているわけではなかった。おまけに携帯電話を持っていたとしても海外で使用できるわけがなく、連絡用にバンドで1台、海外専用の携帯電話を借りなければならない。

当時は携帯電話にそれほど依存していなかったのだが、初めての海外で、今まで経験してきたツアーとは違うので、どうしても必要になった。

土地ごとにオーガナイザーが違うのは分かるのだが、ツアーを組んでくれたレーベルはカナダのため、ほとんどアメリカに同行はしない。知らない土地、初めての海外で、頼りはライブをやる場所の住所と、迎えや運転の顔も知らない人間の名前と連絡先だけである。通訳もいなければ、一緒に回るバンドもいない。

運転手も車も、一定期間一定地域だけ一緒で、地域が変わるたびに変更されていくという、経験したことのないパターンのツアーだった。もし英語が堪能なSOUICHIがいなかったらと考えると、非常に恐ろしい結果になっていたかもしれない。

初めてのアメリカツアーを行った2004年は、2001年に起きたアメリカ同時多発テロによって入国が困難かと思われたのだが、それほど厳しくなかった。

現在まで何度も行っているアメリカだが、この最初のツアーのときだけは、ギターやベースなどの楽器を持っていくことができたので、入国は比較的スムーズに行われたと思う。約1名を除いて。

スケジュールとしては、最初のミルウォーキーが急遽中止になり、3日ほどシカゴで滞在することとなった。

飛行機内で寝ないとマズイと、慣れない睡眠薬を飲んだ俺は、飲み放題ということもあってかなりベロベロの状態で、アメリカについた途端、入国審査で別室送りになった。

受け答えがまともにできず、足取りもフラフラでは仕方がないが、白人空港職員にはかなりいじめられた。頭にきたのでバックパックをひっくり返して全部出そうとしたら「それはやらなくていい。あっちへ行け」と、やっと解放されるかと思いきや、さらなる別室での取調べとなってしまった。

しかし、職員がアフリカ系アメリカ人の気のいいおっちゃんで、俺が部屋に入るなり「飛行機で飲み過ぎたか？」と笑いながら話しかける。「イエス」とだけ言うと、紙切れを渡され「もういいよ」と、すぐに出してくれた。

これ以降アメリカへ行く度、入国審査時に別室送りになることが多くなる。まぁパスポート写真もモヒカンだし、訳のわからんアジア人のモヒカンでは怪しむのも当然といえば当然だが。

やっとの思いで入国を済ますと、みんなが待っていて、ここから3日ほどシカゴで世話になるマークが来て、ひとまずシカゴでは迷子にならずに済んだ。

初対面のマークは爽やかな好青年で、今日から世話になる家まで電車で行くという。初アメリカの移動はいきなり電車となった。どれだけ日本の恵まれた環境でツアーや移動を行っていたのかが、身に沁(し)みてよくわかる。

世話になる場所は、4、5人がシェアしながら一軒家に住んでいるという。日本のようにアパートなどの部屋をひとりで借りるよりも、シェアハウスのほうが安い値段で広い場所に住めるようだ。日本の住宅事情と違いアメリカは広い家が多い。銃社会でもあるので、安全面を考えても何人かで住んだ方が良いのかもしれない。

個人主義と言われるアメリカ社会だが、現実的な合理性は非常にスマートだと感じることが多い。ひとりで部屋を借りるよりも安い値段で、庭などがある広い家に住めて、個人の部屋が確保できれば良いと考えるのだろう。

実際これ以降、シェアハウスに数え切れないほど泊めてもらうことになる。というか、シェアハウス以外に泊まることがほとんどないほど、アメリカでの俺たち周辺は、友人たちと家をシェアして住む人間ばかりだった。

シカゴのマークたちが住む家も、かなり広いリビングとキッチン、個人の部屋に地下室まである。日本だったらと考えると、地方などで敷地の広い実家に親がおらず、友達同士で家賃や光熱費を割って住んでいるような感覚だ。さらにシカゴというアメリカでも有数の大都市で、空港からは電車で30分程度なので非常に便利なのだろう。

アメリカではアパートなどの集合住宅以外の家には、必ずといっていいほど地下室がある。外に洗濯物を干さないために、地下室は洗濯機や乾燥機などが置かれるスペースや物置として使われる。そして、地下室の活用法が一般とは違うのも、パンクスたちが住むシェアハウスの特徴だ。

大人数で住んでいる場合、必ずと言っていいほど地下室に住んでいるヤツがいる。マークの家にも、地下室に段ボールで仕切りを作り住んでいる奴がいて「好き好んで地下室に住むなんて珍しい」と思ったが、スタジオのようにアンプやドラムセットを置いて練習するバンドなどもいる。

さらに当時の日本は、現在ほどタバコに厳しくなかったので、家や店の中でタバコを吸うのが当たり前だったが、アメリカではタバコを必ず外で吸う。おまけに公共の場では酒を飲むことが法律で禁じられているため、酒は家の中だ。飲食店やライブ会場では酒が飲めるが、タバコは外なので、日本のように酒を飲みながらタバコを吸うという日常的な行為ができないため、これにもびっくりした。

様々なアメリカ文化の日本との違いには追々触れていくが、初アメリカに到着した俺は、時差や睡眠薬、酒の影響でフラフラのため、マークのシェアハウスに着いた途端、リビングにあったソファーに倒れ込み眠ってしまった。

俺が寝ている間に、他のメンバーは街中に出かけたり、シカゴ名物のディープディッシュという、分厚くてとろけるようなピザを食べたりしていたようだが、俺の初アメリカ初日は寝ていて終わった。

こうして初海外のアメリカ初日がようやく終わったが、これは、これまで体験したことのない新たな世界の始まりだった。

これがアメリカか

シカゴでは2、3日、マークの家に滞在したのだが、若い彼らは非常にイキイキとしていて楽しく、安い食べ物やビールもたくさん知っていた。シカゴにはOLD STYLEという地元のビールがあり、これが安い。確か1ケース30本ぐらい入って10ドルぐらいだった。しかし、これがマズくて薄い。一向に酔いが進まず、飲むことすら困難になっていく。しかし金がないため、シカゴでは毎日これを飲んでいた。

シカゴにはヒスパニックの移民も多いので、タコスやブリトーなどのメキシカンフードも初めて体験した。当時日本ではほとんど食べる機会のないメキシカンフードは安く食べられる美味しい食事だった。

ライブもなく暇なのでマークのバンドのスタジオ見学に行き、そこで「何かやってくれ」というので演奏したり、他にもマークは街中も案内してくれた。

夜になるとマークの家の近所の高架下にいつもいる、アフリカ系アメリカ人には、一度話しただけで「ISHIYA」と覚えられていて、記憶の良さと観察眼から、周辺のボスというわけでもないのだろうが、近辺での何か役割がある人間のように感じられた。

3日間一緒にいた家の人間たちとはかなり仲良くなった。その中のライアンはパンクなど全く知らなかったのに、俺たちのライブも観に来てくれ、何が楽しかったのかその後日本にやって来て、今では日本人と結婚して東京に住んでいる。

知らない人間に大きな影響を与えるという部分では、日本もアメリカも大差がないと思う。ライアンは、今でも仲の良い初めてのアメリカ本土で友達になった奴だ。

シカゴ滞在で時差も抜け、ライブの日を迎えることとなる。最初のライブはミネソタ州ミネアポリスだ。ふたつ隣

#20

の州なので車で7時間ほどかかる。東京から大阪ぐらいの距離だ。朝早くミネアポリスのオーガナイザーであるハボックが車で迎えに来てくれた。

ハボックは当時日本のパンク雑誌『DOLL』でも連載を持っていたりと、アメリカD.I.Y.パンクシーンでは実力者で、色々よくしてくれた。この日も俺たちのために、朝のまだ暗いうちに来て、ミネアポリスにトンボ帰りしてライブという強行スケジュールをしてくれて、アメリカ人のタフさも思い知った。

初ライブのミネアポリスでは、アメリカの人種による違いを如実（にょじつ）に感じる出来事があった。

ミネアポリスに到着すると、ライブまで時間があるために、ピザ屋へ飯を食いに行った。ビールを飲みピザを食い、ライブ会場に向かうと、そこはライブスペースとバーが繋がっていて、全く別の店舗のようになっていた。普段はバーとして営業しているのだが、必要であればライブができるスペースがあるので貸してくれるといった様子だ。

アメリカでも他の国でも、通常はバーとして営業、ライブの時にはスペースを開放するスタイルが主だった。日本のライブハウスとは違っているのも新鮮で、知らないことを体験できる喜びは何にも代えがたい素晴らしさがある。

この日のライブには日本人も来ていて、俺を見つけて「ISHIYAさんが何でアメリカにいるんですか！」と、笑いながら話しかけてきてくれたので、ほとんど英語の話せない俺としてはホッとした。

ミネアポリスでは、D.S.Bがアメリカツアー時にミネアポリスのバンドと対バンしている。そのD.S.Bと対バンしたバンドの人間もきてくれていて、アメリカでのD.S.Bの話をたくさん聞かせてくれた。GAUZEもミネアポリスでやっているので、地元のパンクスは比較的、日本のハードコアバンドを受け入れやすい状態であったと思う。

初めての海外初日ライブをみんな楽しみにしてくれていたようで、日本とは違う感覚だったと記憶しているのだが、ライブ後のことが印象に残りすぎていて、ライブそのものをあまり覚えていない。

盛りあがったのは確かだと思うのだが、ライブ終了後にいい気分で客などと話していて、日本的な打ち上げのように飲みに行きたい気分になった。

しかし、ライブスペースからみんな出されてしまい、外で待っている状況だ。機材などの片づけをしている時間に、隣のバーからJIMMY CLIFFの「MANY RIVERS TO CROSS」が聴こえてきた。大好きな曲だったので、鼻歌を歌いながらそれまでライブ中に散々酒を買いに行ったバーへ行くために、ライブスペースとの境界線まで行ってみた。

するとそこは、それまでパンクスでごった返していたバーとはガラッと雰囲気が変わり、アフリカ系アメリカ人しかいない時間帯になっていた。それこそ本当にJIMMY CLIFFみたいな奴がビリヤードをしていて、カウンターにもラスタマンがたくさんいた。

「お？ いいね！」とかなんとか軽い気持ちで、バーとライブスペースの境界線を越えると、バーにいた客たちが一斉にこちらを見る。

「ん？ 何だ？ 酒飲みたいんだけど……」というような気持ちで一歩踏み出そうとすると、ビリヤード台周辺の人間が、手を止めて睨んでくる。鼻歌など歌っている場合ではない。

2～3分ほどだろうか？ もっと短かったかもしれないが、その圧力とバーの雰囲気を見て「あ、これは俺が入っちゃダメなやつだ」とわかり、酒を諦め外に出た。

個人的な感覚だが、地元のブラック・コミュニティであり、そこに他の人種が入って行くのは余程の知り合いでなければ無理だ。実際、白人や他の有色人種はいなかったと思う。

入るのを許される雰囲気を俺は持ちあわせていなかったのだろう。モヒカンを立てたアジア人では、みんなが「入って来るな」と判断するのも分かる。そうしないと守れないものがあると感じた瞬間だった。

「お前は入って来てはダメだ」と、俺でもわかる眼力と圧力で伝えてくれたのを鮮明に覚えている。その後、色々体験するアメリカの闇の部分を、最初のライブ会場で体験した。

「これがアメリカか」

初海外で浮かれていた気分が、この体験で変わったような気がする。そうだ、俺は遊びに来ているわけでも思い出作りに来ているわけでもない。今回のツアーのために制作したアルバムには「FUCK BUSH!」という、現職のアメリカ大統領ジョージ・W・ブッシュを批判した曲もあり、戦争ばかりやっているアメリカという国に喧嘩を売りにきているようなもんだ。気を引き締めていかなければならない。

仲間たちが待つ外へ出て、車でその日に泊まる日本人の血も入っているラナという女の子の家に行くことになった。

ラナは少し日本語を話せて、一緒に住む彼氏もおとなしくて気の優しそうな、パンクスではない人だった。日本食も用意され色々気を使ってくれたので、かなり快適に過ごせたのだが、この家も相当広い家だった。リビングや部屋の他にも離れのような場所があり、倉庫兼ゲスト用なのか何人か泊まれるようにもなっていて、日本の狭い家とアメリカの住宅事情の違いにまたもや驚かされた。

しかし俺はなぜかリビングのソファで寝ていて、夜中に大型犬に何度か起こされた。どうやらそこはいつもその犬の寝床だったらしく、俺が寝床を奪ってしまったようだった。犬には申し訳ないが、当時は犬が苦手だった俺も、アメリカツアーで「苦手」などと言っていられないほど、多くの犬と触れあうことになる。

それほどアメリカでは犬を飼う家が多く、防犯的にも大型犬である場合が多いようだ。その上、部屋や庭では放し飼いにしているので、犬が苦手だろうがどうにもならない。しかし、慣れというのは不思議なもので、子どもの頃に頭を犬に噛まれた俺でも平気になった。

アメリカでの初ライブが終わったが、まだツアーは始まったばかりだ。ツアー体験の本番、カルチャーショックの連続が幕を開けた、個人的に記念すべき日でもあった。

日本とアメリカの違い

#21

基本的なアメリカと日本のツアーの違いを紹介しよう。

まずはスケジュールだ。日本では3日に1度程度のオフや移動日があるが、アメリカではオフはない。毎日ライブだ。今回の初ツアーに関して、日本と同じようにブッキングしたのでオフ日もある。

アメリカではライブ後かライブ前のどちらか、もしくは両方でパーティーがある。飲み屋などに行く日本とは違い、宿泊する家にみんなが集まってくる場合がほとんどで、アメリカ独自の文化である。ハウスパーティーについては、後に様々な場面が出てくるので詳しく分かるだろう。

そして移動距離が日本とは全く違う。特に西海岸から南部はとんでもない。日本では考えられない距離を移動してライブをやる。東海岸になると移動距離的には日本でも経験があるので比較的楽ではあるのだが、長い時には12〜13時間移動してライブをやり、そのまま移動なんて場合もある。その場合は、限界まで移動してモーテルなどに泊まるほどに過酷だ。

ライブ会場も日本のライブハウスとは全く違う。色々な場所でやるのだが、それはこの後出てくるので楽しみにしていただくとして、他にはアンプやドラムセットなどの機材の違いがある。

基本的にアンプやドラムセットの全ては、バンドごとの持ち込みだ。バンドが変わるたびにセットチェンジで機材も変わる。常設でセットされている日本とは大きく違うので、日本からのバンドはかなり苦労することが多い。そしてライブ前のサウンドチェック、リハーサルもない。

スケジュールの組み方、パーティー、移動距離、ライブ会場、機材、サウンドチェック。この5つが基本的に日本とは大きく違い、バンドのツアーでは核となる部分なので、アメリカにバンドで行った場合には、かなりのカルチャーショックを受けるだろう。

俺たちの場合はSOUICHIという英語が堪能なメンバーがいたので、それでもだいぶ楽な方ではあるが、違いを楽しめるか楽しめないか、経験として捉えられるかどうかで、海外ツアーは全く違うものになる。

そして俺たちは、あの散々遊んだマークやライアンがいるシカゴへ戻り、ライブをやる。またしてもハボックが運転で、アメリカ人のタフさも、日本人とは大きく違うと感じる。

アメリカブルースのスタンダードナンバー「SWEET HOME CHICAGO」ではないが、シカゴというだけでわが街に帰ったような気になるのは今でも変わらない。それほどシカゴの印象が強かったのだが、ライブ会場はボウリング場だという。

バーならまだ分かる。しかし、ボウリング場とは一体何てとこでやるんだ？ GAUZEも同じ場所でライブをやったというので、どんなところかと思っていたら、既にボウリング場として営業しておらず、ステージとバーがあるので、ライブ会場として借りたようだ。

ここにも人がわんさと集まってくる。日本のハードコアパンク、特にジャパコアと呼ばれるバンドのアメリカでの浸透度に驚くばかりだ。

この日はマークのバンドも出演予定だったが出られずに、カナダのUNDER PRESSUREというバンドが出演していた。どうやらミネアポリスでも出演していたというが、観ていたはずなのに覚えていない。対バンとは、SOUICHIがいつの間にかコミュニケーションしているので物事が円滑に進む。この時、SOUICHIの英語でのコミュニケーション能力と、先見の明による水面下の交渉能力は知る由もなく、他のメンバーは、いっぱいいっぱいなのではあるが。

ただ、ライブが始まる前から、観客が楽しみにしてくれているのが、ありありと伝わってきた。

俺たちの出番までは時間があるというのに、最前列では「FORWARD!!!」と叫んでいる人間もおり、観客もかなり多い。ライブが始まっても大盛況で、歌っているときに最前列の観客に抱えあげられ、観客の上を持ち上げられたまま周回するクラウドサーフもやられるなど、かなり感動したライブであった。

それまで日本でもクラウドサーフを経験したことはなく、ステージからダイビングしても受け止めてくれるだけで、持ちあげられたまま観客の頭上で会場を周回することはなかった。歌っている最中に無理やりクラウドサーフになるなんてかなり感激したし、観客の楽しみ方の違いも感じ、バンドも観客も非常に盛りあがる楽しいライブとなった。

拙(つたな)い英語ではあるのだが、アメリカに来てから毎回ライブが始まるときに「WE ARE FORWARD! FROM JAPAN! I CAN'T SPEAK ENGLISH! DO YOU UNDERSTAND?」（俺たちは日本から来たFORWARDだ！ 俺は英語が喋れねぇ！ 分かったか！）と英語で言っていたのだが、それが好評だったようで、ライブ後にも色々な奴が笑いながら話しかけてくれたりする。唯一と言っていい仕込みネタだったのだが、全く知らない国で観客を振り向かせるきっかけとしては大成功だったようだ。

この日はヨーロッパ系や他の国からの移民が多く、色んな観客と英語で話せたのが自信となり、少しずつではあるが実践で英語も覚えていけると感じた。

大好評だったライブを終え、勝手知ったるマークの家に戻ると思っていたら、翌日のミシガン州デトロイト近郊にあるアナーバーまで、メンバーのうちふたりが先に行かなくてはならないという。

英語が話せるのはSOUICHIだけだ。しかしライブの精算など、事務的業務があるためSOUICHIは残らなくてはならない。誰が行くのか迷っていると、T．Tが「じゃあ行こうか！」とYOUと一緒に先にアナーバーへ行くという。

英語が全く話せないT．TとYOUがふたりで、知らない人間と車に乗って知らないアメリカの街へ行く。はっきり言って俺は尻込みしていたので、それをT．Tが気づかったのかもしれないが、こいつらは凄い！　マジで凄い！

こうして俺とSOUICHIはシカゴへ残り、T．TとYOUは知らないカップルと車に乗ってアナーバーに旅立った。

まだ2か所目が終わったばかりだが、既に日本のツアーとは同じ様相を呈していない。この先、一体何が起きるのだろう。

翌日、後発隊の俺たちがアナーバーでT．TとYOUが泊まっている家に到着するなりT．Tが「昨日大変だったよ～！」と言ってくるではないか。YOUも疲れた様子で、やっと起きてきた感じである。

どうやら移動中に、車で移動するのが危険なほどの嵐に遭って動けなくなり、しばらく様子を見ていたため、かなりの時間がかかったという。

英語の話せないふたりはどうしていたかというと、T．Tが何とかコミュニケーションをとっていたようだ。一緒に移動していたカップルの女の子の方には、ライブ中に「T．T！」と歓声を上げられるほど、人気者にさえなっていた。

そして、本書の冒頭にあるパーティーが始まった。やって来た人間の中には、アメリカに日本のハードコアバンドを紹介し続けていた、オハイオから来たHIBACHI RECORDSのウェッジと、ウェッジのバンドメンバーであるサギーやボーカルの女性もいる。

ウェッジやサギーは、かなり俺たちが来るのを楽しみにしてくれていたらしく、英語の分からない俺を笑わせてくれ、その場を盛りあげてくれた。

パーティーが盛りあがってくると、サギーが「よし！　ちょっと待ってろ！」と言って、家まで俺たちを楽しませるためのパーティーグッズを取りに行った。

しかし、しばらく待っても戻って来ない。ライブの時間もあるので仕方なく家を出たのだが、サギーはライブに来なかった。どうしたのかと思っていたが、聞くと、急ぎすぎたサギーは車で横転してしまい、ライブにも来られなくなったという。何という豪快で素晴らしい男だ。

その後もアメリカに行くと観に来てくれたサギーやウェッジは、この時に仲良くなった友人だ。アナーバーのオーガナイザーであるアンディも、日本の武術を習っていて何度も来日している。ツアー1か所ごとに新しい友人が増えていくのは日本でもアメリカでも変わらないが、普通に生きていたらこんな経験はできないだろう。バンド冥利につきる瞬間である。

そして、この日のライブは、本書の冒頭で書いた、人生初体験のハウスショーとなった。

そして次はナイアガラの滝を擁する、ニューヨーク州バッファローでのライブだ。しかしここでまた、移動の車でてんやわんやとなる。

#22

アメリカ式パーティーの洗礼

アナーバーからバッファローまではカナダを通れば近いのだが、海外から来ている俺たちは再入国で何かあったらまずいので、アメリカ側を通って行かなければならない。車で6時間ほどかかる行程だが、東海岸に近づくにつれ移動距離は短くなる。

バッファローへは乗用車で移動するため、2~3台に分乗して行くこととなる。確か最初は1台で行こうとしていたが、メンバー5人とツアーオーガナイザーでカナダからやってきたUGLY POPのサイモン、さらに機材や物販グッズもある。車を見ると普通の乗用車で、とても全て積み込めないとなり、アナーバーの友人たちが車を出してくれ、機材と人間が別にバッファローへ向かうこととなった。

機材を積んだ車はカナダ回りで行ったため、途中ナイアガラの滝を見て来たアナーバーの友人たちは「やっぱりナイアガラはカナダ側がいい」と、しきりに言っている。俺は初めてのアメリカでナイアガラの滝も見たことがないし、時間がなくて行けていない。どっち側でもいいからナイアガラの滝が見たかった。

ツアーオーガナイザーのサイモンは、かなり呑気で「バッファローといえばバッファローチキンだ！」と、チキンの話しかしない。俺たちはこんな男にツアーをオーガナイズしてもらったのか。まぁ面白いしいい奴なのだが、物販させるとグッズの横にチキンの食いカスが山盛りになっていたり、行動にも適当さが現れまくっていた。

そんな男ではあるが、気のいいヤツですぐに仲良くなれた。ちなみに顔が昔の芸人せんだみつおに似ているので、俺たちの間では「せんだ」と呼び「ナハナハ」というせんだみつおのギャグも覚えさせたりして、かなり打ち解けた関係になっていた。

バッファローの会場は今までと比べると広く、ステージも高さがあり日本のライブハウスに近い感じであった。開場するとかなりの観客が来て、２００～３００人ほどのキャパだと思うが、ほぼ満員になっている。

「おお！　俺たちこんなに人気あるのか？」と思っていたら、どうやら最後に出るバンドが解散するようで、その観客だったようだ。

解散するのが大学生バンドで、学生の客がたくさんいたように思うが、俺たちのことを知る人間はほとんどいなかったのではないだろうか。しかしこのライブで、またもや初めての体験をする。

前日のアナーバーで日本ではありえないハウスショーを経験し、アメリカのライブの面白さに目覚めた俺たちは、かなり調子がよかったのだろう。俺たちを知らない観客も盛りあがり、ライブが終了して観客席側から出ようとすると呼び止められた。アンコールがかかっているから戻れというのである。

客席を歩いていたのに全く気づかなかったが、言われてみると観客たちが拍手をしながら待っている。それまで日本のライブでは、アンコールを経験した覚えがほとんどない。少なくとも俺個人はアンコールをやった記憶がなかったと思うし、日本のハードコアパンクのライブでアンコールがかかるライブも観たことがなかったと思う。そのため俺自身にアンコールという概念がなく、何が起きているのか理解できていなかったのだろう。

言われるがままにステージに戻り演奏をしたのだが、初見で全く知らない俺たちのライブが観客に伝わったのは事実であり、もっと観たいという観客の気持ちがダイレクトに伝わってきた瞬間で、非常に嬉しく感激したのを覚えている。

ライブ終了後にバーに行くと「お前ら今日はカッコよかったぞ」と、バーテンダーが酒を奢ってくれるなど、いいライブだったのだと実感できた。

アメリカの観客の素晴らしい部分として、ちゃんと観て、体験して判断する点がある。全く知らない日本のバンドでも、実際に観て、感じて、自分が良いと思えば素直に反応し盛りあがる。

演奏前に物販スペースにいてTシャツやレコードを売っているときには全く反応がなくても、いいライブをやれば、こちらが英語を話せなくても関係なく、エキサイトして話しかける。口々に「AWESOME!(素晴らしい)」などと褒めてくれたり、自分の感想をダイレクトに伝えてくる。その上でレコードやTシャツを買ってくれるので、いいライブさえやれば、言葉や国、肌の色や見た目など関係なく受け入れてくれる。

要するに先入観で決めつけないのだ。もちろん俺たちを知っていて楽しみに来てくれる観客もいるが、色々と回った他の国に比べて、この部分はアメリカの観客が一番わかりやすく素直だと思う。

知らなかった英語で、アメリカに来て覚えた単語がAWESOMEだったのも、いいライブがたくさんできていた証だとも感じられる。反応が素直に伝わってくるのが、アメリカという国のD.I.Y.パンクシーンだ。

この日の対バンは、俺たちのアメリカツアーで運転手をしてくれて、後にCONQUEST FOR DEATHで何度か来日することになる、ロバートがやっているARTIMUS PYLEと、スウェーデンから来て60日ほどのツアー中だというSUNDAY MORNING EINSTEINSだった。

しかし今日の泊まる場所がないらしく、ロバートがなんとか見つけてきてくれたのが「大きなパーティーをやっているので、そこへ行けばなんとかなる」というものだった。

ロバートが「さぁ、お楽しみは誰が先に行くのかな?」と、上手いこと誘うので「俺行く行く!」とパーティー会場に着いてみると、パンクも何も関係ない大学生のパーティーだった。おまけにロバートはいない。やられた! ロバートめ!

この時期は6月から7月にかけての学生が夏休みの期間であるため、週末ともなればどこかで必ずパーティーが行われている。俺たちが到着すると「お前らどこから来たんだ? 何しにアメリカに来た?」というような質問をされるなど、ライブも何も関係ないパーティーで、拙(つたな)い英語なのもあるだろうが話がほとんど通じない。それまでのパーティーとは、明らかに雰囲気が違うのだ。

英語は話せないが酒は飲めるので、そこら辺にいる奴を捕まえては酒を飲んでいると、アジア人だと思って舐めているのか煽ってくる。「このクソガキめ！」などと思いながら、ケロッとして薄いビールを次々と飲み干してやると、そのうち誰も近寄らなくなった。

わざわざ日本からやって来て、わけの分からんアメリカ人のクソガキに煽られて負けるわけにはいかない。いや、どう考えてもわけが分からんのは俺の方なのだが、とりあえずそこら辺にいるやつらを片っ端からぶっ潰していくようなパーティーは朝方まで続いた。最終的には、それまで見かけなかったその家に住んでいると思われるアフリカ系アメリカ人と飲んでいて、大学生たちはいなくなっていた。

そういえば最後には大学生らに「お前ら何か持ってねぇのか！」とか言いながら、ポケットを裏返しにさせてジャンプさせたり、カツアゲまがいのことまでしていたような気がしなくもないが、気づくと椅子に座って気絶していた。

翌日、目が醒めると、どうやらこの日は移動のためにレンタカーを借りなくてはならないという。一緒にいるアメリカ人は、この日からニューヨークまで運転してくれるクリスだけになっていた。

俺は宿酔だったが、みんなでレンタカー屋に行き車を借りる。バッファローからボストンまでは近いのだが、クリスは朝までつきあってくれた上に運転してこの日は出演もする。アメリカ人のタフさには驚きを隠せないが、俺たちのためを思って助けてくれる人間には感動するばかりだ。こうした扶助精神がアメリカD.I.Y.パンクシーンでは基本となっていて、非常に素晴らしく助けられてばかりだった。

そして次はボストンだ。ボストンといえば、日本でCHELSEAとTHE EXECUTEのLEMMYさんの家に遊びに行きまくっているときに聴かせてもらい、一発で虜になったGANG GREENの地元である。GANG GREENはもうなくなってしまったが、ボストン・ハードコアは観客も激しくて有名だ。一体どんなライブになるのだろう。朝方まで飲んでいて宿酔の俺は、車の中で熟睡しながらボストンへ向かった。

食事、ドリンク、海賊版

ボストンの会場に到着すると、ステージがありバーがあり、ＰＡシステムもモニターやスピーカーも揃っていて、基本的にバンドの演奏が行われるような、日本でいつもやっている「ライブハウス」と同じで、やりやすいだろうと感じられた。アフリカ系アメリカ人が多い地域の一角だったと思うが、ハードコアのライブがいつも行われているようだ。

この日から会場のある場所が、怪しい雰囲気になっていく。アメリカに行く前にガイドブックを何冊か読んでいたのだが、どれにも書いてあった「行ってはいけない場所」と、まるっきり同じである。まだこの日はマシな方だとは思うのだが、初めてのアメリカなので、危険な雰囲気にも気を巡らさなければ生命が危ない。

この日は運転してくれたクリスのバンドRIGHTEOUS JAMSも出演するのだが、メンバーに地元で有名なギャングの人間がいるらしく、会場の中にも警察官がいて、ライブ中に何か起きないか監視していた。

客席に警察官がいるライブも初めての体験だ。私服警官がいたライブは日本でもあったとは思うが、いかにも「私が警察だ！」という制服警察官が客席にいるなど初体験だ。一体このボストンという街のハードコアパンクシーンはどうなっているのだろう？　日本の創成期のハードコアとは違う雰囲気だとは思うのだが、銃社会のために他の武器なども日常的に持っている可能性がありそうだ。

やや緊張感のある気持ちでライブ開始を待っていたが、幸いこの日に揉め事はなく無事に終えることができた。

そして終了後は、またもや大きな家で、３階建のシェアハウスだったと思う。翌日のプロヴィデンスまでの移動車はSLEEPER CELLというバンドのバンで大きく快適だ。

SLEEPER CELLのギタリストであるアダムは、現在はオレゴン州のポートランドに住んでいる。今から10年以上前だったと思うが、アメリカに住んでいる友達の日本人女性と結婚して子どもも生まれたので、たまに日本にもやって来るのだが、この時が始まりで、今でも続く友人関係になっている。

翌日のプロヴィデンスは、アメリカン・ハードコアの中でも古くから第一線で活躍しつづけるDROPDEADのベンがオーガナイズしてくれた。

ここもまた日本のライブハウスのような感じで、ニューヨークが近づくにつれ、ライブハウス形式の場所でライブができるようになっていった気がする。バーにはアルコール度数の高いビールがあり、それまで薄いビールに飽き飽きしていた俺は飲み過ぎてしまい、この日のライブがあまり記憶にない。

泊めてもらったベンの家は非常に素晴らしく、広い庭があり、そこで焚き火をしながらみんなで飲むといったパーティーで、ベンの友人たちは大人が多いので、いつものようなドンチャン騒ぎのパーティーとは趣の違うパーティーだった。米も炊いてくれるなど素晴らしいホスピタリティで、アメリカのD.I.Y.ハードコア文化をどんどん理解できるようになっていったときでもあった。

このアメリカD.I.Y.ハードコアの繋がりと、ツアーバンドに対してのホスピタリティは非常に素晴らしく、日本のツアーとはひと味違った感覚だ。

日本では当たり前だが、ライブハウスでの酒はツアーバンドでも観客でも、普通に金を出して買う。出演者には友人たちから差し入れのような形で、楽屋などでは酒が振舞われたりすることもあるが、ライブハウスからのサービス的なものは、ドリンクを少しまけてくれたりする以外、ライブ中に何か提供されるといったことはほとんどないと言っていい。中には打ち上げで、食事などを提供してくれるアットホームなライブハウスもあるが、それほど多くはない。

しかしアメリカの場合、出演者にはドリンクチケットが渡されたり、食事が用意されている場合が多い。

ライブ会場に着けば飲み物と食事があることが多く、金もない上に、場所によっては外へ買いに行くのも危険なため非常に助かる。

宿泊する家でも食事を作ってくれることが多く、これは日本のツアーで地方の実家に住むパンクスの家に泊まったときのような、優しさが身に沁みるツアーの素晴らしさでもある。

金のないパンクスたちが全国を巡るツアーを、できるだけサポートしてくれるアメリカD.I.Y.ハードコア文化の素晴らしさを、ひしひしと感じるツアーになった。

日本から来た俺たちのために、日本食を用意してくれることもあり、ピザとメキシカンフードばかりのアメリカで、おにぎりや味噌汁を食べる感動はひとしおだ。

そしてこのプロヴィデンスや、前日のボストンあたりから、すでにニューヨークのテリトリーと言っていいような地域に差し掛かる。

日本でいうと東京近郊の埼玉や横浜、千葉などの地域と言っていいのかもしれない。基本的にニューヨークという大都会を中心にした地域だと思うのだが、アメリカ東海岸の雰囲気を感じるようになってくる。

ということは、危険な場所も増え、差別もあからさまになってくるということだ。これは行ってみて感じたのだが、個人的にはニューヨークよりも、近郊の街や隣町の方が差別的な感覚が大きかったように思う。住んでみるとまた全然違うのだろうと思うが。

そして日本ではありえないような危険度も、大都会に近づくにつれ高くなっていくような気がする。

そして翌日は一旦ニューヨークを越えて、ペンシルベニア州のフィラデルフィアでのライブだ。ここまではベンが車を出して送ってくれた。ベンはレコードのディストリビュートをやっているので、ライブ会場へレコードを売りに行くのも仕事にしている。

アメリカでは基本的に、パンクが好きな人間たちはライブ会場でレコードなどを買う場合が多い。もちろん通販も発達しているが、地元でライブがある場合には、多くの業者のような人間が集まり店を出す。出演バンドの物販ブース以外に、レコード店やTシャツ、バッヂなどの小物などを販売するブースが出店される。ライブ前にはそういった店を見るのも楽しみで、ブート（海賊版）天国のアメリカには見たことのないレコードやTシャツが溢れ、それほど高いわけでもないので、欲しい人間にはたまらないだろう。

しかしこの海賊版文化というのも曲者で、アメリカでは当たり前になっているが、日本では考えられない文化である。

日本であればレコードやCD、Tシャツなどのバンドの作品は、オフィシャルが当たり前で、海賊版を作って売るような人間はハードコアパンクの世界にはいない。いたとすれば、そいつは事実を知る人間たちからは嫌われているはずだ。作品を勝手に作って金にして、バンドに還元しないなど日本では考えられない。しかし海外でそれは当たり前のようにまかり通る行為である。

元々はCRASSが著作権フリーのような形で、自分たちのロゴなどを使って構わないといったところから始まったのかもしれないが、この当時はどうにも納得できるものではなかった。

今でも全て納得しているわけではないが、基本的にあらゆる国のパンクスたちは金がない。仕事もなく生活に困っている人間が多いのもパンクスという人間たちの特徴だ。その気持ちは経験上痛いほどよくわかる。

そのため海外では好きなバンドや有名なバンドなどのTシャツやバッヂなどのグッズを作って日々の生活の糧にする

場合も多い。メキシコや南米のほかにも、国家自体が貧困に喘ぐ地域のパンクスには仕方ない事情があるのは理解できる。

しかし富める国に住みながら、海賊版を商売にして儲けている人間もかなり多くいるので、そういった人間たちの行為は全く納得できるものではない。

海外に行った場合には、目の前で俺のバンドの海賊版Tシャツやバッヂなどを売っている場合もある。俺が出演するその日に売るのだから、堂々としたものだ。

そういった人間の言い分として「お前らの名前を広めてやってるんだから、感謝してもらってもいいぐらいだ」というものがあるという。

頼んでいないし、そんなことやってくれなくて構わないのだが、どうにも話は通用しない。いくらチェックして注意しても、世界からブート屋は無くならないとわかった。

しかしマニアが多いパンクスたちは、オリジナル版を求めてしまう。オリジナル版の価格高騰のために、また海賊版が発売されてしまうので、いたちごっこのブートチェックはもうほとんど諦めている状態だ。

対策としては廃盤になってしまった作品を再発して、海賊版やオリジナルの価格高騰を防ぐしかない。しかし、正直どうにもならないのが現状だ。

アナーキズムが基本にあるパンクの社会なのだが、個人的には性善説でしかアナーキズムは成り立たないと思っている。CRASSのように、全てをフリーにするのがアナーキズムなのだろうか。アメリカでは現実を突きつけられる日々だった。

カナダの盟友との出会い

#24

ライブがあるペンシルベニア州のフィラデルフィアの会場に到着すると、大きなバイク屋のガレージだ。当時、バイクに乗っていた俺は国際免許を取得していて、アナーバーでバイクを運転させてもらった。しかし右側通行に慣れず、運転するのは危ないと思っていたので、カッコいいバイクを尻目にウズウズする気持ちを抑えて、物販の準備をしていた。売りやすいようにTシャツをくるくる巻くブリトーロール（メキシカンフードのブリトーに似ているためこの呼び方になる）にしていると、知らないアメリカ人が一緒に作業してくれるではないか。

この日は出演バンドが多く、バンドごとに機材を搬入していたため、機材を借りる俺たちは搬入を手伝ったりしていた。「お返しにやってくれるのかな？」と思っていたら、この日から運転してくれるロブとライアンだった。シカゴの奴らしいが、シカゴから一緒ではなく、なぜ東海岸からなのかはよく分からない。しかし、いつの間にか仕事を手伝ってくれるとは、なかなか気が利くいい奴らじゃないか。

作業前に、ブリトーロールに必要なテープを買いに車で出た。運転してくれたベンと近辺を散策したのだが、なかなか危険な雰囲気がプンプン漂っている。

建物の窓に鉄格子があり落書きが多い。吸い殻が散乱しゴミが多く、ホームレスも見かける。個人的感覚で「これは一般的な観光客は絶対に足を踏み入れない地域だ」と感じるほどの、日本にはない雰囲気の街だった。SOUICHIも「この辺は危ないかもね」と言っているので、まぁ間違いはないだろう。

観客の中にも、俺たちに英語が分からないと思って、あからさまに「ジャップ」と言っている奴もいるなど、今までよりは差別的な感じもある。いやぁどんどんアメリカっぽくなる。俺は食わなかったが、名物のチーズステーキサンドもかなり美味かったようだ。

この日のオーガナイザーであるPAINT IT BLACKのアンディは、今でもたまに日本に来る。ライブに来てくれたり会って飯を食ったりする仲の良い友人なのだが、この日はオーガナイザーとしてだからか、少しカリカリしていたように思う。

観客も集まり始め、かなりの人数がいる。これは面白そうだと思っていると、バイク屋のオーナーがサイドカーつきのバイクにエンジンをかけ、どこかへ出かけようとしている。するとサイドカー部分に犬がぴょこんと飛び乗り、ふたりで走り去っていくではないか。

「カッコイイ〜！」と思ったのは俺だけではなく、周りの観客たちも注目していたのだが、裸に革のベストを羽織ったおっちゃんが、ノーヘルでサイドカーに犬を乗せ、多くの人がいる場所で走り出すなど、このオーナーは絶対に狙ってやったと思われる。案の定すぐに戻ってきたので、かなり面白いオーナーだというのがよく分かった。ノリのいいおっちゃんだから、ハードコアにも会場を貸すのだろう。

ここで、東海岸最後のペンシルベニア州ピッツバーグまで一緒に回る、カナダのCAREER SUICIDEと一緒になる。バンドもカッコいいのですぐに仲良くなったのだが、せっかくカナダからやって来たというのに、ライブが15分ぐらいとかなり短い。

「短くねぇか？」と言うと「いつもだ」と、何やら自信満々に答えてくる。かなり面白い奴らだ。

この時からのつきあいになり何度か来日し、FORWARDがオーガナイズして日本ツアーなども組んだバンドだ。このフィラデルフィアから4か所ほど一緒に回ったことがきっかけで、今でもかなり仲の良いバンドなのだが、他の国でも会うこともある。会えば、いつでもこの時のツアーを思い出す、心の通じ合っている仲間たちだ。CAREER SUICIDEとの出会いは、このツアーの中でもかなり素晴らしい出来事だと思っている。

オーガナイザーのアンディのバンドPAINT IT BLACKの他にも、素晴らしいバンドが多く、東海岸のレベルの高さを感じるライブだった。

この時出ていたUPSTABというバンドのボーカルが、何年か後に会った時にこの日のことを話してくれたのだが、水鉄砲に自分のションベンを入れて撃ちまくったというので「テメェふざけんな！」と笑い話になったことがあった。アメリカ人のやることにはさっぱり意味が分からないことも多い。何でションベン撃つんだ？ GG ALLINの真似なのか？

そして俺たちの出番だが、始まるのにT・Tがどのアンプを使えばいいか分からない。全てのバンドが持ち込みで、自分の機材を使うのが常識のアメリカで、ここでは借りる手はずが整っていなかったようだ。急遽、色んなバンドに声をかけて、ようやくライブができる状態になった。

ここで俺は機材の大切さを思い出す。日本でも初期のツアーでは、アンプやドラムセットを持ち込んでいた。しかし、いつの間にかライブハウスに機材が揃うようになり、恵まれた環境に慣れ過ぎていた自分たちを知る、非常に大切なことを思い出させてくれるアメリカツアーでもあった。

この機材という面でも、アメリカツアーでは、現地アメリカのバンドと一緒にやるのが絶対にいい。一緒に回るバンドが機材を持っているために、借りながらツアーができるので、現地であたふたすることはない。

この時はアメリカにギターやベースの楽器を持ち込むことができたが、これ以降は楽器の持ち込みができなくなっていく。そうすると楽器も借りなくてはならない。基本的に機材を持っているのが当たり前のアメリカD.I.Y.パンクシーンでは、調達で苦労する部分がかなりあると思う。

後日聞いた話では、イギリスのSUBHUMANSはよくアメリカツアーをやるので、友人であるオレゴン州ポートランドに住む、TRAGEDYの倉庫に機材を保管してあるという。

さらに入国して機材を買って、帰るときに売るという方法をとるバンドもいるなど、日本とアメリカでは、機材に対する違いがあると思う。

正直、俺はボーカルで、機材へのこだわりについては分からないことだらけだ。プレイヤーにはもっと細かいこだわりがたくさんあると思う。アメリカや海外ツアーに行くときには、機材の確認はかなり徹底的にやったほうが安心して演奏に集中できる。

海外でのライブを経験すると、日本のライブハウスの音響と機材が、本当に素晴らしいものだと実感するだろう。

何とか機材を借り、俺たちのライブが始まると大盛況で、観客がかなり盛りあがったのを覚えている。アンコールもやったと思うし、一番前には日の丸のハチマキをして盛りあがっている客もいた。ライブが終わった瞬間にステージ、と言っても高さがあるわけではない客席とフラットな位置から物販に行き、汗だくのまま物販をやっていると、様々な人間が「Awesome!(素晴らしいぞ!)」「You're so cool!(お前カッコイイな!)」「Fuckin' great!(めちゃくちゃすげぇよ!)」などと声をかけてくれる。

外に出ても観客たちに囲まれ、口々に褒めてくれたので、俺たちのことがよく伝わったいいライブができたと確信した日だった。運転してくれるロブとライアンも、かなりとぼけていて面白いコンビだし、CAREER SUICIDEの連中もかなり面白い。

アメリカに来て10日ほど経っていたのだが、ここへ来て本当に慣れてきた感じだ。やはりツアーは、感覚的にも体力的にも雰囲気的にも、長くいないと分からないことが多い。バンドという複数人でひとつのものを作りあげる作業では、この感覚が共有できるかできないかが大きい。ツアー後に解散や活動停止、メンバーの脱退などが多いのも、人間性を理解した結果だろう。音楽性の場合もあるだろうが、ツアーで出るのは人間性だ。

翌日はニューヨークだった。しかしニューヨークは昼間のライブだけで、夜には隣のニュージャージーに行かなければならない。1日ライブ2本のダブルヘッダーが組まれている。ニューヨーク観光はできるのか？ おまけに車もレンタカーを借りなくてはならない。またレンタカー借りるのかよ！ アメリカ修行中のプロレスラーか！ あー面白いなアメリカ！

この日に泊まった家には、後のSIGNAL LOSTのボーカルになるアシュリーがいて、革ジャンの背中にTHE COMESと書いてあるではないか！ 非常に盛りあがったフィラデルフィアは、東海岸でもかなり印象深い街になった。

#25 ニューヨーク&ニュージャージーのダブルヘッダー

フィラデルフィアからニューヨークは近い。車で2時間程度だ。実際に東海岸は、大きな街が近く移動距離が短いので、アメリカツアーでもやりやすい地域だと思う。

この日のライブはニューヨークのマンハッタンにある、ニッティング・ファクトリーという有名ライブハウスだ。マンハッタンはニューヨークの中心部で、アメリカの中心地と言っても過言ではないと思う。

当時マンハッタンにはCBGBという超有名老舗ライブハウスがあったが、ニッティング・ファクトリーも引けを取らないライブハウスであるという。「何でこんなところでライブができるのだろう?」と思っていたら、どうやら日本のハードコアが大好きで、LIP CREAMのPILLさんとも演奏したことのある、フリージャズのサックス奏者John Zornが口を利いてくれたらしい。

「JOHN ZORNっていい奴だなぁ。LIP CREAMのおかげだな」と、LIP CREAMに感謝しつつ中に入った。

かなりでかい、日本のクラブチッタやオンエアなどの500~700人規模のライブハウスである。スケジュール表にはD.R.I.などが書いてあり、テンションが上がる。

「おお! こんなところでやるのかよ! すげぇな! さすがJOHN ZORNだ!」ステージに上がり騒いでいると、会場スタッフに「お前らはここじゃない。下へ行け」と言われてしまう。

「下?」

階段を降りて下の階へ行くと、もう少し小規模な200~300人キャパのホールがある。

「何だこっちか。そりゃそうだよな。あんなでかいとこでやるわけねぇか」と笑っていたら、会場スタッフに「お前らはもうひとつ下の階だ」と言われた。

「マジか! まだ下があるのか!」と降りてみると100人規模程度の、なんなら広めのバーといった雰囲気の場所が、俺らがライブをやる場所だった。

「あ！　そういうことね。ま、そりゃそうだよな」と、苦笑いしながら、まだライブまで時間があるのでニューヨーク観光に出かけることにした。

CAREER SUICIDEとは別移動で、俺たちはニッティング・ファクトリーに車を置き「自由の女神見に行こうぜ！」などと言いながら街へ出かけた。

自由の女神へ行く前に、アメリカ同時多発テロの中心地であるワールド・トレードセンター跡地に行ってみた。まだ博物館もできていない頃だったが、柵に囲われたテロの現場は惨劇の余韻が感じられる風景ではなく、すでに復興はかなり進んでいた。

しかし、このテロにより起きたイラク戦争などアメリカの対応に憤りを感じて、このツアーではそういった内容のアルバムも提げアメリカに来ている。様々な思いが渦巻いたが、それはライブで伝えていけばいい。

被害者のために手を合わせ、アメリカの象徴とも言える自由の女神像のある場所まで移動する。到着すると、どうやら自由の女神は島に建てられているらしく、近くまで行くには船に乗らなければならない。時間もないので、対岸から見るだけにしておこうと探すが、海の中の島にあるはずの自由の女神が見つからない。

「どこにあるんだ」と思っていたら、「あれじゃね？」と。「ん？　どれ？」

海の中にぽつんと佇むそれらしき像があるのだが、よく分からない。

「多分、あれだよなぁ。色がそうだもん」

ち、小さすぎる。小さすぎて肉眼ではほとんど何だか分からない。

「何だよこれ」

全員拍子抜けで、ため息交じりの笑いとともに、時間もないので会場に戻ることにした。

自由の女神といえば、イメージ的にかなり大きいかと思われる方も多いと思う。しかし実際はかなり小さく、対岸からの印象では、上野の西郷さんよりは大きいとは思うが、そんなもんが海の真ん中に建っていても分かるわけがない。アメリカ最大とも言える観光地には、かなりガッカリするので、ぜひ訪れてみてほしい。ほんとちっちぇえから。

時間もないしロブとライアンはシカゴの奴らなので、電車やバスはよく分からない。「もうタクシーで行っちゃおうぜ！」と観光客待ちのタクシーを拾って、ニッティング・ファクトリーまでと説明した。

２台に分かれてニッティング・ファクトリーへ向かっているはずなのだが、一向に到着しない。何やら随分と走っている気もする。そこでロブかライアンが気づいた。「これは騙されている」と。ちょうどCBGBの近くだったので急遽、停車させて、俺たち一行はCBGBで写真を撮ってから、ブロードウェイをひたすら歩いてニッティング・ファクトリーへ向かった。

やられた。噂には聞いていたが、ニューヨークのタクシーにぼったくられるという典型的観光客の体験をしてしまった。しかし、まぁこれも経験だ。２度とニューヨークでタクシーに乗るのはやめておこう。しかしロブとライアンもアメリカ人なのに、騙そうとするんだな。ニューヨークのタクシー恐るべし。

ひたすら歩くブロードウェイは、新宿アルタ前の新宿通りに酷似している。「これは新宿が完全にパクっているなぁ」などと思いながら会場に到着すると、既に開場されていた。

俺たち目当てに来た観客などもいて、物販を用意しながら色々な人間に話しかけられる。

そうこうするうちにライブが始まるが、今日はＣＡＲＥＥＲ ＳＵＩＣＩＤＥと俺らの２バンドだという。おまけにCAREER SUICIDEは短い。焦って支度をしているとすぐに出番がやってきた。

この日の客層は日本に近いような雰囲気だ。初見のバンドをどんなものかと眺めるような感覚で、馬鹿騒ぎして暴れまくるような客はいなかった。ニューヨークが大人の街なのか、ニッティング・ファクトリーがそうなのか、今までのアメリカのライブとは一風変わった雰囲気でライブを終えた。

「全力を尽くしたが伝わったのだろうか?」などと悩んでいる暇はなく、すぐにニュージャージーへの移動だ。

橋を渡ればニュージャージーなので、感覚的には品川から川崎へ行くようなものだ。かなり近いのだが、もうライブは始まっているらしく、着替えも済まさないまま車の中で曲順を決め会場に入った。

そこはまたもやハウスショーである。一軒家の地下室でのライブだ。

フィラデルフィアのオーガナイザーだったアンディのPAINT IT BLACKも出ていて、かなり素晴らしいライブをやっていて気合いが入る。観客もぎゅうぎゅうで、ステージのないフラットな床のためにバンドを観るのもひと苦労だ。

俺たちの出番がやってくるが、観客の背が高くて最前列の人間にしか俺が見えない。演奏していても後ろまで伝わっている雰囲気を感じられないので「こうなったら!」と、客席に入って歌った。

しかし見下ろされながらライブをやるのは、あまり気分のいいものではない。何やら舐められているような雰囲気も感じたが、目の前で叫んで薄ら笑いを止めさせるだけだ。

ライブが終わって表で物販をやっていると、やはり色んな人間が話しかけてくるので、反応は大人しくても伝わるものはあったのだろうと感じた。

物販をやっていて感じたのだが、この辺ではドルのことをバックスと言う。

「Tシャツいくら?」

「10ドルだよ」

「はい10バックスね」

これ以降、ドルをバックスと言うようにしてみたが、本人は分かっていない。まぁ実践英会話なので、通じれば問題ない。しかしバックスというのは東海岸周辺だけで、この後行った西海岸では普通にドルと言っていた。シカゴあたりでもドルだったので、地域で違いがあるのだろう。何かリアルなアメリカを知ったようで面白い気分になった日でもあった。

しかし細かい英語は全く伝わらない。何とか少しは話せるようになっているが、話せた方が、よりアメリカを楽しめるのになぁと実感していた。

この日は泊まる場所がないので、フィラデルフィアで泊まった家まで行くという。疲れ切って車で寝ていたので知らなかったのだが、T．Tが起きていて、かなり迷って危険な地域も走っていたらしい。

到着するとパーティー会場で、ヘトヘトの俺たちはまだパーティー会場にいたい家主になんとか頼み込み、ようやく帰って休むことができた。

明日は、いよいよ東海岸最後のピッツバーグだ。東海岸というよりも中東部になるのだが、フィラデルフィアまで来ているので、車で6時間ほどで済む。

しかしツアーはまだ半分。アメリカは広ぇなぁ。

東海岸・中東部終了

#26

朝、目覚めてタバコを吸いに外へ出た。

気づかなかったが、アフリカ系アメリカ人が多く住む地域にある家のようだ。目の前にはバスケットボールのコートがあり、日差しが強く暑い季節なので、玄関の前に椅子を出して座りながら話しているおばあちゃんやおじいちゃんもいる。映画『ドゥ・ザ・ライト・シング』に出てくるような雰囲気だ。しかし、決して危険な感じはしない。夜は家から出なかったので知る由もないが、銃声は聞こえなかった。


家主やアシュリーに別れを告げ、アメリカツアー東側最後の街となるペンシルベニア州ピッツバーグへ向かう。

借りていた車がかなり小さいもので、８人乗りではあるが荷物を積むスペースがなく、荷物を足の間に置き、膝で挟むような形で座るしかない。楽器や物販もあるので身動きができない上に、全て積めないので、屋根の上のキャリアにも荷物をくくりつけ、ブルーシートで雨を防いでいる。

いやぁ、もうなんでも来いで、これで熟睡できてしまう慣れにはびっくりする。

連日パーティーで、ほとんど家で寝ることができないので、必然的に車で寝るしかない。日本から来ていてパーティーに参加し、周りがアメリカ人なので、日本代表として先に潰れるわけにはいかない。俺とSOUICHI、T.Tで毎日アメリカ人を迎え撃っていたが、そうなるとかなり疲れるのは当然だ。ＹＯＵは先に寝ることも多かったが、ベッドがある部屋はだいたいヤリ部屋なので、寝ているとカップルが入ってきて「今からヤルからどけ」と言われる場合も多い。追い出されて宴に戻ってくるＹＯＵを何度か目撃した。

そんな状況なので寝るのは早くて朝方で、車で熟睡できてしまう。一応、睡眠は大丈夫だが、疲れは溜まる。観客や対バンなどは軒並み全員もれなく年下で、息子のような年齢の人間までいる。そりゃ体力もあるわけだ。

連日のライブとパーティーで先に潰れない俺たちは、結構がんばっている方だと思う。

そしてピッツバーグに到着したのだが、何やら荒廃した雰囲気の地域だ。会場は廃墟のような誰も使っていない何の建物か分からないようなところで、トイレもほとんど壊れている。「こりゃまた危険な場所なのかな？」と思っていたが、飯を食うか何かで辺りを散策した。

俺とT・Tで歩いていると、アフリカ系アメリカ人カップルがT・Tに「タバコくれ」と声をかけてくる。ほんの少しだけ離れて見ていて、気のせいかもしれないが何やら怪しい雰囲気がする。

ひとりが声をかけて、もうひとりがウエストポーチからタバコを出そうとするT・Tの死角に回り込んでいる。念のためではあるが「俺、持ってるよ」と、死角に回り込んだ方に声をかけたのだが、あれは怪しい。

ことなきを得てその場は終わったが、「もしかすると狙われていたのでは？」と思わざるを得ないような状況だ。なかなかパンクが似合う街のようだ。

「こんなところに人が来るのか？」と思っていたら、会場前にはかなりの人が集まってきて大盛況だ。最近では、ピッツバーグでD.I.Y.のライブはいつもここで行われているようで、場所に客がついているのかもしれない。若い観客たちは学生のようにも感じられる。

この時期の夏のアメリカというのは、夜9時ごろまで明るい。ライブは9時頃から始まるものと、9時頃までに終わる2パターンがある。

明るいうちに終わるライブはオールエイジといって、どんな年齢層でも入場可能なもので、未成年の飲酒に厳しいアメリカでは、早い時間のライブではバーに出入りできない州もある。バーのない会場もあり、この日はバーのない廃墟のような建物だ。学生が多かったところを見ると、オールエイジのライブだったように思う。

9時以降の夜に行われるライブは、バーなどの場所が多く、観客も大人ばかりでみんな酒を飲みながら騒ぐ。若い観客が酒を飲まないように、かなり厳しい規制でＩＤチェックも多いのが、日本ではほとんど見られないアメリカの特徴のひとつだ。

実際、酒やタバコを買う時や、バーなどの飲み屋に入るときには必ずＩＤチェックがあり、どう見てもおっさんの俺でも常にＩＤを携帯していた。どこかで国際免許ではダメだと言われパスポートを出したこともあるので、アメリカでの外出にはパスポート携帯は必須である。でなければ買い物も食事もできないという目に遭っても仕方ないだろう。

ライブが始まると何やら観客の様子が変だ。飛んだり跳ねたりサークルモッシュをしたりというノリではなく、組体操のピラミッドのようなものを作り、そこに飛び乗ったり崩したりと、まるで体育の体操の授業のようになっている。

どうやらここ最近のピッツバーグ名物のノリ方らしいが、とても音楽を聴いているように思えない。ライブ中も四つん這いになった人間の背中を台にして、順番にジャンプするなど、いつものライブとは違うノリである。まぁしかし盛りあがってはいて楽しいので、俺も調子に乗って、歌いながら四つん這いになっている奴を踏み台にしてジャンプをすると大ウケだ。

やっとこちらにも注目してくれるようになって、この日のライブはかなり変な感じではあるが、大盛りあがりで終了した。

この日はCAREER SUICIDEとの最後になるので、飯を食いながら飲むという、日本の打ち上げのような感じになった。

何度かピッツバーグに来ているCAREER SUICIDEが知っているというブリトーレストランに行ったのだが、かなり美味かった。米が入っているメニューもあり、日本人の口にもあう。個人的には、アメリカの食事はピザよりメキシカンフードの方が口にあった。日本人であれば、ほとんどそうだと思うが、毎日ピザには正直辟易する。メキシカンフードのありがたさが、ここにきて理解できた。おまけにこのレストランのＢＧＭはパンクばかりで、普通の客がSAMHAINを歌っているなど、かなり面白い。

こうして初アメリカツアーの東側が終了し、翌日にはシカゴへ戻り飛行機でカリフォルニア州サンディエゴへ飛ぶ。シカゴへ移動して、運転してくれたロブとライアンとシカゴピザ屋でお別れパーティーをして、俺たちは飛行機に乗った。

この時点でレコードとＣＤが完売している。アナログ文化のアメリカで、ＣＤまで売り切れたのはかなりの成果があった証拠だろう。

そして、いよいよ西海岸だ。THE MAMAS & THE PAPASではないが、夢のカリフォルニアになるのだろうか？

西海岸では、これまたその後の盟友となるバンドの、STAR STRANGLED BASTARDSの連中が待ち構えていた。

CHAOS U.Kのギャバが話をつけてくれた奴らで、はっきり言って俺たちはこいつらにアメリカを教えてもらった。

今までやってきたアメリカはまだまだ序の口で、本当のアメリカが西海岸のカリフォルニアで牙を剥くことを、このときの俺たちはまだ知る由もなかった。

アメリカの先生 STAR STRANGLED BASTARDS

#27

サンディエゴ国際空港に到着したが、迎えが来ていない。西海岸に着いたはいいが、一体どんな人間が迎えに来るかも分かっていない。

しばらく待っていると、どう見ても仲間だとわかるパンクスがやって来た。こいつらがSTAR STRANGLED BASTARDSか。悪そうな奴らだ。

こちらで英語が話せるのはSOUICHIだけで、日本語を話す人間はSTAR STRANGLED BASTARDSにはいない。しかし、今まで感じた中でも珍しいぐらい、初対面なのに意思の疎通ができる。鉄アレイと一緒にやってて、CHAOS U.Kとも仲が良いので通じる部分が多いのかもしれないが、ウマがあう雰囲気が漂いすぎている。まぁ俺も、ほんの少しではあるが英語を話すようにはなってきているのだが。

話を聞いてみると、鉄アレイがイギリスツアーへ行ったときに一緒にやったようで、日本のパンクス、それも俺たち周辺の感覚を理解しているようだ。英語が話せない日本人にも慣れているので、色んな手段でコミュニケーションを図ってくる。やりやすい上に、気心がすぐに通じあう。大きいバンを持っているので移動も快適で、サンフランシスコまで一緒なのは非常に安心できる。

少し早めに到着してしまったために、ビールを買い込み会場まで行ったが、まだ開いていないので、その辺りで飲むことにした。しかし外での飲酒に厳しいアメリカなので、気を使わなくてはならない。幸い大学か何かの敷地内っぽいので、そこまでうるさく言われることもなさそうだ。丘の途中のような場所にあるため、ライブ以外ではあまり人も来ないのかもしれない。

すでにかなり打ち解けたSTAR STRANGLED BASTARDSの連中だが、この時のメンバーはツインギターのエリックとタイラー、ベースのテッド、ボーカルのジョーと、ドラムはジャスティンというメンバーで、翌年の２００５年には来日もしている。

他にもダスティンとクリスという運転手がいたのだが、このふたりは後にDOOMSDAY HOURのメンバーで来日を果たす。

クリスは現在、CHAOS U.KのギャバがやっているFUKにドラムスとして参加しているようで、エリックとダスティンは今でもアメリカに行けば観に来てくれる大切な友人だ。俺たちの関係はこの２００４年のアメリカツアーから始まった。


サンディエゴのチェ・カフェという会場は、街からは外れた場所にあるためダウンタウンなど中心地に行くことはできなかったが、メキシコ国境にも近いので、どんな街か散策してみたかった。

その後もサンディエゴには何度か行っているが、毎回このチェ・カフェで、未だに街へは行ったことがない。車で通るくらいで、ひょっとして危険なのか、単に時間がないだけなのかはよく分からないが、この日のライブでは危険な状況があったらしい。

客もたくさん来ていたが、俺たちのことを知る人間はほとんどいない。そんな観客の中に銃を持っている人間がいたという。SOUICHIが日本人のために英語を話せないとでも高を括っていたのかもしれないが、冗談だったとしてもかなり物騒な話をしているのが聞こえてきたらしい。

「こいつら撃って伝説になってやろうかな?」

「伝説になるには、お前が10年以上刑務所に入ってからじゃないとダメだから止めておけ」

物騒にもほどがあるだろう。どうにも西海岸は、俺たちのようなツアーバンドでも拳銃を身近に感じる地域なのか?

しかし、この日はまだ序の口で、後にもっと危険な場所に行くことになるのだが……。

そんなこととはつゆ知らず、俺はいつものようにライブを行った。俺も少しずつではあるが英語でＭＣをしていて、その反応で「お前酒飲みたいんだろ？　言ってたじゃん」といった感じで、終わった後に酒を飲ませてくれる人間や、初めて観た俺たちに色々話しかけてくる観客も多く、かなり満足のいくライブができたと充実感があった。

しかし、もしこのとき撃たれていたとしたら、一番目立つボーカルの俺が真っ先に標的にされていたのではないだろうか。銃社会の恐怖を目の当たりにした人生最初の日でもあった。

ライブ終了後、STAR STRANGLED BASTARDSの地元であるカリフォルニア州オレンジ郡にあるサンクレメンテまで移動し、ボーカルのジョーの家に泊まることになる。

サンディエゴとロスアンジェルスのちょうど真ん中あたりにあるこのサンクレメンテは、「これぞカリフォルニア！」といった風景の広がる海沿いで、サーファーの聖地と呼ばれるほどサーフィンが盛んな街である。ギターのエリックが、地元でも有名なサーフボードのシェイパーをやっているため知人も多く、この日も続々と人が集まってきてパーティーとなった。

しかし、この辺りは物騒なのか、それともアメリカという国自体が物騒なのか、玄関には長い鉄パイプが置いてあり、不審者はいつでも迎撃できる準備がされていた。玄関の扉は日本とは違う内開きで、ドアを押さないと開かないのも防犯的な意味があるという。こうした細かい部分でもアメリカと日本の違いというものが、かなり如実に分かり、アメリカにも慣れてきている時期だった。

初の銃の危険に遭遇して多少ビビっていたのだが、テッドが裏にあるバーに飲みに行こうというので一緒に行ってみる。店に向かう途中にも、地元のいかついBLACK FLAGのタトゥーを入れたおっちゃんが話しかけてきた。「危ないのか？」と思ったが、BLACK FLAGの話で盛りあがりことなきを得る。というか、喋れなかった俺の英語が何とか通じるのにも驚きだ。

昼間の銃の危険がまだ尾を引いていたのか、店についても雰囲気に飲まれて、奥まではなかなか入りにくい。

バウンサーのアフリカ系アメリカ人も、最初はニコリともせず対応していたのだが、飲んでいるうちに知り合いのテッドがいるので表情も砕けてきて、テッドやバウンサーに地元名物なのか分からないが、CAR BOMBという飲み方を教えてもらい盛りあがる。

ギネスビールのワンパイントグラスにギネスを3分の2ほど注ぎ、ショットグラスにアイリッシュウイスキーとベイリーズというアイルランドのミルクのリキュールを半々に注いだものを用意する。ショットグラスを人差し指で支えながらパイントグラスの中側へ、親指と中指、薬指などの残りの指でパイントグラスを持つ。乾杯をした後に人差し指を外して、ショットグラスをパイントグラスの中のギネスビールに落とすとともに、一気に飲み干す。

ギネスとアイリッシュウイスキー、ベイリーズの組み合わせは、テッドがアイリッシュのためにこの酒を選ぶのだが、各自好きな組み合わせがあるようだ。バウンサーの場合は全く違う組み合わせで「これが俺のCAR BOMBだ」と奢ってくれたのだが、どれもこれもかなりアガる飲み方だ。

味をしめてこの後、事あるごとにCAR BOMBをやり始めるのだが、それ以降、アメリカのどこに行ってもこんな飲み方をする奴はいなかった。名前からして危険な飲み方であるし、こいつらの面白さがよくわかる話のひとつだ。他にもこいつらにはリアルなアメリカの遊びを散々教えてもらったのだが、それを書くのは自粛しておく。アメリカの遊びというだけで察していただくしかない。

これまでも朝まで飲んでいることばかりだったが、確かこの日から飲んでいて最後まで残る人間は、「LAST MAN STANDING!」と言って、今日の勝者のような称号を名乗ることになる。アホな仲間と意気投合するのは、本当に楽しい。

こうして大盛りあがりの西海岸初日は終了し、翌日はオフだったはずなのだが、急遽ここサンクレメンテでライブをやるという。予定にはないが、かなり面白くなりそうだ。
ワクワクしながら寝たのは、またもや朝方に近い時間だった。

#28

リアルアメリカ序章

起きてからライブまで時間があるので、サンクレメンテを散策する。街のシンボルとなる大きな桟橋から眺める街や海、これぞカリフォルニアという日差しの中、波乗りをしているサーファーなどの風景は、日本の海沿いの街に似た雰囲気が少なからずある。しかし違いもかなり大きく、リアルなカリフォルニアを体験できた。

穏やかな気候と気のいい人間が多いこの街で、のんびりとした雰囲気が、とてもハードコアパンクが似合う土地とは思えない。しかし街のパンクショップに行くと、ＲＹＯの顔がドアップになっている鉄アレイのイギリスツアーのポスターが貼ってあるなど、パンク色もある不思議な街だ。

サンクレメンテにはCHAOS U.Kも来たようで、アルバム『THE MORNING AFTER THE NIGHT BEFORE』に収録されている「Take Me Back To San Clemente」は、サンクレメンテを題材にした曲である。曲にしたくなるほどのいい街で、それは夜のライブでも非常によく伝わってきた。

急遽決まったライブにもかかわらず、多くの客が来ている。中には「何だ、こいつらは?」と、文句を言うような人間もいたらしいが、そこはいつものアメリカだ。いいライブさえやれば問題ない。ライブでのパフォーマンスが一番重要なのは、日本もアメリカも変わらない。素晴らしい仲間と素晴らしい街という文句のつけようのない条件が揃えば、自ずとライブもいいものができる。

この日のライブはアンコールが2回というアメリカに来て初の大盛りあがりで、物販もTシャツしかないのだが、どう見ても似合う感じではない人たちも買っていく。「レコードかＣＤはないのか?」と言われるなど気に入ってくれたようで、急遽ではあるがやって良かった。

しかし、日本で急遽ライブをやるからといって、ここまで人を集められるものではない。この辺りの音楽文化が、急遽行われたり中止されたりするライブ環境に慣れている土地なのかもしれない。STAR STRANGLED BASTARDSの地元での交友関係が広いのが一番大きいのだろうが、さすが地元というライブで、かなり面白い日になった。

この日はテッドの家に泊まる予定だが、家に小さい女の子がいるとのことで、大騒ぎはなしだ。初めてパーティーのないアメリカの夜だったように思うが、毎日パーティーだったので感覚は麻痺している。テッド曰く「今日は FIRST MAN SLEEPINGだ」と。アホだねこいつは、ああ楽しい。久々にゆっくり休み、翌日のロスアンジェルス（以降ＬＡ）のライブに備えた。

翌日のＬＡに向かう途中、大きなゲートで検問があるという。

「お前ら何か持ってたら捨てるか隠すかしろよ！」

いや、もうすぐそこに見えてるじゃん。言うの遅ぃわ。

検問は無事ことなきを得てＬＡに到着した。会場のある場所はスパニッシュ街で窓には鉄柵があり、ホームレスが多く、路上はゴミや吸い殻が散乱している。これまたかなり危なそうな地域だ。「STAR STRANGLED BASTARDSといるときは全部こんな場所ばかりなのか？」と思っていたら、危険な街をフラフラとひとりで歩いて来るパンキッシュな日本人女性がいる。

「ん？ 見たことあるな」

当時日本でもよくライブに来ていた子が、わざわざＬＡまで観に来てくれたようだが、危ねーよ！

「大丈夫だった？ ここら辺かなり危ないよ？」と聞いても、本人は全く感じていない。電車に乗って駅から歩いて来たと言うが、運が良かったとしか思えない。いやぁ昼間でよかった。

ライブが始まる頃になると客がかなり集まってきた。基本的にはメキシカンが多く、チャイニーズやアフリカ系アメリカ人もいる。そして、その中にまたもや知っている顔が。静岡のSO WHATでドラムを叩いているクリタだ。仕事の関係でよくＬＡに来ているようで、このときもたまたま居たので来てくれたようだ。遠い異国の地で友人に会うのはかなり落ち着くし安心する。「時間があればうまいラーメン屋もあるから」と言ってくれたが、俺たちにはそんな時間はない。

かなりの人数が集まりライブがスタートするが「これが西海岸のノリか！」というようなサークルモッシュで、大盛りあがりだ。俺たちの出番になると客席から「DEATH SIDEをやってくれ！」と言われたが「俺たちはFORWARDだ！」と突っぱねる。というかDEATH SIDEは違うバンドなんだが、俺とＹＯＵがいるので観客には大した違いがないのかもしれない。適当なもんだ。

この前日に、いつも俺がライブの始まる時に言っている「I CAN'T SPEAK ENGLISH!! DO YOU UNDERSTAND?」という言葉に、テッドが「最後に"SO FUCK YOU!"とつけたほうがいい」とアドバイスをくれたので、始まる前に「I CAN'T SPEAK ENGLISH! SO FUCK YOU!」と言ってみると、これが大ウケ。これ以降、海外の英語圏でのライブでは、必ず言う定番のセリフとなる。

FUCK YOUなどという言葉は、英語の話せない俺からしてみれば、使い方がわからない危険な言葉だ。実践英語を日に日に覚えていく楽しさも海外ツアーならではのものだ。テッドありがとう。

ライブも超大盛りあがりで、何度も客席に突っ込んで歌っていると、マイクのシールドがその度に切れてしまう。最終的にはものすごく短いシールドしかなくなってしまい、俺は一番端っこで歌うので横並びになる。そうなると注目はギターやベース、ドラムにいってしまうので、何とかこちらを観てもらおうと椅子の上に立ったり、Ｔ．ＴやＹＯＵも椅子の上に立たせたりと、非常に面白いライブができた。

ライブが終わりそのまま物販へ行って、汗だくで売っているとアンコールがかかる。買っている客に「もう一回歌ってくるから、ちょっと待っててくれ」と伝え再びステージに戻るなど、物販も手馴れたものになっている。

ライブ終了後には、残った観客の中に子どもがいて、俺たちを見ると「チェーンジ（小銭くれの意味）」と言いながら小銭をねだってくる。金のない貧民層なのだろうが、やはり西海岸は東海岸とは一味違う雰囲気がある。

他にもこの年に俺たちを知り、後年、来てくれる観客は多く存在する。嬉しい限りである。小さい子やまだ若造だった人間が、行くたびに成長する姿を見ると「アメリカでやってきた甲斐がある」とつくづく感じる。それもこれも、全てこの年のツアーがきっかけだ。

この日はロングビーチまで移動して、運転してくれたダスティンの家でパーティーだ。このロングビーチもかなり危ない場所らしく、ダスティンも近所で頭を殴られ銃を突きつけられて「金を出せ」と脅されたらしい。西海岸に入ってからは、どうにも危険な場所ばかりだ。

そんな話をしながらまたも朝までパーティーは続き、最後にはテッドが白いバンダナを振りながら降参の意思を示していた。この日のLAST MAN STANDINGは俺だった。本当にくだらないが、心の底から面白い。翌日からはサンフランシスコで2回のライブを行う。いよいよアメリカツアーも終盤に差し掛かる。気合いを入れ直そうとしていた矢先、サンフランシスコでは今回のアメリカツアーで一番身の危険を感じる場所に滞在することとなる。

#29

THIS IS リアルアメリカ

LAからサンフランシスコまでは車で7〜8時間ほどの距離だ。西海岸に入ると移動距離が長くなる。このときはまだ南部のテキサスやニューメキシコ、ネバダなどに行っておらず、長い距離は飛行機を使っているので、それほどの移動時間ではないが、それでも日本と比べると長い。

この日はサンフランシスコのD.I.Y.パンクシーンの本拠地ともいえるオークランドのGILMANでのライブだ。サンフランシスコには、世界的に有名なパンクマガジン『MAXIMUM ROCKNROLL』があり、西海岸を訪れるパンクバンドたちは、みんなGILMANでライブを行う。正式には924 GILMAN STREETというようだが、古くはM.D.C.やDEAD KENNEDYS、BAD BRAINS、MISFITSなどの、アメリカを代表するハードコアバンドたちがライブをやっている。

日本で初めて海外に行ったパンクバンド・the 原爆オナニーズも、GILMANでライブをやっている。ほかにも、GAUZEなど日本から行ったほぼ全てのパンクバンドがGILMANでライブをやっている老舗のパンクライブハウスである。

GILMANはオールエイジで酒を提供していないため、どこかで買って飲むしかない。ライブハウスで飲むことはできず、アメリカは公共の場でも飲めないので大変に苦労する。車で飲むしかないのだが、車の中でも隠して飲むなど様々な努力をしなければアルコールを摂取するのは難しい。

事務室のような場所には、水とピザなどの食べ物が出演バンドのために用意されている。アメリカのD.I.Y.パンクシーンのホスピタリティがあり、アメリカでのライブの基本的なスタイルが全て備わったライブハウスだ。

会場内にも様々なショップが出店していて、この日は俺の写真を使ったバッヂが売られていたので「これ俺だよ?」と言っても、ニコッと微笑むだけでくれるわけではない。他にもTシャツやレコードが売られていて、観客はライブ以外に買い物もできるようになっている。

この日は最初からSTAR STRANGLED BASTARDSが出られないという話だったのだが、一緒に回っているために、なんとか交渉して出られるようにはなったものの、当初出演を予定していたバンドがひとつキャンセルとなってしまう。融通が利かないというよりは厳格なルールに則った運営で、例外は認めないということだと思う。

他にも出演するには様々な厳しい条件があるようなのだが、そこまで徹底しなければアメリカという国でパンク専門のライブハウスを、安い入場料で運営していくのは難しいのだろう。

しかし、老舗ライブハウスだけあり、観客が山のようにやって来た。盛りあがりも凄まじく１００人ぐらいがサークルモッシュをする姿は圧巻だ。ステージの後ろに大きく「NO STAGE DIVING」と書かれ、バンドも観客もダイビングは禁止となっているが、気にならないほどの盛りあがりだ。

歌っているときに、最前列で俺の足を手で持って、何度も引っかけてくる奴がいた。めちゃくちゃ邪魔だったので、ライブ後に話をするのだが、英語が分からない。何やら文句が言いたげな雰囲気や表情、態度も感じたのだが、それはこっちの方だ。埒があかないままライブ終了後のパーティーに移動したのだが、そいつも現れた。しかし奴の顔は、俺に文句がありそうな感じで話していた時とは一変していて、そんな話には全くならなかった。

パーティーの場所は、GILMANのあるサンフランシスコの隣町オークランドなのだが、オークランドは治安が大変よろしくない。世界最大のバイクチームであるヘルズ・エンジェルズの地元であり、古くはブラック・パンサー党というアフリカ系アメリカ人の解放闘争などをしていた、急進的な組織の地元でもある。

そんなオークランドの中でも、かなり危険なアフリカ系アメリカ人の居住地域がこの日のパーティー会場で、やってくる人間たちの表情がGILMANにいる時とは別物になっている。俺たちは最初気づかずに、広い家と広い芝生の庭があり、ハンモックなどもあって「いいねーここ」とか言いながらはしゃいでいたのだが、パーティーが進むうちにいつもと違う雰囲気に気がついた。

常にというわけではないのだが、必ず花火の音のようなものが聞こえてくる。日本人であれば花火の音、例えばロケット花火や爆竹などには慣れているので、音が鳴っても気にも留めない。しかし考えてみると、アメリカに来てから花火の音など聞いていない。

「これって花火やってるのかな？」と聞いてみると、SOUICHIが「いや、これ銃を撃っている音だよ」と言うではないか。

「え？　銃？」

そういえばパーティーの最中にトイレが空いていないので、T．Tが立ちションしに行こうとしたら「危ないから絶対に外へは出るな」と止められたという。

よく見ると、車を止めた場所の門は、今まで見た中でも一番重厚で頑丈なものだ。門の上には日本ではお目にかかれないような、鋭利な侵入防止用の槍みたいなものが天に向かって伸びている。

「ここやばい場所なのかな？」

「花火の音に聞こえるかもしれないけど、アメリカは銃社会だから、独立記念日以外の花火は禁止。よく聞くと花火の音とは違ってるよね」

銃声を知るSOUICHIの言葉には、説得力しかない。言われてみれば花火のように乾いた「パンパン」という音ではあるのだが、ロケット花火や爆竹などにはない間隔であるし、残響音のような、伸びるような音がする。

と言っている間にも乾いた音は鳴り響き、爆音でヒップホップのような音楽を鳴らしている車が、明らかにゆっくりとしたスピードで家の前を通り過ぎる。

「うーん、これはちょっと今までとはレベルが違うね」

かなりの危機感に襲われるが、ここしか居場所はない。パーティーも早々に観客たちはいなくなり、俺たちとSTAR STRANGLED BASTARDSだけになる。すると家主が、庭にあった倉庫を開放してくれた。

「ここは自由に使っていいよ」

どうやらパーティーをやっていたため、近隣の人間が様子を伺い、庭の壁から中をのぞいていたようで、狙われると危険なので建物へ移動させてくれたようだ。

しかし、一軒家の2階建てで家としてはかなり広く、芝生の庭もあわせると日本でいえばかなりの豪邸だ。家賃を聞くと1か月40～50ドルと言っていたので、日本円で当時でも6000円ほどだ。そこに何人かで住んでいるので破格なのだろうが、どれだけ危険な地域なのかが良く分かる。

「家の前で昔、ブラック・パンサー党の党首も殺されてるんだ」

先に言ってくれ。もう手遅れではないか。

しかしここまで聞いていても、俺は平和ボケが取れない日本人のままだった。

「食い物も飲み物もなくなっちゃったから、買いに行かない？」

何と無謀なのだろう。どうしてここまで呑気なのか。生命の危険を察知しないのか？ しかし腹は減ったし喉も乾いた。するとSTAR STRANGLED BASTARDSの奴らは「うーん。俺たちは白人だから無理だけど、お前らアジア系の有色人種だから大丈夫かもな」と、メキシカンのクリスを運転手にして、夜に一件だけやっているコンビニまで車を出してくれるという。俺とSOUICHIともうひとりで車に乗り込みコンビニまで買い出しに行くことになったのだが、アメリカの真実の姿を垣間見ることになろうとは、思ってもみなかった。

#30 THIS IS リアルアメリカ2

俺とSOUICHIたちは、メキシカンのクリスの運転で、夜にその街で一件しかやっていないコンビニに到着する。なぜかクリスは店の駐車場には車を停めず、店の前にある道路の反対側で、やって来た方向へ向けてUターンして車を路上駐車した。

「着いたぞ。早く買い物を済ませてきな」

「クリスは行かないの?」

「俺は車で待っている」

いつもなら買い物のときにはみんなで降りるのだが、クリスは降りてこない。店に行くと、店の前にも中にもアフリカ系アメリカ人しかいない。日本の夜中のコンビニに、暴走族が溜まっているのとはワケが違う。

明らかに異様な雰囲気の店に入り、商品を選んでいる間にも、客がみんな寄って来て周りを囲まれる。さすがにこれはおかしいと感じ、適当に飲み物と食べ物をカゴに入れレジに向かう。

「これはかなりマズイなぁ」と感じていると、レジにいた店員のスパニッシュ系のおっちゃんが、「あ~、こんなとこにきちゃダメだよ」とでも言いたげな悲しそうな顔をして、俺を見ながら首を横に振る。

金を払おうとすると、両隣の後ろから背の高いアフリカ系アメリカ人が俺の手元を覗き込んでいる。こいつはヤバイ。やる気出し過ぎだぞお前ら。

とっさに胸ポケットにあった1ドル札と5ドル札などの小額紙幣で支払いを済ませとっとと外に出ると、外で待機していてくれたSOUICHIが「早く車に戻って!」と血相を変えている。走って道路の反対側に停めた車に戻ろうとすると、運転手のクリスがポケットに手を入れて、人差し指と親指で拳銃のような形を作って見せながら飛び出してくる。

ひとりが戻って来ないので、SOUICHIがクリスと店に向かう。戻っていない奴が出てきて道路を横断途中し始めると、店にいた客がバールのようなものを持って追いかけて来た。

クリスがポケットに突っ込んだ手を誇示しながら立ちはだかり、俺たちが全員車に戻ると共に、速攻で車を走らせる。危機一髪だ。

「危なかったねーここは！」

一部始終を見ていたSOUICHIに車の中で詳しく状況を聞き、さらに恐怖が増したのは言うまでもない。家に帰ると、聞こえてくる銃声がよりリアルに感じられ、銃社会と人種問題、貧富や格差といったアメリカの本当の顔が垣間見えた気がした。

危なすぎるオークランド。リアルなアメリカの夜はこうして更けていった。

サンフランシスコでは2回ライブがあり、翌日はオフとなっていたため街へ出た。有名なヘイトストリートというところへ土産などを買いに行ったのだが、パンクスのホームレスもいて、防犯的な意味もあり、みんな犬を連れている。店の出入り口には紙コップを持って小銭をねだるホームレスも多い。有名な観光スポットの買い物をする通りでも、こうした現実がある。

ひとしきり土産を買い、バーに行こうと歩いていると、道端でアフリカ系アメリカ人の女性同士が「このビッチ！」などと叫びながら、殴りあいの喧嘩をしている。何てところだここは。

着いたバーはパンクバーのようで、パンクスが多く音楽もパンクばかり流れるので居心地がいい。店員もフレンドリーで、裏庭で飲ませてくれたり、俺がアメリカ式の手で捻るビールのボトル用の「簡易栓抜きを買うのを忘れた」と言っていたら「今から家に来いよ！ ウチにたくさんあるからやるよ」と、家に連れて行ってくれたりして楽しいオフだった。

オークランドの家に戻ったのだが、昨夜のこともあるので飲み物や食べ物はしこたま用意してある。夜にはライブだし、これなら大丈夫。しかし庭でバーベキューをやりながら夜のライブを待っている間にも、銃声は鳴っている。

この日のライブ会場はバーのような場所。夜から始まりオールエイジショーではないため、観客も大人ばかりだ。

この日でSTAR STRANGLED BASTARDSとは最後になるので、FORWARDで1曲テッドがベースを弾き、YOUがSTAR STRANGLED BASTARDSで1曲ベースを弾くことになった。少ない日数ではあるが、STAR STRANGLED BASTARDSとはかなり濃厚な日々を過ごしたために、心が通じあい、この話になった。

前日の晩にテッドとYOUの2人で練習していて、本番ではYOUはバッチリ演奏し、STAR STRANGLED BASTARDSの連中も喜んでいる。

俺たちの時にテッドはベースを間違えてしまい凹んでいたが、そんなことは気にする必要はない。しかし、どうしても気になっていたようでしきりに謝っている。だが、こんなにもの凄い経験ができたのはお前らのおかげだし、STAR STRANGLED BASTARDSの中のやんちゃ坊主のように面白かったテッドが弾いてくれるなんて、俺たちはうれしい限りだった。

ライブも大盛況で終了し、この夜もあの家だ。銃声鳴り響くパーティーにも慣れてきてしまう。これはこれでどうしたものかと思うが。

翌日は移動日のためにオフで、STAR STRANGLED BASTARDSとはお別れだ。みんなで飯を食いに行ったあとに別れを惜しんでいると、キリがないのでエリックの「ENOUGH!(もう十分だ)」のひとことで、ようやく別れることとなる。

しかしここで「奴らがいなくなっても大丈夫なのか?」と思っていたら、家主がバウンサーをやっていて、目の前の家がこの辺りのアフリカ系アメリカ人ギャングのボスで仲がいいので「何かあっても絶対にお前らを守ってやる」というではないか。

本当に素晴らしく優しい奴なのだが、全部事前に言ってくれればいいのに。

この日も庭でバーベキューパーティーをやり、来た人間の中にはかなり若い奴もいて、どうやらDEATH SIDEのファンらしい。DEATH SIDEのバッヂをつけていて「お前はDEATH SIDEのボーカルなのか?」と聞かれ「そうだ。ベースもDEATH SIDEだぞ」と言うと「本当か!」と目を輝かせ色々なことを聞かれるなど、カリフォルニアの最後を楽しんでいた。

宴もたけなわでビールも食べ物も問題ない。これなら大丈夫と思っていた矢先、全員のタバコがなくなってしまう。買いに行かなければならないが、どうしてもあの夜のコンビニの光景が目に浮かぶ。さてどうしようかと悩んでいたが、SOUICHIが「俺が行ってくるよ」と言うではないか。

「危ないから無理しないでいいよ。仕方ないから我慢する?」とは言ったものの、ニコチン中毒者のタバコ切れにはきついものがある。

「やっぱり行く」ということになるが、家主は「昼間でも危険だからタバコ銭以外は置いて行って、こいつと一緒にこれを持っていけ」と、武器を渡され、先ほどの DEATH SIDEファンの地元の若いパンクスがボディーガードのようについて来ることとなった。

「本当に気をつけて」

緊張感のある面持ちで家を出るSOUICHI。若いパンクスも何やら気合いが入っているような感じである。

しばらくすると無事戻って来たのでことなきを得たが、どうやらこの辺りでは、タバコやジュースよりも銃の弾が安いので、欲しければ撃って奪う方が早いため、すぐに撃つという。どんな思考回路ならそうなるのか分からないのだが、これがアメリカの現実であるのは確かだ。

たった2、3日でアメリカ社会の裏側に触れるとは思わなかったが、ここまで凄まじいアメリカを経験したのは、後にも先にもこのときだけだ。それほど危ない地域に滞在していたのだろう。今でもこの経験が、危険かどうかを判断する基準になっている。

東海岸や中東部とは違う顔を見せたアメリカ西海岸だったが、この地域にハードコアやパンクバンドが多く、GILMANや『MAXIMUM ROCKNROLL』があり、アメリカで最大と言えるパンクシーンが続いているのも分かる気がした。

アメリカの裏の部分、負のアメリカと大都会という面をもつサンフランシスコは、アメリカ最大の日本人街もありチャイナタウンもでかい。アメリカのどの街もそうなのかもしれないが、表と裏のアメリカが如実（にょじつ）に存在する地域で、パンクが盛んなのは深く頷ける。今回のアメリカツアーで最大の意味があったのは、こうした本当のアメリカを、ほんの一部ではあるが体験して知ったことだったと思う。

STAR STRANGLED BASTARDSのような盟友もできたし、リアルなアメリカを体験したカリフォルニアは、一生記憶に残っているだろう。そして、俺たちは飛行機で、アメリカ最後のライブを行うワシントン州シアトルと、オレゴン州ポートランドへ向かった。

レジェンドの心意気

#31

飛行機でシアトルの空港に到着すると、知っている顔がいるではないか。当時、鉄アレイだったKATSUTAと、HG FACTの佐藤君だ。

俺たちの初海外、アメリカツアーがどんなものだったのか、わざわざ日本から観に来てくれたようだ。オークランドであんなことがあったため、これにはかなり安心したし、うれしかったのを鮮明に覚えている。旧知の友人とアメリカで会えるなんて何と素晴らしいことか！ 友達とは本当にいいものだ。

迎えに来てくれたのはアメリカD.I.Y.シーンではその名を知らぬ者はいないTRAGEDYのベースボーカルであるビリーと彼女だった。車で3時間ほどの隣の州のポートランドから、わざわざシアトルの空港まで迎えに来てくれて、ビリーの住むシェアハウスに世話になる。

ポートランドのビリーの家に到着し、近所に買い物などに行ってみるが安全そうだ。銃声もしなければ落書き、吸い殻もなく窓に鉄格子もはまっていない。

「こういう場所がいいねぇ」などと言いながら、KATSUTAや佐藤君にこれまであった出来事を話しながら、やはりパーティーとなる。広い家のために全員余裕で寝られ、それもかなり快適だ。

しかし翌日、近所のスーパーマーケットで殺人事件が起きたようで「やはりアメリカには安全などないのか」と思いながら街へ買い物に出かける。すると、そこでもまたSOUICHIがジャンキーのような奴にナイフを出されて絡まれたようで、日本の安全を心から実感する。

そして翌日はポートランドでのライブだ。ポートランドでも2回のライブがある。それも両方ともPOISON

IDEAと一緒だというではないか。POISON IDEAといえば、アメリカどころか世界中のパンクスで知らない人間がいないほど素晴らしくカッコいいバンドだ。DEATH SIDEを始めたときには世界的に名の知れたバンドで、LIP CREAMのメンバーの家でビデオを観ながら痺れた。

残念ながら中心人物であるギターのピッグ・チャンピオンは、２００６年1月13日に亡くなっているのだが、FORWARDのメンバーも全員影響を受けている。このときはまだ存命で、ピッグ・チャンピオンがいるPOISON IDEAのライブを体験できる事実に、俺たちはかなり興奮していた。

ポートランド初日の会場は、ボウリング場の地下駐車場にステージを組んで行うオールエイジショーだ。場所がかなり広く、観客もたくさん集まっている。ポートランドで日本のハードコアが知られているのも大きいと思うが、そこにフェスレベルのバンドPOISON IDEAとTRAGEDYが出演するのなら、観客が集まらないわけがない。

こうして初めてのPOISON IDEAを体験することになるのだが、俺たちとやったこの2回のライブが、おそらくではあるがピッグ・チャンピオンの最後のライブだったかもしれない。

ピッグ・チャンピオンの登場を心待ちにしていると、開場前にステージのすぐそばまで乗りつける車がある。「おいおい、ここライブ会場だぞ」と思っていたら、後部座席のドアが開いてピッグ・チャンピオンの登場だ。「おお！」と声が出たのは言うまでもないが、どうやらピッグ・チャンピオンは既に歩くことはおろか、立っていることすら厳しい体調になっているようだ。

そのため、ステージのすぐそばに車を乗りつけたのだが、降りてすぐに壊れないか不安なのか、手作りステージを確認している。これはかなり微笑ましかったのだが、椅子に座って弾くことしかできず、ライブの間は一瞬立つこともあったが、ほとんどずっと座ったままだった。

終わった後も、ステージから楽屋への入り口にずっと寝転がっていて、楽屋に入って来ることさえできない。そんな状態なのにライブをやってくれて、おまけに俺たちに「カッコよかったぜ！」と話しかけてくれて握手してきてくれたり、「お前らの2ｎｄシングルは聴いたぞ。あれはいいな」と、FORWARDを知っていて、褒めてくれたりするではないか。ボーカルのジェリー・Aにも「良かったぜ！」と褒められて、ライブ中にノッていた、小学生ぐらいの子どもにも「カッコいいよ！」と言われ、客席で多少の揉め事はあったが、かなり良い反応で手応えのあるライブができたと思う。

今回のアメリカツアー中にも、いろんなところで「お前らPOISON IDEAと一緒にやるんだろ？ いいなぁ」と言われていた。アメリカでのPOISON IDEAの絶大なる人気をかなり実感していたので、この日のライブとピッグ・チャンピオンと話せたことは、人生の中でもトップクラスにうれしい出来事となった。観客もかなり多く大盛況のライブは終わったが、翌日もPOISON IDEAとライブができるなんて夢のようだ。

翌日はＰＡシステムなどもちゃんとした、ステージのある大きめのライブハウスのような会場で、観客はアメリカ中のいろんな街からやって来ていて「やっぱりPOISON IDEAとTRAGEDYともなると違うなぁ」などと思っていたのだが、どうやら俺たちのことを楽しみにしていてくれた人間も多かったようだ。新しいアルバムの曲にも確実に知っている反応があり、かなり注目されているのが分かるライブで、アメリカでの日本のハードコアの浸透度を再確認しながら、驚きを隠せない日でもあった。

そしてPOISON IDEAが始まったのだが、なんとこの日はピッグ・チャンピオンが椅子に座らず、ずっと立って弾いているではないか！ １９９３年6月6日、ポートランドLA LUNAでのライブを『PIG'S LAST STAND』としてリリースしているが、本当に最後に立って弾いたライブはこの日ではないだろうか？　しかし、この時もその後もかなり体調は悪かったはずだ。

おそらくそれまでも、体調不良であまりライブをやっていなかっただろうし、俺たちがポートランドに来たので、やってくれた可能性も高い。そんなライブで、前日は座っていないと弾けなかったのに、ずっと立って弾いているというピッグ・チャンピオンの気持ちが痛いほど伝わる素晴らしいライブだった。

俺たちはその光景を忘れることはないだろう。日本という世界の片隅からやってきたパンクバンドに、ピッグ・チャンピオンの心意気が伝わった。あとはレジェンドパンクスの生き様を感じた俺たちが、今後に伝えていくだけだ。そう心に誓ったポートランドの夜だった。


翌日はオフの予定だったが、起きてダラダラしていると、何やら周りが慌ただしく動いていて、いろんな奴らが機材などを運んでいる。「何かライブでもあるのかな？」と思っていたら、急遽ハウスショーが行われることになり、俺たちも出演するというではないか。「またいきなりライブか！」とは思ったし、かなり体も疲れていたが、期待に応えないわけにはいかない。

ポートランドにはハードコアバンドが多く、この2日間に出られなかったバンドもやりたいと言ってくれているようだったのだが、嫌がるメンバーがいたので話をするしかない。ゆっくり話す場所も時間もないので、慌ただしく用意をするポートランドの友人たちの目の前で、嫌がっているメンバーの気持ちが分からないように日本語で説得する。「期待してくれる気持ちに俺は応えたい」と言い、ライブをやることを決める。俺のわがままかもしれないが、ここでライブをやらないという選択肢は俺の中にはない。

そしてハウスショーの会場に到着すると、山のような人だかりだ。「これは絶対に面白いやつじゃん！」と確信した。リクエストしてくれた昔の曲などをやり、今回のツアー中のライブとはひと味違った感じだが、やはりハウスショーは面白い。ガレージショーというのもあるが、家の中でライブができるなんて、日本では絶対にありえない。理解も含めて、土地の広さ、家の造りなど、アメリカという国の住環境をうまく使った素晴らしいライブだと思う。

衝撃のありすぎたアメリカツアーだったが、いよいよあと1回のライブで終了する。集大成をシアトルで出し尽くそうじゃないか。

翌日、俺たちは初海外ツアーのアメリカ最終日、シアトルでのライブへ向かった。

#32 世界への入り口

前日のパーティーでは、ものすごくいろんな場所を飲み歩いた。危うくはぐれそうになるなどアクシデントもあったが、帰ってもまだパーティーで、アメリカ人のパーティー好きを嫌というほど知るツアーでもあった。

そしてもうひとつ知ったのは、アメリカ人のピザ好きだ。なぜここまでピザが好きなのかというほど、よくピザを食べる。何かと言うとピザで、ほぼ毎日ピザを食っていた。

そのせいかどうかはわからないが、アメリカツアー最終日のシアトルのライブ会場はピザ屋だった。出演者はピザがタダで食えるので助かるが、もう人生5回分ぐらいのピザを食べている。しかし食うものがピザしかない。多分俺たちは、このままアメリカにいたらピザそのものになっていただろうというぐらい、ピザピザピザの日々だった。

そしてこの日は、東海岸のプロヴィデンスやフィラデルフィアで運転してくれたベンがいる、DROPDEADも出演する。久々のベンとの再会を喜び、アメリカ最後のライブの準備をする。会場にはまたもやたくさんの人で、やはり俺たちのような日本のハードコアを心から待っている人たちが多いことに感動する。

アメリカのどの土地でも必ず、日本のハードコアが大好きな人間がいた。ここまでアメリカに日本のハードコアが浸透したのは、THE EXECUTEなどが参加したワールドコンピレーションアルバム『P.E.A.C.E.』の影響が大きいが、草の根的にアメリカに日本のハードコアを紹介してくれた、アナーバーでも同行したウェッジの功績が大きい。TRAGEDYのメンバーの日本バンドの詳しさには驚くばかりだし、持っている日本のハードコアバンドのレコードコレクションは、驚愕に値する量だった。

アメリカに住む日本のハードコアファンたちは、日本ではジャパコアと呼ばれるバンドを好む傾向が強い。アメリカD.I.Y.シーンでは、好きな日本のハードコアバンドとして俺たち周辺の仲間のバンドを言ってくることが多かった。

それだけ日本のハードコアが浸透した中で、一応日本でもハードコアシーンの中心で活動している俺たちFORWARDも、注目されていたのだろう。それには元DEATH SIDEという部分が非常に大きいと感じた。

どこへ行っても必ずDEATH SIDEの話はされるし、それに応じないわけにもいかない。当時はまだCHELSEAと仲が悪い時期だったので、あまりいい返事はしなかったが、DEATH SIDEの海外での評価が異常に高いことを知る。そのメンバーがやっているバンドとなれば、期待も大きいのだろう。

そんな気持ちでFORWARDを観に来てくれる人間も多かったが、全く知らずに観に来た人間が、俺たちを観て感激して帰って行く姿がかなり印象深いツアーだった。

今回のツアーを終えれば、FORWARDとDEATH SIDEの違いは分かるだろう。それ以上のことはやってきたつもりだし、DEATH SIDEとは全く違ったバンドであるのは理解ができるはずだ。

この日のライブも、酸欠でかなり息が苦しくなるほどの大盛況だった。ここまでアメリカでやってきた全てを込めてライブをやった。

昨日よりも今日、今日よりも明日と、毎日の積み重ねでいいライブにしていくことを、俺はLIP CREAMから教わった。俺が受け取った日本のスタイルを、アメリカでもやってきたつもりだ。俺がアメリカに伝えに来た日本のハードコアの素晴らしさ。その答えがこのシアトルで出たのかもしれないが、終わってしまえばまた次へ向かうだけだ。

常に今が通過点であり、今この瞬間に全身全霊を込める日本のハードコアが、世界で通用することがよく分かり、続けて繋げていきたいと感じるようになった。

シアトルでの最終ライブは7月4日で、アメリカの独立記念日だった。

その日に泊まるゼンという女の子の家へ行く途中、みんなで橋の上から花火が上がるのを観ていた。ちなみにこのゼンとは、また別の国で再会を果たすので覚えておいてほしい。

日本の花火師が招かれて行われることもある、アメリカで唯一花火が許可される日。独立記念日の花火は、やりきった充実感にあふれた感慨とともに、忘れていた、思い出さないようになっていた日本を思い出させるものだった。確かに銃の音と似ているなとも思ったが。

今回のツアー経験をこれで終わりにしてはいけない。俺はそう感じてはいたのだが、具体的なことは何もしていなかった。というか、そんな余裕がないほど、厳しく激しい体験ばかりのツアーだった。しかし同じような考えを持つ人間がメンバーにいて、その男はすでに次へ向けての下地を構築していたのだ。

英語の堪能なSOUICHIは、ツアー当初から地元のオーガナイザーやバンド、各地のパンクシーンへ影響力のある人間と話をして、コンタクト先の交換をしていた。中でもポートランドで一緒にやった、アメリカD.I.Y.シーンではトップとも言えるバンドのTRAGEDYとは入念に話をしていたらしく、このSOUICHIの行動がその後の日本ハードコア界のアメリカ進出へ、大きな役割を果たす。

ようやく夢だった海外ツアーを終えたのだが、確実に爪痕は残してきた。各地で驚愕(きょうがく)する観客たちも目にしてきたし、何かが伝わっていることは確実に分かった。

そこで俺は考えた。

「次は日本の俺たちがやっているシーンを持ち込めないだろうか？ 雰囲気だけでもいい。日本のハードコアシーンを、海外にいるパンクスにも体験してほしい。そうすれば世界はもっともっと『ハードコアパンク』という共通意識で繋がっていくのではないか？」

アメリカに、本物のジャパコアを伝えてやろうではないか。GAUZEとASSFORTのアメリカツアーで、消毒

ＧＩＧの雰囲気がアメリカに伝えられた。今度は俺たちの番だ。

それには今回のような、俺たち１バンドだけでツアーをしても分からないだろう。世界から見たらちっぽけな日本という島国のパンクスたちの、日常と生き様を伝えるためには、日本を代表するような物凄いバンドと一緒にやるしかない。

俺の心は決まった。幸いバンドのメンバーも、一度経験しているだけあって、もう１バンドを連れて一緒に行くならばさらに安心してツアーが楽しくできる感覚を持ったようだ。

この思いを実現させるべく、日本へ帰ってから動き出すのだが、その前にアメリカで非常に助かった相互扶助の精神は、見習いたい。次へ繋げるためにも、世界を繋げるためにも、まずはお返しとして今回、世話になったバンドを日本に呼ぼう。

そうなればSTAR STRANGLED BASTARDSしかないだろう。さらに日本のバンドが大好きでアメリカではトップクラスの人気を誇りながら、日本ではアメリカほど浸透していないTRAGEDYの素晴らしさを、知ってもらうといいのではないか? CAREER SUICIDEも捨てがたい。STATEは無理かなぁ。

日本に帰国してから、夜中にコンビニ袋をぶら下げて、携帯電話をいじりながらひとり歩きする若い女の子を見るたびに、オークランドの夜を思い出して日本の安全さに感動しながら、そんなことばかりを考えていた。

さて、海外進出はやっとスタート地点に立ったばかりだ。これからは世界に飛び立っていきたい。俺は思い出づくりのためにバンドをやっているわけではないし、海外ツアーに行っているわけでもない。本気で世界を繋げて、本気で世界を変えたいと思ってやっている。

「そんなことは無理だ」と笑いたい奴は笑えばいい。バカにしたい奴はバカにすればいい。俺は思ったことをやるし、やりたいことをやる。そのためにはどんなことだってできる。そんなのはガキの頃からの当たり前だ。眠れる場所と食い物、あとは酒と仲間とバンドがあれば何でもできる。これが日本のパンクスだ。お前ら待ってろよ！　いや、別に誰も待っていないかもしれないが。

第三章

東日本大震災で変わった意識

#33

再びアメリカへ

アメリカツアー帰国後、すでに次のツアーへ行こうと意思を固めていた。

自分の中の考えで「日本のシーン自体を持ち込みたい」という気持ちがあったので、日本のどのバンドと行こうかを考えていた。

そしてまだ海外へ行ったことがない素晴らしいバンドの中でも、DEATH SIDEで一緒にやっていたMUKA-CHINが、BASTARDのZIGYAKUとやっていたJUDGEMENTならば、確実に衝撃を与えられるバンドだと思い、とりあえずではあるが軽く「今度一緒にアメリカツアーに行かないか？」と声をかけてみた。

当時のJUDGEMENTは、ボーカルに元LIP CREAMのJHAJHA、ベースに紅一点のSAKURAというメンバーで、独自路線の素晴らしいハードコアサウンドを聴かせており、ぜひ海外でライブを観てみたいという個人的な気持ちも大きかった。しかし海外にツアーに行くとなると、国内とはわけが違う。いきなりそんなことを言われてもピンと来ないのは当たり前で、はっきりした返答などはもらっていなかったが「考えておいてほしい」というような感じで頼んだと思う。

そんな話をしていた頃に、JUDGEMENTから中心人物であるZIGYAKUが脱退するという話になり、海外ツアーどころではなくなってしまった。さてどうしようかと悩んだのだが、それまで日本で一緒にやって来た鉄アレイも、オリジナルメンバーであるベースのKATSUTAが脱退してしまったために活動していなかった。JUDGEMENTや鉄アレイであれば「BURNING SPIRITS」そのものをアメリカに持ち込めるので、理想的ではあったが断念せざるを得ない。

「BURNING SPIRITS」が無理となれば、そこは京都のWARHEAD以外は考えられない。すでに２００５年にはイギリスツアーを行っており、海外経験もあれば、国内では何度も一緒に全国ツアーをして、常に一緒にライブをやっていて気心も知れている。WARHEADなら、日本のハードコアシーンを代表するバンドとして間違いない。というか、JUDGEMENTと鉄アレイがダメな時点で、俺の中ではWARHEADで決定していた。

そして一緒に行くことが決定事項のようにWARHEADのボーカルJUNに電話をかけたのである。

「一緒にアメリカツアーに行くぞ！」

こうしてWARHEADとのアメリカツアーが決まるのだが、詳しくは自著『ISHIYA私観　ジャパニーズ・ハードコア30年史』に書かれているので、ご一読いただけるとより詳しく分かる。

その前にまず、日本国内へもアメリカのバンドを呼んでツアーを行おうと、２００５年の夏にSTAR STRANGLED BASTARDSとTRAGEDYを招聘した。日本からはWARHEADを誘い、FORWARDとWARHEADはサポートするような形で全国を回り、名古屋から北の新潟や北海道、東北をTRAGEDYと、西側の関西や九州、四国と静岡をSTAR STRANGLED BASTARDSと、という日本ツアーを行った。これはWARHEADと行くアメリカツアーへの流れのひとつであると言えるかもしれない。

久々の日本全国ツアーは、海外バンドとWARHEADという強力メンツのために大成功で終わり、再び日本でも全国ツアーを行うようになるのだが、それは海外バンドが来日するときのみとなっていく。

個人的感覚としては、日本のバンドだけによる日本全国ツアーには限界を感じていて、海外バンドが来日するとき以外にツアーをすることはなくなってしまった。

アメリカツアーを経験したことによって、ツアーの基本を海外に移し、日本も世界のひとつの国として捉えてツアーを組んでいく、といった感覚に変化したと言えるかもしれない。

WARHEADとアメリカへ行くのは決まったが、日本からアメリカに2バンド同時にツアーへ行くのは、オーガナイズする側としてはかなり大変だ。それもこちらから「行きたい」と頼むもので、招聘されたわけではない。

ここで非常に苦労して、このツアーをできるようにしてくれたのがSOUICHIである。アメリカツアー中から様々な根回しをして、次に来る前提で色々な人間とも話をしていたが、今回は2バンドで行くので相当な交渉努力があったはずだ。SOUICHIによって、大きなツアーができるようになるのだが、TRAGEDYというアメリカD.I.Y.パンクシーンのトップとも言えるバンドの協力があったからこそできたツアーでもあるだろう。

TRAGEDEYの凄さは、一緒にツアーを回ってから理解するのだが、それは後述するとして、日本のハードコアバンドが、アメリカで頻繁にツアーができるようになった大きな要因に、2005年からテキサス州オースティンで毎年開催されるようになった「CHAOS IN TEJAS」というフェスの存在がある。

「CHAOS IN TEJAS」は、1999年にアトランタで開始された「PRANK FEST」が元になり、日本からはSMASH YOUR FACEが出演した。2004年にはテキサスで開催され、日本からPAINTBOXが出演した。2005年からは「CHAOS IN TEJAS」として開催されるようになったのだが、日本のバンドで「PRANK FEST」に最初に出演したのは、おそらくSMASH YOUR FACEになるだろう。

2005年は日本のバンドは出演してないが、2004年のPAINTBOXを皮切りに、毎年日本のバンドが出演する世界規模のパンクフェスとなっていく。

それまでにもイギリスで鉄アレイが出演した「HOLIDAY IN THE SUN」という、世界一とも言える大規模なパンクフェスがあったが、「HOLIDAY IN THE SUN」の終了後は、「CHAOS IN TEJAS」が世界一の規模を誇るパンクフェスになっていったのではないだろうか。「HOLIDAY IN THE SUN」終了後は、現在も行われている「REBELLION FESTIVAL」に引き継がれた。2013年に「CHAOS IN TEJAS」が終了したため、現在、「REBELLION FESTIVAL」が世界最大のパンクフェスだと思われる。

海外では昔から様々なパンクフェスが行われていたとは思うのだが、SLIGHT SLAPPERSが１９９７年と１９９８年にアメリカで行われた、SLAP A HAM主催のパワーバイオレンスのフェス「FIESTA GRANDE」に出演した例はあるものの、日本のバンドが出演する大規模なフェスというものがほとんどなかったように思う。

「CHAOS IN TEJAS」は本当にワールドワイドなフェスで、ジャンルもハードコアパンクだけではなく、スキンズやパンクロック、メタルの他にもROKY ERICKSONやDEAD MOONなども出演していた。このフェスがあったからこそ、多くの日本のハードコアバンドがアメリカツアーを行うようになったと言える。

FORWARDとWARHEADのアメリカツアーでは、「CHAOS IN TEJAS」への出演も決定した。

前回のアメリカツアーでフェスの出演はなく、今回が初めての海外フェス出演となるのだが、これ以降、長期海外ツアーを行う際には、必ずと言っていいほどフェス出演を絡めるようになっていく。飛行機代などの金銭的な面が一番大きい理由ではあるのだが、小規模から中規模なフェスでは日本のバンドがメインアクト的な扱いになることも増えていく。

そして「CHAOS IN TEJAS」では、２０１０年にBASTARDが、２０１３年にFRAMTIDが日本のバンドとしてメインアクトを務める。ここまで大きなフェスで、日本のバンドがメインアクトを務めるのは非常に珍しく、快挙と言っても過言ではない歴史に残る事実だと思う。

「CHAOS IN TEJAS」と名称を変更した後に、最初に出演した日本のバンドがFORWARDとWARHEADになる。

これをきっかけに、「CHAOS IN TEJAS」のオーガナイザーであるティミーと親しくなり、多くの日本のハードコアバンドがアメリカでツアーを行うようになる。

このFORWARDとWARHEADのアメリカツアーが行われたのは、東京・埼玉連続幼女誘拐殺人事件の宮崎勤と、オウム真理教の麻原彰晃こと松本智津夫の死刑判決が確定し、プロレスリング・NOAHの絶対王者である小橋建太の、腎臓がんによる試合欠場が発表された2006年だった。

#34

ビフォアショーとアフターショー

２００６年にFORWARDとWARHEADでのアメリカツアーが決定したのだが、TRAGEDYの全米ツアーに、一緒に回る期間がある形になった。

FORWARDとWARHEADはテキサスのフェス「CHAOS IN TEJAS」からの参加で、東海岸のボストンまで行き、そこから飛行機でポートランドへ飛び、２バンドではポートランドとシアトルで3回のライブを行った。

当初の予定では17回のライブを20日間で行う予定だったが、FORWARDは2回、WARHEADは1回、予定にないライブをやったので、滞在日数とほぼ同じ回数のライブを行うツアーになった。

『ISHIYA私観 ジャパニーズ・ハードコア30年史』の第４章＃０３「WARHEADとFORWARD」では、ツアーが22日間で23回のライブと書いてしまったが、３日間の「CHAOS IN TEJAS」で、うち2日はライブがなかった。帰国日以外全ての日にライブをやっていたので、滞在日数よりもライブの方が多い感覚だったのだが、実際は滞在日数とライブ回数はほぼ同じで、本書が正しいデータとなる。

FORWARDとWARHEADは到着した空港が違うために、テキサス州オースティンで待ちあわせることとなっていた。

このときはまだ、メンバー全員が同じ飛行機でアメリカへ行くことができたのだが、ギターやベースなどの機材は持ち込めなかった。年々厳しくなっていたアメリカ入国で、入れなかった場合はツアーができないので、入国審査に引っかかりそうなことは極力やめるように言われていたためだ。

ツアー中に使用する機材を借りなければならないのだが、ここでもSOUICHIが骨を折って手配してくれ、T．Tと当時WARHEADのギターだったKOHKIで1台、ＹＯＵと当時WARHEADのベースだったYOUSUIで1台という、専用の機材を借りてツアーを回ることとなった。アンプやドラムセットはTRAGEDYのもので、機材に関しては毎回借りる相手を探さずに済んだ。前回のツアーの教訓が活かされた形である。

ただし借りた機材なので、慣れるまでに時間がかかるという楽器プレイヤーにとってはまた別の問題があった。必要不可欠なエフェクターなどは持参したので、最低限、自分の音を出せるように用意はしていたのだが。

入国審査では「いかにも俺はパンクスです!」というようなファッションをしないように心がけているのだが、俺はモヒカンで眉毛がなく、しかも髭を生やしているという、全くごまかしが効かない風貌のため、案の定、別室送りになる。

このときは荷物を開けろと言われ、係員がバッグを開けようとしてファスナーが壊れたため「ああ!」とか何とか声をあげたら、まずいと思ったのか通してくれた。バッグのファスナーは、審査を通過してから、何とか自分で直していたが、このときはボロいバッグのために入国できたようなのものかもしれない。

FORWARDのメンバー全員がやっと入国すると、ツアー中のTRAGEDYがダラスの空港に来てくれた。久々の再会もつかの間、その日もライブだというのでテキサス州のデントンへ向かう。

ライブ会場に到着し「久々のアメリカのビールだねぇ~」などと、時差ぼけのままビールなんぞを飲みながら「いや~アメリカといえばピザだよな」とピザを頬張っていると急遽、「出演してくれないか?」と言われる。SOUICHI曰く、UNIT 21のオーガナイズしたライブであった。「俺たちの地元にFORWARDが来たのに、ライブをやってもらわないわけにはいかない」という理由で、すべての出演バンドが、演奏時間を削って俺たちの時間を作り出しているではないか。

そこまでしてくれた気持ちに応えないわけにはいかず、到着した日に急遽ライブをやることになった。ツアー前の、

2006年。TRAGEDY、FORWARD、WARHEAD USAツアーの、TRAGEDYのスケジュールポスター。

いわばビフォアショーだと言えるだろう。

非常に盛りあがった素晴らしいライブになったのだが、急遽行われるライブが、翌日また行われるとは露ほども思っていなかった。


無事ライブも終わり、翌日から3日間行われる「CHAOS IN TEJAS」のために、WARHEADが待つオースティンにあるWORLD BURNS TO DEATHのギターであるザックの家に向かった。

夜中にやっと到着すると、WARHEADが待ち構えていて、ようやくアメリカで会えてかなり盛りあがった。

それまで日本では数え切れないほど一緒にライブをやり、何度も一緒にツアーもやったWARHEADと、海外の待ちあわせで会うという事実には感慨深いものがあった。

当然、その日は地元の奴らもたくさん集まってきて、朝までパーティーとなるのだが、前回と違いWARHEADがいるので、こちらのペースでも遊べるのはなかなか心地良いものがあった。

アメリカなのに日本人が多いパーティーというのも珍しい。今回のツアーは、こんな感じで日本人が多くなる状況がたくさんありそうだ。「日本のシーン」というものがどんなものか、アメリカにも伝わるツアーができるという予感が止まらない初日となった。


いつものように朝まで飲んで、目が覚めると「CHAOS IN TEJAS」へ向かう。

会場はEMO'Sという野外の大きなステージと屋内のステージで、日本ではちょっとお目にかかれないスペースだった。ふたつのステージを使って3日間にわたるライブが行われる。その後、年々規模を拡大していく「CHAOS IN TEJAS」だが、このときは初期で、まだこの会場だけだった。

終了後にはアフターショーが行われていた。これも初体験で、大きなフェスでは、終了後に別の場所でもライブがあるのが当たり前だ。3日間ともなると至るところでライブが行われる。遠くから来た人間でもとことん楽しめるようなシステムだから、それだけ多くの人が集まるのだろう。これはかなり面白いライブになりそうだと思っていたら、ザックが急遽「今日、俺の家でライブをやらないか?」と言ってくるではないか。俺たちが泊まっている家の、俺たちが寝ているリビングでライブをやるという。

マジか。前回のツアーでハウスショーの経験はあったが、泊まっている家の、それも寝ている場所でライブとは。しかし俺たちもWARHEADも断りはしない。「んじゃ一丁やってやるか!」と気合いを入れて家で待っていたが、いつになっても誰も来ないどころかザックすらいない。

「本当にライブやるのか?」と思っていた夜中の3時か4時頃だと思うが、ようやくザックが帰ってきて、ドラムセットやアンプなども到着する。するともう朝方だというのに、続々と人が集まってくるではないか。どうやら他でアフターショーをやっていたらしく、終わってから来たようだ。俺たちのライブはアフターショーのアフターショーになる。もうわけが分からない。これがテキサスで、これがアメリカのフェスなのか!

前回のアメリカツアーで経験した、ライブ後のホームパーティーの延長のような形で、バンド演奏までするのだが、これがまた盛りあがるので楽しかった。

しかし終わった後は、昨日俺たちが寝ていた床が、ビールなどでぐちゃぐちゃなので隙間を探して眠るしかない。

こうして「CHAOS IN TEJAS」の初日が終了。一体どんなツアーになるのか楽しみだ。

今回のツアーも、第2章のように詳細に書いても良いのだが、基本的なアメリカのツアーは十分に説明できたと思うので、印象的だった出来事や、2度目だからこそ感じられたアメリカなどを抜粋したいと思う。

前回のアメリカツアーを経験していたので、多少の慣れもあったと思うのだが、TRAGEDYというアメリカ

D.I.Y.パンクシーンのトップバンドと回ることで、アメリカがさらによく理解できたツアーであった。さらに、後に繋がるアメリカツアーのやり方を覚えたツアーであり、前回とは違った感覚も吸収できた。

CHAOS IN TEJAS

#35

ツアーで初めて出演した「CHAOS IN TEJAS」というフェスは、基本的にハードコアパンクを中心に構成されたラインナップで開催される。

FORWARDとWARHEADの出演した2006年は、DEAD MOON、DICKS、TRAGEDYがメインアクトとなり、3日間にわたり行われた。フライヤーなどでは総勢20バンドほどの出演だが、もうひとつの別の企画のような感じで、EMO'S内にある屋内ライブ会場でも様々なバンドが出演していた。

恐らく「CHAOS IN TEJAS」の一環だと思うのだが、そこにはイギリスのスキンズバンドの大御所THE BUSINESSや、中国のパンクバンドBRAIN FAILUREなども出演していて、やはり3日間行われていた。そちらも合わせると総勢40バンドほどのフェスだったと思う。

会場のキャパとしては、野外のステージで700〜800人ほどが入れるぐらいで、屋内ステージでも200〜300人程度のキャパはあっただろう。

日本とは違って、部屋や建物の造りが大きいアメリカでは感覚が変わってしまうために、ひょっとしたらもっと大きいかもしれない。会場には各バンドの物販スペースのほか、レコードショップやTシャツ屋などかなり多くの出店がある。バーコーナーもいくつかあって、フードを売っているところもあるので、酒や食べ物を買うのには困らない。観客が座れるひな壇や、中庭にテーブル席もあるのだが、会場内は常に人でごった返しているので、座る場所を探すのはひと苦労する。優に1000人を超える人間が徘徊しているようなフェスだ。

前回のアメリカツアーで感じたのだが、アメリカ人はみんな、パーティーでほとんど座らない。ライブでも観客は、バーなどで飲むときも立っていることが多い。長丁場では座りもするが、立って片手に飲み物を持ち、何人かで集

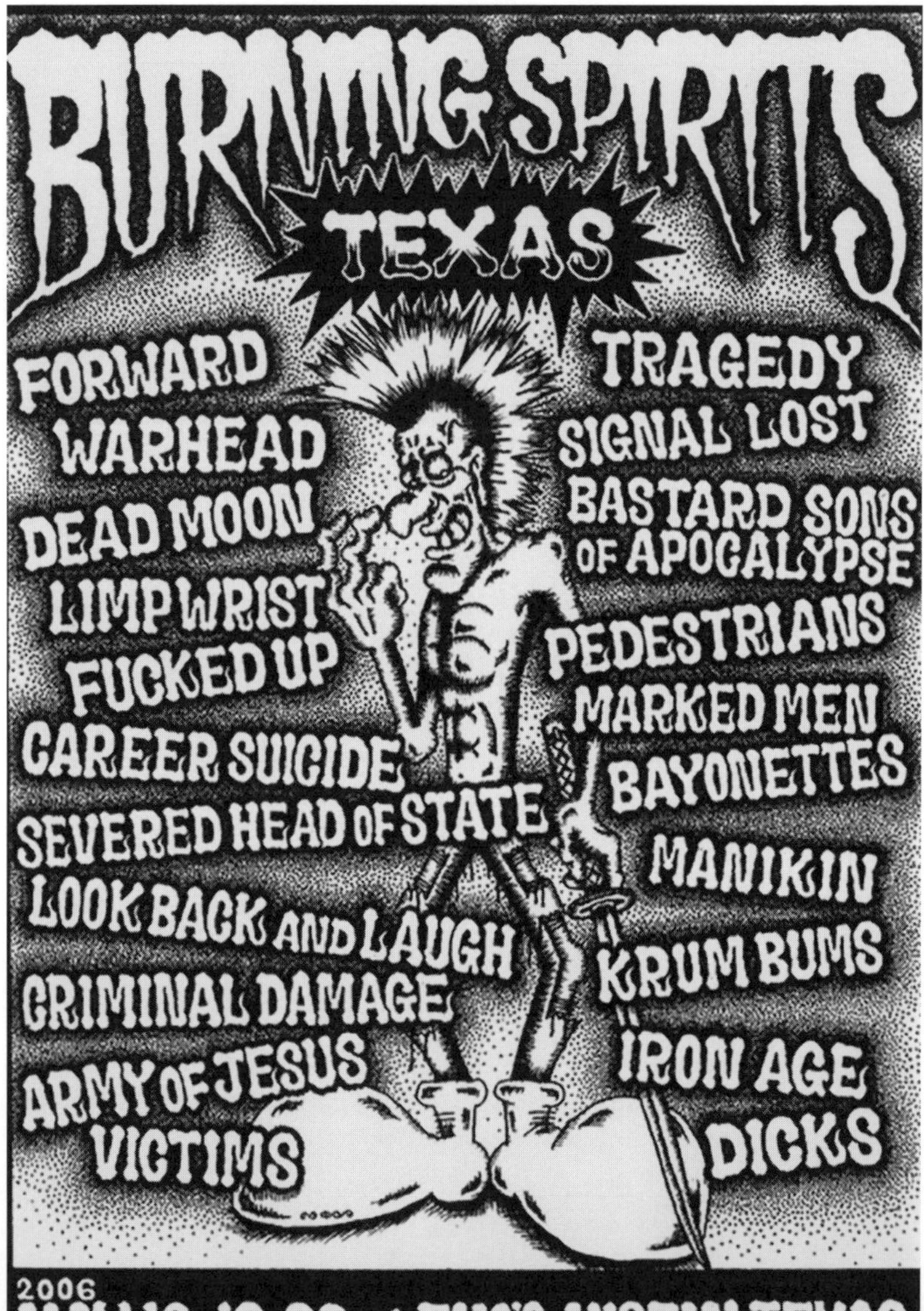

2006年。FORWARD WARHEAD USAツアーでのテキサス「CHAOS IN TEJAS」のフライヤー。日本でいつも「BURNING SPIRITS」のフライヤーを描く中さんによるもの。

まって歓談している光景が至るところで見られる。俺はこれが、基本的なアメリカンパーティーのスタイルだと思っている。

日本人の文化では座って飲む場合が多く、野外で飲むときでも花見のように車座になったりする。座れる場所を見つけ集団で陣取る俺たちは、会場内で異質な雰囲気を醸し出す一角を形成した。初めてのフェスで勝手がわからず、みんなで固まっていたと思うのだが、観客も少し遠巻きに俺たちを観察しているような感じである。

そんなときでもやはりSOUICHIはフラフラとどこかへいって、アメリカ人たちとビールを片手に立って歓談している。完全に溶け込んでいる様子だ。英語もかなり流暢に話せるので、相手も安心して、話も盛り上がるのだろう。

俺もせっかくのフェスだからと、会場内をぶらついてみた。するとアジア人というのもあるとは思うが、色んな奴が話しかけてきて、その場で対応するという状況が多発した。

俺を知っている人間も多く、話が盛りあがり、俺のつたない英語は正しいか分からないが、コミュニケーションは取れるようになってくる。会話で分からないことは多いが、分かる言葉を繋げて理解して、分かる言葉で返す。互いに分からないときには正直に言って説明しあうと「おお？ 俺も立ってビール片手に歓談するアメリカンスタイルを実践しているではないか！」と、何やら楽しくなってくる。

調子に乗って知らない奴に話しかけているうちに完全に慣れていき、物販で何かを買ったり、知らない奴らと馬鹿騒ぎしたりと、かなり楽しめるようになった。

おまけに悪い奴も寄ってきて「○○あるけどいらないか？」などと言ってくる。何でもありの状況だ。

「すごいなアメリカのフェスは」と思いながら、ふたつの会場を行き来しながらバンドを観ていると、知らない、素晴らしいバンドが多くいた。「フェス」の面白さを実感し楽しみっぱなしだった記憶である。

このフェスに出演していたSIGNAL LOSTのボーカルであるアシュリーという女性は、前回のツアーのフィラデルフィアで泊まった家の、革ジャンの背中にTHE COMESと書いてある子だった。革ジャンを見て一発で分かり再会を祝ったのだが、バンドもめちゃくちゃカッコよく、レコードも購入した。

さらに泊めてもらっているザックがギターを弾いている、WORLD BURNS TO DEATHもかなりカッコ良かった。そして、そこのボーカルであるジャックが、TRAGEDYのギター・トッドと、DETESTATIONや DEFIANCEのベース・ケリー、SIGNAL LOSTのドラム・クリスとでやっている SEVERED HEAD OF STATEというバンドもめちゃくちゃカッコよかった。日本では知られていない素晴らしいバンドが、アメリカにはまだまだたくさんいるんだなと感心したフェスでもあった。

最終日にFORWARDとWARHEADが出演したのだが、自分たちはさておいて、WARHEADの凄まじさがとんでもなかった。やはりこいつらとアメリカに来てよかった。「一緒にアメリカツアーをやるバンドにWARHEADを選んだ俺は間違いない」と自画自賛できるほど、観客にもアメリカにも衝撃を与えるライブだったと思う。

そして最終日の大トリは TRAGEDYだ。TRAGEDYのアメリカでの人気は凄まじく、観客は1番の盛りあがりを見せていたと思う。ジャパニーズハードコアに多大な影響を受けたと思えるサウンドが、アメリカでこれだけの支持を受けていることにも驚いたし、観客はTRAGEDYの生きる姿勢を知って感銘を受けているとも感じられた。

アメリカD.I.Y.シーンのトップにいるバンドとは、これほどまでに凄いのかと感心していたのだが、俺はもうひとつの屋内会場に出演していたTHE BUSINESSがどうしても観たかった。申し訳ないがTRAGEDYは途中までで、HG FACTの佐藤君やメンバーに物販を頼み、焦ってTHE BUSINESSの会場に駆け込んだ。

すると大好きな曲「HARRY MAY」をやっているので、歌いながら拳を挙げてノっていると、観客たちが皆こちらを見て不思議そうな顔をしている。

「TRAGEDYがやっているのに、なぜパンクスのお前がこっちにいるんだ?」とでも言いたげだ。THE BUSINESSというスキンズの観客達も、TRAGEDYの凄さや人気を知っているようだった。

しかし俺はTHE BUSINESSが大好きなので、歌いながらノっていると、俺の肩を組み一緒に歌い出す観客まで出てくる。こいつは楽しい！

俺が会場内唯一のアジア人かと思いきや、何やら派手なモヒカンで鋲ジャンのアジア人がいる。「あれ？ こんなバンド出てたかな？」と思っていたら、THE BUSINESSとアメリカツアー中の中国のパンクバンドBRAIN FAILUREだという。

THE BUSINESSがあまりにもカッコよく、Tシャツを買おうとしたら、物販をやっていたアジア人が話しかけてきた。

「FORWARDの方ですよね？」

日本語じゃないか！

「え？ 日本人？ こんなとこで何してんの？」

「いや、BRAIN FAILUREのスタッフでツアーに来ているんですよね」と、そんな会話をしたように思う。思わぬところで日本人とも出会い、THE BUSINESSのTシャツも無事購入。

「あ、そうだ！ 物販やらなくては！」と急いで野外会場に戻ると、ライブは終わっていて物販に人だかりができている。

ツアー初日の物販は地獄だった。多くの製品が分けられていないまま段ボール箱ごと渡されるので、売るときに非常に苦労する。前日などに届いてくれればいいのだが、このときは確か当日で会場入りしたときに物販スペースに段ボール箱があり、始まる前まで多少はまとめたのだが、間に合わないほど売れている。

このときの「CHAOS IN TEJAS」では、日本でいつも「BURNING SPIRITS」のフライヤーの絵を描いてくれる、中さんが描いてくれた絵のTシャツも別の物販で売っていて、もらうためにはこちらのTシャツと交換だという。経理担当のTRAGEDYのヤニックを探したが見当たらない。中さんが描いたTシャツは欲しいが物販をしなくてはならない。ヤニックがいないのでTシャツをもらう交渉は難航、物販ではどの箱に何のTシャツがあるのか分からない。サイズ別の枚数も把握できず、ブリトーロールにしたTシャツは既にない。CDとレコードもあり、もうてんてこ舞いだ。

こんなのも久しぶりだ。また明日からTシャツをブリトーロールにして、ピザを食うロングドライブの日々が始まるのか。やっとツアーの本番がスタートした。いやー久々のアメリカは、やっぱり面白い。

しかし会場の周りは、夜になると別の顔を見せる危険な地域でもあった。

基本的アメリカツアー事情

#36

「CHAOS IN TEJAS」の会場EMO'Sのある場所は、昼間は何てことのない普通のアメリカの地域なのだが、夜には柄の悪いアフリカ系アメリカ人だらけになり、非常に危険な街になる。

テキサス州はアメリカの中でもちょっと違った地域で、ニューヨークから来た人間が「テキサスに来たら銃を撃ちに行かなきゃな」というぐらい、銃が日常に密接している街でもある。

他の街にも銃はあるのだが、テキサスはより身近に銃を感じる地域ではあった。実際その後のツアーで何度も泊めてもらう、WORLD BURNS TO DEATHのベーシストであるクレイグの家には、何丁もライフルがあった。銃の所持率が高い街だろうと思う。

BASTARDが出演した「CHAOS IN TEJAS」のときには、みんなで銃を撃ちに行ったようだが、俺個人は何度もテキサスを訪れているものの、銃を撃ちに行ったことはない。観光名物かと思うぐらい、テキサスに行くとみんな銃を撃ちにいく。

BASATARDが「CHAOS IN TEJAS」に出演した２０１０年には、会場の周りで暴動が起きていて、その様子は自著『ISHIYA私観 ジャパニーズ・ハードコア30年史』に書いているが、正直に言って夜間に外出するのは緊張する街である。

FORWARDとWARHEADで出演したときも、ライブ終了後に物販や機材を積み込んでいたら、もの凄い数のアフリカ系アメリカ人が練り歩いていて、どかずに何人かでずっと笑いながら立ち話などをしている。

TRAGEDYも含め３バンド分の機材と物販があるので荷物が非常に多く、車に積み込んでいるときには機材から目が離れることもある。

どう考えても怪しい雰囲気のため、俺は周りを気にしていたのだが、何人かで話しながら、壁に立てかけていたギターにジリジリと近づくグループがいる。とっさに「そのギター危ないから持ってて」と日本語で声をかけ、ギターを持つとその集団がいなくなるなど、一瞬も気が抜けない。

やっとのことで荷物を積み込み終わって、俺はオーガナイザーのティミーに用事があったので待っていると、TRAGEDYの連中が「ISHIYA! 車の中へ入れ！ そんなところに立っていたら危ない！」と、車の中へ入れられる。ティミーがやってきて用事を済ませたが、待っている間の車の周りはアフリカ系アメリカ人だらけで、TRAGEDYの連中すら外を見ず目を合わさないようにしている。俺のために、こんな危険な場所に30分ほど滞在させるなんて悪いことをしてしまったが、BASTARDのときには乗っていた車をずーっと揺らされていたというので、まだマシだったのだろう。

前回のツアーのオークランドほどではないのだが、アメリカはどんな場所でも気が抜けない。特に夜は危ない地域が多い。街灯がオレンジだというのもかなり雰囲気が違っていて、どうやらオレンジの街灯の地域は危険な場所が多いという。EMO'Sの周りは全部オレンジの街灯だった。

2度目のアメリカツアーが始まったのだが、今回は地元アメリカのバンドであるTRAGEDYが一緒なので安心だ。自分たちでレンタカーを借りる必要がない上に、運転は前回プロヴィデンスやフィラデルフィアで運転してくれた、DROPDEADのベンがやってくれるという。佐藤君が来てくれているので物販も任せられるし、TRAGEDYと一緒なら泊まる場所がないなんてことはあり得ない。ライブに集中できる環境というだけで、かなり素晴らしいツアーだ。

車では助手席にTRAGEDYのギターボーカルであるトッドが乗り、助手席以外の後ろの4列にFORWARDとWARHEADに佐藤君、TRAGEDYのベースボーカルであるビリーと、スタッフなのかなんなのかよく分からないが、女の子がひとりという大所帯だ。

他のTRAGEDYのメンバーであるギターのヤニックとドラムのポール、スタッフでイギリスからきたスペイン人のパコは、自分たちのTRAGEDY号で移動する。トッドはその車に乗ったりもする。ちなみにギターボーカルのトッドと、ドラムのポールは兄弟である。

アンプや楽器、荷物はコンテナ車に積み込み、俺たちが乗っている車で牽引しながら移動するので、前回のように荷物を屋根にくくりつけてブルーシートで覆ったのとは違い、雨に濡れる心配もない。

しかしこの座席がベンチシートで、リクライニングもなく硬い。前後の幅も狭くかなりギュウギュウ詰めだ。まぁしかし、車に何の心配もいらないのは、前回と比べれば天国だ。

こんなときに活躍するのは、飛行機などで使う首に巻く枕、ネックピローだ。これさえあれば車の中でも問題ない。一度経験した糧はここでも活かされた。おまけに今回は、寝袋の他にキャンプ用のマットレスも持参している。どこでも寝られる上に、快適さも追加された。

基本的にFORWARDのようなドサ回りの場合は、寝袋は必須アイテムで持っていなければツアーはできない。寒さなど気温のほかに、海外は家にも土足で上がるために床が汚い場合が多い。それを承知で床で寝られるならば、寝袋は必要ない。アメリカで泊めてもらえるほとんどの家では、リビングで寝る。土足文化なのでソファーがある場合が多いが、大人数で回るツアーでは、毎日ソファーで寝られるわけではない。

おまけにパーティー文化のアメリカだ。トッドがいつもソファーに寝ないので何故なのか聞いたときに「あのソファーでパーティーのときに何が行われているか想像するだけで、そこでは眠れない」と言っていた。何が行われているんだろう。

たまにはベッドがある快適な家もあるが、ほとんどは床に寝袋で寝る。耐えられない人間は、このようなツアーには行けないだろう。潔癖症や枕が変わると寝られないと言っていられないのが、俺たちがやってきたツアーだ。

シャワーも毎日など浴びられない。1か所に大人数で泊まることも多いので、全員がシャワーを浴びていたら何時間かかるか分からない。おまけにたくさんの人間が押し寄せるパーティーの最中にはシャワーも行き辛い。慣れれば行けるようになるが。

チャンスや隙を見つけシャワーを浴びるのだが、これがまた日本と違うシャワーばかりで苦労する。チョロチョロとしかお湯が出なかったり水しか出なかったり、どうすればお湯や水が出るのか分からないときもある。固定のシャワーがほとんどなので、ケツを洗うのが大変だ。アメリカ人たちはいったいどうやってケツを洗うのだろう？　海外のシャワーは体験すると面白いと思う。

毎回、泊まる家でシャワーに入った人間がいると「ここのはどんな感じ？」とみんなで聞くようになる。家によって様々なシャワーの違いがあるのだ。

「今日のシャワーはピシーっとお湯が出るからいいよ～」

「今日はダメだ。お湯が出ねぇ」

など、浴びた人間が家のシャワー情報をみんなに伝えるのも、恒例となっていく。サッと浴びられるならば朝浴びるのが一番良いが、これも慣れと臨機応変な対応が必要だ。

もちろんトイレにウォシュレットなどはないし、詰まることも多い。アメリカのトイレは扉の上下に隙間があり、犯罪が行われないように可視化されているのだが、扉がないトイレ、隙間だらけで目隠しの意味が全くないトイレも多い。日本のトイレ事情に感謝することになるのは間違いない。

洗濯するのもタイミングや環境を見極めなければならない。アメリカは洗濯物を外に干さないので、どの家にも乾燥機があるので安心だが、最初の頃はシャワーついでに足で踏んで洗濯して干していたりもした。

ツアーというのは生活だ。生活環境の違いも楽しめなければ、どんなに強い思いでも伝えるのは難しい。いつものように、思い通りにいかないなんて当たり前で普通なんだ。鍛えられるのか慣れるのかは分からないが、ツアーに行くと精神が成長する。

旅行とは違うし貧乏であるが、そこには音楽がありバンドがあり、仲間がいる。そして言葉も違えば文化も違う、初めて会う外国人でも受け入れてくれる新しい友人や観客たちがいる。

こんな楽しくて素晴らしいことを、やめられるわけがないだろう。それまで日本でツアーをやってきたが、海外に行って再び、俺はツアーの魅力に取り憑かれてしまった。

ガイジン体験

#37

テキサスが終わった後は、アメリカ南部の中心部に近いテネシー州メンフィスやミシシッピ州ルイスビルでのライブだ。初めて行くアメリカの地域だが、テネシーはTRAGEDYのビリーの地元だという。テキサス州オースティンから車で10時間ほどの場所だ。この辺の州は公共の場の飲酒にかなり厳しくすぐに逮捕されるようなので、車の中でも常に飲んでいるWARHEADのＪＵＮは、隠して飲むように注意されていた。それでも飲んでいたが。

かなり田舎の牧歌的な雰囲気なのだが、映画などで知る限りＫＫＫなどの白人至上主義が盛んな地域で、人種差別が如実（にょじつ）にある地域なのではないかという不安もあった。

田舎ということもあって、メンフィスでの観客は１００人いるかいないかぐらいの感じだ。会場は広めで、この人数でもかなりの動員だという。ルイスビルではもっと広い会場のオールエイジショーで、昼からやっているライブで観客も２００人以上いたので、メンフィスの方が田舎のように思えた。

TRAGEDYのアメリカでの観客動員数は凄まじい。どこでも３００人は当たり前で、大きな街ではかなり広い会場でも超満員になる。どの街でもTRAGEDYが来ることを楽しみにしている観客がたくさんいて、オーガナイザーの扱いも前回来たアメリカツアーのときとは雲泥の差がある。

メンバーが言っていたところでは、ツアーをやっていれば食うには困らない収入があるとのことだった。しかし、基本的にオールエイジショーが多いTRAGEDYのライブは、入場料が安い。6〜8ドルで、オールエイジショーではない場合には10ドルのときもあったと思うが、日本円で千円前後というチケット代は破格だ。

後年だったと思うが、「CHAOS IN TEJAS」でもTRAGEDYが出演する日だけは入場料が安かった。TRAGEDYのアメリカでの影響力は大きく、聞くところによればハリウッド映画から主題歌のオファーがきて断ったこともあるという。超大物バンドといえる存在だ。

なぜ低価格でライブができるかというと、ハードコアパンクバンドだというのはあるのだが、会場費用がほとんどかからないからだ。ライブ会場はドリンクの売り上げで運営されるのが大半で、よほど大きな会場でなければ会場レンタル費がかからない。

ガソリン代も安く、高速道路の料金もほとんどない。さらに友人の家に泊まるので宿泊費もかからず、晩飯代と夜の酒代もほとんど必要ないのだ。飲む量にもよるが。

その上、毎日ライブで収入がありオフがないために、金を使うことといえば朝飯と昼飯ぐらいで、観光にも行かないので余計な出費はない。変なものを買わなければ。

殺人的なスケジュールの理由もよく分かる気がするが、体は非常に疲れる。ツアーも中盤ともなると、車の中がホテルのようなもので移動中の爆睡が常だ。体は伸ばせないが。

しかし、様々なフレンドシップの中に、バンドに対するリスペクトと相互扶助関係が成り立っていて、音楽をやるには適したお国柄であるのは確かだ。そうでなければ、いきなり家でライブなどできないだろう。

一般家庭にも音楽があるのが普通で、家のガレージでおじさんたちがバンド演奏しているのも日常だ。車では持っている音楽に飽きると、ラジオをかけることもある。するとAC/DCなどのハードロックが当たり前に流れていて、ハードロックやロックと言われるジャンルの音楽が、日本のJ-POPなどの歌謡曲のような感覚であるのも驚いた。

まぁ一緒にいる人間で違うとは思うが、激し目の音楽が一般に浸透しているのも、アメリカという国の特徴のように思う。

アメリカでは、メインとそうでないバンドの扱いもはっきりしている。フライヤーやポスターでも、一番大きく目立つ場所に名前を書かれるのがメインのバンドになる。ＡＢＣ順でもないし、露骨に文字の大きさも違う。

分かりやすいのだが、このツアーではTRAGEDYがほぼメインの扱いだったので、悔しい思いがあったのも事実だ。それを糧にしてがんばれるという面もあるので、これはこれで面白いとは感じている。

扱いは食事やドリンクにも表れていて、今回はTRAGEDYのメンバーが全員ヴィーガンという、肉と魚介類、乳製品や蜂蜜などの動物性食品を一切食べないために、オーガナイザーが食事を提供してくれることが多かった。

どの会場にもバーがあるので、ドリンクチケットがもらえたり、楽屋に酒などのドリンクが豊富に用意されている。前回も同じような待遇のライブはあったが数える程であり、ほぼ毎回、食事や酒が提供されるのは初めてだった。到着したときとライブ後にも、食事を提供してくれるところもいくつかあるほど素晴らしいホスピタリティだった。

飯にはほとんど金がかからず酒も飲めるので、ツアーバンドには非常に助かるシステムになっている。

この辺りの食事やドリンク事情は、後年のアメリカツアーでも定着していたので、前回のようなツアーが珍しいパターンだったのだろう。もしくは、この後ツアーでFORWARDが何度もアメリカへ行っているために、歓迎の意味も込めて色々用意してくれた可能性もある。

確かメンフィスかルイスビルのどちらかで、泊まる家で、「全員が泊まれないので、ふたりは車で寝てくれないか？」ということになった。それはそれで面白そうなので、俺とWARHEADのKOHKIで「俺たち車でいいよ！」といって、車で寝ようすると警察がやって来た。

どうやら田舎町の閑静な住宅地で、大人数が何やらガヤガヤしているので通報されたらしい。

まだベンがいたので「お前たちは早く中へ入れ」と言われ家に入った。だが、ベンがなかなか帰って来ない。話が長引いているようだが、大丈夫だろうか。心配になるくらいの時間が経過しているが、俺たちは「様子を見に行くな」

と言われる。

ようやくベンが帰ってきたが、どうやら「中の人間を調べさせろ」などとかなり難癖をつけられたらしく機嫌が悪い。

ベンのおかげでことなきを得たが、この辺りの警官は白人至上主義者が多く、有色人種に対しては露骨な態度を取るという。露骨に差別ができるので、警察官になる白人至上主義者も多いとも聞いた。通報でアジア人と言われたのかもしれず、それで話が長引いたのだろう。

ベンはしきりに「FUCKIN' COPS!（警察のクソったれめ！）」と言っていて、翌日のドライブ始めの1曲目がBASTARDの「Dear Cops」で、拳を上げて大合唱していたので、相当腹が立ったのだろう。

夜にみんなで飯を食いに行ったときも、気のせいかもしれないが、席は空いていて座れるし、ＩＤを見せて未成年ではないのが分かっても、アジア人だからなのか入れなかったように思えた店もあった。

日常的な差別があるのがアメリカの現実だが、こうした体験をすると日本国内でも外国人に対しての思いは変化する。

それまで何とも思わなかった、駅で行き先がわからなくなっている海外からの観光客や、階段で大きな荷物を抱えている人を見ると声をかけたりするようにもなり、コンビニなどで働く外国人の凄さにも気づくようになった。

まぁ当たり前のことなのだが、そんなことすら気づいていなかった自分という存在を見つめ直せるのも、海外経験だと思う。

海外に行けば俺たちが「ガイジン」だ。認識としては理解しても、体験するのとしないのとでは大きな違いがある。

海外で「ガイジン」になった自分が、どれだけ不安でどれだけ分からないことが多いかを経験すると、自分にある思いやりや優しさが目覚める。自分のことのように他人を思える感覚が養われると、人生が豊かになる。

他にもアメリカはレディーファーストの国なので、女性に対して優先的にドアを開けたり、通り道を譲ったりというのが当たり前だ。それに慣れてくると、日本にいて焦って急いでいる自分がおかしく感じる。

スーパーなどで買い物をしていて、行列になっていてもレジの店員と客が話し込むなんて当たり前で、そこでイライラするような人間はいない。全く知らないコンビニやスーパーの店員も、普通に話しかけてくるし、色々な面でおおらかなのもアメリカという国の特徴だと思う。まぁでも、飯屋などで適当に全部イエスと言っていると、頼んだ覚えのない大量の飯になることはあるが、それも経験だ。

何度行っても海外は得るものが多い。日本との違いを経験することは、視野や心が広がり、考え方も変わってくる。それが自分にとって良いことだと感じられる経験ができるのも、全て仲間たちのおかげである。仲間がいて良かった。

TRAGEDYというバンド

#38

今回のツアーはTRAGEDYがメインの扱いで、どの場所でもセッティングがTRAGEDY用になっている。

4人編成のバンドは、ボーカルとコーラスでマイク3本というのが基本だ。このときのFORWARDは5人編成のツインギターなので、4本のマイクが必要だ。最悪3本あれば何とかなるのだが、TRAGEDYはツインギターのひとりであるヤニックがマイクを使用しないため、スタンドつきマイク2本というセッティングで、俺たちは毎回マイクを追加してもらわなければならない。

前回のアメリカツアーで分かっていたことではあるが、機材には限界があり、余分なマイクが用意されていない場合もある。結局、TRAGEDYと同じセッティングでやらなければならないことも多かった。

順番もTRAGEDYがメインでトリのため、確かツアー中盤のクリーブランドだったと思うが、悔しく感じたJUNが「俺らは前座とちゃう！」と、激しく詰め寄ることもあった。

TRAGEDYは、順番にこだわりはなく、オーガナイザーに言われた通りでやっていただけなので、「今日は順番を変えよう」と言ってきた。俺は個人的に、何とも思っていなかったので「じゃあ俺らが最初にやるよ」と、JUNの気持ちがずっこけるような提案をした。

今考えてみると、ツアーの目的は日本のシーンを伝えるためで、ここはJUNの気持ちの通り、俺たちかWARHEADがトリでやっても良かったと思う。

このときの俺は、苦労してツアーを組み、金銭面も気を使ってがんばってくれたTRAGEDYに文句などひとつもなかった。元々、順番という序列のようなものに縛られるのが嫌でバンドをやっているので、思った通りの提案をしただけだ。観客もTRAGEDYを楽しみにしているし、そんなことはないと思うが帰られても困る。

俺たちを観てもらうことが優先で、TRAGEDYの前に出演すれば目的が果たせる。しかし、JUNの気持ちも痛いほど良く分かる。繊細な話のために、通訳したSOUICHIも大変で、結果的に日本側の意思決定は俺に一任された。そして前述のようなことになったが、TRAGEDYはしきりに「本当にいいのか？」と言ってくれた。

アメリカツアーも中盤に差し掛かり、疲れもたまり精神的にも金銭的にも辛くなってきていた時期だと思うが、このときに腹を割って話したおかげで、様々な問題が解決したのはＪＵＮのおかげであると思う。知らない土地の不安を、分からないままにしておかないＪＵＮという人間の素晴らしさを、改めて再認識したときでもあった。

そのあとにSOUICHIは色々フォローしたとは思うが、２００５年の日本のツアーでTRAGEDYと回ったときも、内容は違うが同じような雰囲気のときがあった。しかしTRAGEDYは「そんな細かい話はしなくても大丈夫だ。俺はお前たちを信用している」と何も言わなかった。俺もTRAGEDYというバンドを心から信用していた。


TRAGEDYという影響力のあるバンドとツアーすることで、アメリカにFORWARDを知らしめることができた。前回から2年、短い間隔での再渡米であり、アメリカのパンクスにとって名前しか知らない、もしくは全く知らないようなWARHEADというバンドが同行したのも大きかっただろう。全体的な動員数から見ても、日本のハードコアの現状が、かなりアメリカに伝わったツアーだったと思う。

そしてTRAGEDYのメンバーは、非常に気を使ってくれ、地元のバンドと一緒にツアーすることは、「これほどまでに安心できるものなのか」と感じることも多かった。飯を食いに行くにしても、TRAGEDYは日本を知り、「打ち上げ」という日本文化を理解していて、飯を食いながら酒を飲める店や、自分たちはヴィーガンにもかかわらず、俺たちが食べるので肉を出す店に連れて行ってくれた。

さらにアメリカ文化にはチップというシステムがあるが、俺には習慣がないため、よく忘れてしまう。映画『ブルース・ブラザーズ』のARETHA FRANKLINが働いていたような、クリーブランドで夜中にやっていたボロいホットドッグ屋でも、俺が忘れると「ISHIYA、チップ」と教えてくれる。自分たちがヴィーガンでも押しつけることなく、行動で示してくれるので、俺は彼らの生き方をこのツアーで理解できるようになった。

おかげで俺は今、ヴィーガンなのだが、TRAGEDYがいなければヴィーガンになるという選択肢が人生になかった。素晴らしい生き方を教えてくれたTRAGEDYには、心から深く感謝している。


しかしアメリカで絶大なる人気を誇るTRAGEDYでさえ、行ったことのなかった街があった。それは冒頭にも書いた、FORWARDが初めてハウスショーをやったミシガン州アナーバーだ。

今回のアナーバーはハウスショーではなく、ライブハウスだったのだが、驚くことにエンジニアがTHE STOOGESもやったことのある人だった。THE STOOGESの大ファンである俺とJUNは大喜びをしてライブのテンションも爆上がりだ。観客もかなり来ていて、音もかなり良く素晴らしいライブになった。

FORWARDは2回目のため、知っている客も多く、それも盛りあがる要因となった。ひょっとしたらTRAGEDYより盛りあがったかもしれない。アナーバーのライブは意味のあるものとなった。

ヤニックは終わった後に「こんな小さな町に100人もきたぞ！　信じられない」と、ものすごく驚いていた。俺たちは前回来ているのでこの街の観客の雰囲気も知っていたため、このときだけはTRAGEDYの先輩のような気分になり、ちょっと面白い日でもあった。


WARHEADとの日本のツアーでは、ドラムの荒木が酒番長で、打ち上げなどでも大酒飲みの荒木は目立つ存在なのだが、アメリカではおとなしい。どうしたのかと思っていたが、やはり環境の違いは荒木でさえも影響があるらしく、いつもと違う。いつも誰か捕まえては飲んだくれている荒木なのだが、英語が通じなければ捕まえることができない。パーティーなどでも早々に寝る荒木が面白くて仕方がなかった。

そのあたりはT．Tが敏感で、いつも荒木と一緒にいたと思うが、メンバー全員で色んな部分をケアしながら回るのも、慣れた日本のツアーとは違い新鮮だった。

シカゴで誕生日を迎えた荒木は、その日の朝方、タバコを吸いに外へ出てオートロックに鍵がかかってしまう。みんなは寝ていてしばらくの間締め出されて、野糞をしなければならない誕生日になって大笑いした。そのときはＪＵＮが気づいてやっと入れたようだが、日本では考えられないようなことがたくさんある。同じメンバーでのツアーでも、国が変わるだけでここまで違いが出るものなのかと思ったが、どのメンバーでも同じだったと思う。

ああ、でもＹＯＵはいつものように変わらなかったかもしれない。みんながいるので安心感もあっただろうし、ベースのプレイもかなり素晴らしかった。しかし、このときのＹＯＵは肝臓が悲鳴をあげていて「腹の周りに鉄板が入ってるみたいだ」と、だいぶ症状がやばかった。

アルコールを摂取していないと起きていられず、動けない状態だった。車に何日も放置され、ぬるいのを通り越して温まったビールでさえ飲んでいる。そうしないと体が無理な状況になっていた。ライブでは素晴らしい演奏とポテンシャルを発揮するので、体調には気づいてやれなかった。あれがその後のＹＯＵの体調に響いているのかもしれない。

しかし、俺たちはやるしかない。ニューヨークでは、閉店の決まっていた超有名老舗ライブハウスCBGBでのライブだ。大好きなTHE STOOGESやPATTI SMITH、RAMONESやRICHARD HELL、ハードコアでもBAD BRAINSやAGNOSTIC FRONTなどなど、多くの素晴らしいバンドが成長してきたライブハウスである。

正直言って今回のツアーで一番気合いの入るライブである。待ってろよニューヨークCBGB！　めっちゃめちゃのぐっちゃぐちゃにしてやるぞ！

ニューヨークシティCBGB

ニューヨークのCBGBに到着する。しばらくすると、DISASSOCIATEのボーカルであるラルフィがやってきた。SOUICHIが高知でやっていたバンドのINSANE YOUTHとカップリングシングルを出していて旧知の間柄であり、来日ツアーの経験もある仲の良い友人だ。

どうやらラルフィはニューヨークのこの辺りでは顔が利くらしく、色んなところへ連れて行こうとするのだが、まだライブが始まってもいないので「終わったあとでな！」と集中する。

ニューヨーク・マンハッタンで、パンクのライブハウスといえばCBGBである。過去には日本のバンドでもThe GAIAやASSAULTなどがライブをやっているほか、パンク以外にも多くのバンドが出演している超有名ライブハウスだ。ニューヨークのアンダーグラウンドシーンを支え続けた、歴史的にも重要なライブハウスで、CBGBから様々なムーヴメントが生まれた。

俺たちがやっている「ハードコアパンク」という音楽も、元はパンクロックから派生したものであり、パンクロックといえばイギリスのSEX PISTOLSやTHE DAMNED、THE CLASHなどが最初だと思われることも多いが、それ以前にこのCBGBを中心に、ニューヨークで産声をあげた。厳密にパンクとしての始まりはRAMONESになるのかもしれないが、PATTI SMITHやRICHARD HELL、TELEVISION、TALKING HEADSなどのニューウェイヴともパンクとも形容できるバンドのホームグラウンドなのだ。当然、みんなが大好きなDEAD BOYSもCBGBに出演している。

ハードコアではBAD BRAINSやAGNOSTIC FRONT以外にも数多くのバンドが出演し、AGNOSTIC FRONTが核となりN.Y.H.C（ニューヨーク・ハードコア）ムーヴメントも起きた地が、俺たちが出演するCBGBである。

#39

2004年時点で既に閉店が決定しており、2006年10月に行われたPatti Smithのライブで閉店し、現在も移転先を探しているという。

確証はないのだが、日本人バンドで最後にCBGBへ出演したバンドはFORWARDとWARHEADの可能性もある。調べても出てこないので分からないのだが、少なくとも「日本から行ったハードコアパンクバンドで」に絞れば、最後の出演者の可能性は限りなく高い。最初で最後となるCBGBのライブで、影響を受けまくったバンドがホームグラウンドとして活動していたライブハウスに出演できるなんて、感慨深さは海よりも深い。

店内はかなりの暗さで、目が慣れるまでに時間がかかる。バーコーナーになんとかたどり着いてビールを頼む。

「いやぁCBGBでビール頼んで飲んでるよ俺」みたいな気分で、かなりのおのぼりさん感は否めない。

目が慣れてきて貼ってあるフライヤーなどをチェックしてみると、イギリスのパンクバンドTHE ADICTSがあり、俺たちの後にアメリカツアーでやってくるようだ。

ステージの横から、裏へ回り楽屋に入ってみる。

「ここにPATTI SMITHとか RAMONESとか BAD BRAINSとかDEAD BOYSとかもいたんだよなぁ」とタバコに火をつけた瞬間、セキュリティが飛んで来た。

「禁煙だ」

分かってはいたが、CBGBなので何をやっても大丈夫かと思っていた。しかし、どこから見ていたのか分からないが、かなり厳しい警備態勢だ。こんなところで本当にドラッグなんかやっていたのだろうか?

地下にあるトイレに行ってみると、かなり驚きだった。予想では、このトイレで数多の伝説的ロッカーが、あんな薬やこんな薬をキメまくっていたと思っていた。落書きやステッカーでかなりの雰囲気があるのだが、それよりも何よりも、大のトイレに扉がない。

男性用小便器が並び、奥の一段高くなった場所に洋式トイレがポツンと鎮座している。囲いや遮蔽物は一切ない。丸見えにもほどがある。あまりにも悪さをやりすぎて壁や扉を撤去されたのだろうか？

「それにしても、大の用を足すには、かなりの勇気と根性が必要だよな。トイレットペーパーがちゃんとあるってことは、やっぱりここでするやつもいるのか？」などと考えていたら、もよおして来た。もちろん大の方だ。

「マズイ、これは漏れる」

急いで楽屋に戻り、誰かいないか探すとKOHKIがいたので「KOHKI、今からクソするから、扉の前で見張っててくれ！」と、トイレまで連れて行く。

「頼んだぞ！」

ようやく便器に座り用を足すが、かなり落ち着かない。キャンプに行ったときなど木や茂みに隠れてするのが、まるっきり囲いがないなんて初めての経験だ。こんなに不安なトイレは未だかつて知らない。あまりにも不安なので、入り口を見ながら用を足していると、扉の上に少し隙間が空いている。アメリカのトイレで隙間があるのは当たり前なのだが、出入り口の扉に隙間というのは珍しい。

隙間を見ていたら、階段を下りてくる人間がこちらを見て戻って行く。何人か下りて来ては戻っていくので、トイレを使う人間はみんな、この隙間から中を確認するシステムになっていると気づく。階段を下りてくる人間全員と目があうので確実にそういうことだろう。

「うまいことできてるもんだな」

こうして無事用を足し終えるのだが、せっかくのCBGBなのに汚い話で申し訳ない。あまりにも衝撃的なトイレであり、大の用を足した貴重な体験だったので書いておきたかったのである。

当時のCBGBのトイレ画像がネットにあるので、興味のある方は調べてみてほしい。あなたはそこで大の用を足せるだろうか？

ライブは、前回のアメリカツアーで仲良くなったCAREER SUICIDEのギターである、ジョナがドラムを叩くカナダのFUCKED UPなども出ていて、再会を祝っている間にも続々客が集まってくる。前回のニューヨークよりも、かなり多い観客の数だ。みるみるうちに満員になり、このライブの注目度の高さを実感する。

ニューヨークはアメリカの1番の大都会で、マンハッタンは中心部だ。雑多な人種の坩堝（るつぼ）で、普段アメリカでは白人層が多いパンクスといってもそこは変わらない。シカゴやロスアンジェルスよりもアジア系の人間が多いと感じられ、日本人もたくさんいる。

そして満員の観客の中、FORWARDのライブが始まった。かなりの盛りあがりのライブで、俺は今回のアメリカツアーで言い続けてきたことを、拙（つたな）い英語ではあるがニューヨークの観客に投げかけた。

「戦争なんかいらねぇ！　俺は戦争を憎む！　おいニューヨークの人間達よ！　自由って何なんだよ！　これがアメリカの自由かよ！　ふざけんなブッシュのクソ野郎!!!」

自分の国がやっていることを「ガイジン」に否定されたら、日本では酷い自体にもなりかねない。どこの国にもそんな輩は存在して、今回のツアー前には、アメリカの酷さを伝える恐怖感があった。

実際、テキサスのヒューストンで「INTERNATIONAL TERRORIST（国際テロリスト）」と書かれた、アメリカ大統領ジョージ・W・ブッシュのTシャツを着ていたときに、スターバックスの店員が声をかけても俺にだけ対応しないという、あからさまな態度をされた。怒っていると、ベンがTシャツを指差して「ここはテキサスだ」と言われ「そうか！　そういうことか！」と、ブッシュの地元でこのTシャツを着ている意味を理解したこともあった。

しかしパンクスなら分かってくれるし、同じ思いの人間は多いはずだと信じ、訴え続けた。こうして少しずつでもいいから、繋がりを広げ継続させていかなければ、世界はひどいものになってしまう。

かなりの盛りあがりを見ても、俺の気持ちが観客にも伝わったのだろう。アメリカに来て伝えたかったことが伝わった実感もあり、今までのアメリカライブの中でも、終わったあとの充実感は、ひと味もふた味も違うものだった。

ライブ後に、機材を片づけていたらラルフィが近寄ってきた。

「よし！ 俺の知ってるバーが近くにあるから飲みにいくぞ！」

「機材運ばないとマズイって」

「そんなもんはTRAGEDYにやらせとけ！」

〝おいおい、そういうわけにもいかないんだよ！〟と思っていたが、ラルフィは頑として受けつけず、半ば無理やり連れて行かれた。

バーでもかなりの盛りあがりでニューヨークの夜は更けたが、泊まるところがブロンクスで、ここもかなり危険だ。アパートの敷地の入り口は屈強な門でガードされ、セキュリティも今まで見たことのない厳重さだ。

ブルックリンのバーに行った人間によると、外でタバコを吸っていたら「撃たれるから入れ」と言われるなど、かなり危険地帯だったようだ。というか、STAR STRANGLED BASTARDSがいなくてもこれかよ！ TRAGEDYなら安心だと思っていたのに……。アメリカは手強いな。

2014年。FORWARD、WARHEAD、TRAGEDYのニューヨークCBGBでのライブポスター。

アメリカ・イズ・タイアード

#40

ニューヨークCBGBでのライブを終え、次の土地は運転手であるベンの地元プロヴィデンスへ行く。プロレス好きな俺とJUNはどうしてもマディソンスクエアガーデンに行きたくて、TRAGEDYの車に乗り、別行動で少しだけ観光した。

そのときにTRAGEDYの車が故障してしまう。TRAGEDYはニューヨークのような大都会が嫌いなようで、どうやら車もへそを曲げたようだ。車を直している間に、「それじゃ」とJUNとふたりでニューヨークの街を歩きながら土産なんぞを買っていたら、迷子になってしまった。モヒカンの日本人ふたりが、ニューヨークで迷子。少し焦ったが、何とか車にたどり着きことなきを得た。携帯電話も持っていないので、車が見つからなかったらどうなったことやら、考えるとギリギリだったようにも思う。

プロヴィデンスは前回のツアーでも来ているし、宿泊先もベンの家ということで、勝手知ったる土地のような懐かしい気分になる。

ライブにはメタル系のバンドも出ていたのだが、楽屋に日本人が多いためか、SOUICHI曰く、このメタルバンドに「このジャップはちゃんと演奏できるのかよ」などと馬鹿にしたように文句をブツブツ言われたらしい。

それを知った俺たちは目にものを見せてやり、メタルバンドの連中はおとなしくなった。前回から何となく感じていたことではあるが、ニューヨークより周辺の街の方が、差別的感覚が大きいように思える。ベンや一緒に出演するパンクバンドにはそんなことはないが、一般的にアジア人を下に見ているように感じることも少なくない。

ツアーをしていて「ジャップ」という侮蔑的表現の言葉が聞こえてくるのも、ニューヨーク周辺に多い気がする。まぁこれは俺の英語力が拙(つたな)いために、感じ方がおかしいのかもしれないが、雰囲気というか感覚というか、肌で感じる空気が差別的であるように感じてしまうことが多い。

確かこのプロヴィデンスのときに、兵士としてイラクか何かの戦争に行った人間が客でいて、SOUICHIが話したところによると、冗談っぽくではあるが「また戦争に行って撃ち殺したいぜ」というような発言をしていたという。

これは個人的予測なので真実は違うかもしれないが、「アメリカが正義」という洗脳が一般に浸透していて、顕著に現れるのが大都会に近い街なのかもしれない。まぁそれはどこの国でも同じく、知らないうちに国策が染み込んでいる人間は多いし、日本も同じだと思っている。

しかし全力で良いライブをやれば、終わった後に反応が変わるのもアメリカという国で、真剣にこちらを向いてくれるし、話を聞こうと耳を傾けてくれる。

プロヴィデンスの次のオールバニーでも、かなり観客が盛りあがり、良いライブさえやれば繋がりあえると確信した。特にWARHEADは、必ずといっていいほど、始まる前と終わった後の客の反応の違いが如実だった。

「こんなバンド観たことないだろう！」と俺が自慢したくなるほどで、今回のツアーではFORWARDよりもWARHEADが、観客に強い印象を残したと感じるライブばかりだった。

TRAGEDYとは最後となるボストンでも、その傾向が歴然だった。

場所はボストン大学の敷地内か何かで、大学が関係したオーガナイズのライブだったと思う。ライブが始まる前に観客を集め、主催者のような人物が紙に書いた文章を読みあげている。内容はよく分からないのだが、イラク戦争についての話だったようで、かなり突っ込んだ演説的な、ビートニクのようなものだったと思う。

俺たち日本人は何のことか分からない上に、SOUICHIに聞いても話が長いので、内容は把握できない。

大筋としては俺が今回アメリカで伝えたいことに近いのではないかと判断して、そういった選曲にもしたのだが、俺たちよりも、シンプルにいつもの如く激情を叩きつけてぶちまけるWARHEADが完全に受け入れられ、大変な盛りあがりを見せていた。俺たちのときには客がおとなしくなってしまい、WARHEADに完全にやられたライブだった。

タバコが吸える中庭があって、俺は出番前に気合いで乗り切るためにコンセントレーションを高めていたのだが、体の疲れが襲いかかり、せめぎ合いで大変だった。

疲れも限界を超えていたのだろう。WARHEADの勢いに飲み込まれた客を振り向かせるには至らなかった。少し悔いの残るライブではあったが、できる全てを出し切った結果であるため受け入れるしかない。まだアメリカは終わらない。WARHEADと2バンドでポートランドとシアトルだ。疲れ切って限界を超えた体ではあるが、アメリカはいつもこうじゃないか。

そういえばどこかのパーティーに来ていた客に「疲れているか？」と聞かれ「まぁそりゃぁね」と答えると「AMERICA IS TIRED（アメリカは疲れる）」と言われたことがあった。

アメリカという国でパンクスをしているのが疲れるのか、ツアーをやるのが疲れるのか、疲れる国なのかは判断できなかったが、どれであるにせよ「AMERICA IS TIRED」なのだろう。その前提で、この広い国の住民たちは生きている。ちっぽけな島国の俺たちには、到底理解できない日常があるのだ。

だが、その一部を体験し垣間見たことで、これほどまでに実感し、意識の変化があるのだから、やはりツアーは面白い。生きていく上で大切なことをたくさん気づかせてくれる。

2度目のアメリカで知った部分があったからこそ「AMERICA IS TIERD」という言葉が、実感を伴い身に染みたのかもしれない。

TRAGEDYとは最後の夜だ。この日は馬鹿騒ぎではなく静かな雰囲気で、ツアーで打ち解けた感じが表れていた。みんなが深く語りあう素晴らしいパーティーだった。

前回のツアーと違い、おとなしめのパーティーも多く「TRAGEDYには、みんな、ここまで気を使うのか！」という場面がたくさんあった。アメリカではリスペクトされているTRAGEDYを実感するツアーでもあった。

とは言いながら、この日は寝る部屋がひとつで、飲みながら夜遅くまで話していると、家主が何度もやって来て「静かにしてくれ」と言われてしまう。その度に「ああ、ごめんごめん」と言いながらまた話し込み、また家主がやって来て「静かにしてくれ」と言われ「ああ、ごめんごめん」という繰り返しが、延々と続く。家主はいい迷惑だが、最後の夜なのでこればかりはどうにもならない。

このみんなで過ごした最後の夜は、ひとつの部屋にツアーメンバーだけ。みんなで床に寝袋やマットなど寝具を敷き、酒を片手に寝間着で過ごした。寝っ転がりながら話す者、あぐらをかいて話す者がおり、バカばっかりやっているKOHKIを見て笑った。椅子もソファーもベッドもない空間、手作りの料理は旨く、リラックスした雰囲気は、日本のツアー中に誰かの実家で飲んでいるときのようだった。

体が辛そうなＹＯＵは、常にペースを変えないので寝たいときに寝てしまうのだが、いつもより遅くまで起きていたと思う。

WARHEADのYOUSUIは自身が後輩だという気づかいで、いつもFORWARDをサポートしてくれた。ＹＯＵもYOUSUIがいて助けられたことがたくさんあっただろう。同郷高知の先輩であるSOUICHIも、YOUSUIにはひと味違った思いがあったようだ。英語が話せるので大変な役割を担っていたが、YOUSUIのおかげで和んだことも多かったはずだ。

日本でもこのメンバーでツアーをやったTRAGEDYだが、アメリカでも話して、飲んで、一緒に笑っていた。結局、俺らみたいなパンクスの絆が深まると、国も言葉も関係なく理解しあえる。

このツアー中、家のパーティーで宴もたけなわになると、必ずＪＵＮが言うことがあった。知らないアメリカ人に、「やっぱり地べたやで！」と言い出し「こうするんや！」と言いながら、日本の家で飲むときのスタイルを教え、床に座らせていた。

あぐらをかいたことのないアメリカ人もいて、床で靴を脱ぐ意味が分からない奴もいたかもしれない。でもみんな、座って英語もほとんど通じないのに、楽しそうに話していた。

「地べたに座ればみんな一緒。言葉も文化も国も関係ない」と、ＪＵＮは言いたかったのだろうか？　みんな素直に地べたに座って、その瞬間を楽しんでいた。

言葉もよく分からないのだが、俺たちにはバンドがあり音楽があり、ハードコアパンクがあった。言葉が分からなくても、音で通じあえた。ライブで出す音が傷つけない言葉であり、ステージで出す音が殺さない武器だ。気持ちを全て込めた音には、伝わる力がある。

学校や仕事などのつきあいとは全く違った、特別な瞬間と空間を共有している仲間だからこそ、理解しあい、共感する感覚がある。ツアーとは魔法のようなものだ。ああ、魔法が解けないで欲しい。少しだけでいいから、この心地よさを醒まさないでくれ。

#41

終わりは始まり

TRAGEDYと別れ、FORWARDとWARHEADは飛行機で西海岸の北部、オレゴン州ポートランドとワシントン州シアトルへと向かう。

今回のツアーで1日2回のライブは、フィラデルフィアだけだったが、ポートランドは前回の例もあるので、いきなりライブというパターンも想定しておかなければならない。などと思っていたら、既に前回と同じ場所でのハウスショーが決まっていた。もうひとつのライブも、前回の大きめのライブハウスだ。両方とも経験のある場所なので戸惑うことはない。

しかし今回のツアーは、かなり疲労感が大きい。前回も疲れたが、初めてだったために疲れよりも衝撃が上回り乗り越えられた。しかし今回は、終盤になって疲労が重くのしかかってくる。

ライブを全力でやっているのだが、観客にも疲労が伝わってしまうらしい。ポートランドの最初のライブのあと、前回共演したPOISON IDEAのドラムで同い年のクリスに「ISHIYA。疲れているのか？」と言われてしまうほど、疲れが溜まっていたようだ。

これではまずいと気合いを入れ直し、翌日のハウスショーへ挑んだのだが、いい気なものでハウスショーという状況だと疲れを感じず、いつものように自分でも良いライブだと実感できるステージができた。

不思議と、ハウスショーというライブは、俺のパンクスとしての原点を呼び起こしてくれるシチュエーションだ。アメリカならではのものだし、日本では絶対経験できないハウスショーが、俺にはあっているのだろう。実際ハウスショーやガレージショーと聞くと、テンションがあがってワクワクが止まらない。勝手なものである。

WARHEADは本当に日本と変わらないほど、常にテンションが異常なまでに高いライブを行っている。荒木が普段おとなしいのもあるかもしれないが、全てをライブにつぎ込んでいるので、日本とはまた違った凄まじさも感じられる。

ツアーも終盤になり、FORWARDもWARHEADもメンバー個々の違いが如実に現れる。疲れもある上にTRAGEDYと別れたので、自分たちでやらなくてはならない。ツアーの終わりも見えてきて、日本を思い出す人間もいるだろう。

ひとりひとりがバラバラになりがちなときでもあったが、そこは日本でいつもツアーをしている仲間なので、まとまりは崩れない。やはりツアー慣れしているバンドは違う。WARHEADとアメリカに来たのは大正解だ。アメリカでWARHEADを観るという貴重な体験は、今後の俺の人生に刻まれる楔になるだろう。

シアトルのライブには、前回のツアーでアメリカの真髄を教えてくれたSTAR STRANGLED BASTARDSのエリックと、運転手で来ていたダスティン、オークランドで一緒に夜中のコンビニへ行ったクリスが来てくれた。どうやらこの3人を中心に、新しいバンドを組んだという。名前も決まっていて、その名もDOOMSDAY HOUR。これは確実に日本に来てもらうか、またアメリカに来て一緒にやるしかない。

日本のツアーでWARHEADともかなり仲良くなっていたので、これにはツアーメンバー全員のテンションがあがった。エリックの住むサンクレメンテや、ダスティンが住むロングビーチといったロスアンジェルス周辺の街からシアトルまでは、車で20時間はかかる距離だ。そんな遠い場所にまで来てくれるなんて、うれしすぎて疲れも吹っ飛んだ。

持つべきものは友である。遠い異国の地で仲よくなった友人が来てくれるのはかなりうれしい。これだからツアーはやめられない。久々の再会に、くだらないことを言いながら爆笑しているうちに客も集まりだす。広い倉庫のような会場が、いっぱいになった。エリックたちのおかげでテンションもあがり、疲れを忘れたアメリカツアーラストライブは、大盛況で幕を閉じた。

今回のアメリカツアーは、日本のシーン自体を持ち込みたいという俺の願いを形にしたものだった。その思いに共感してくれ、細かいやり取りや計画をやってくれたSOUICHIとメンバー、WARHEADとTRAGEDYがいなければ、こんな凄いツアーはできなかった。

アメリカのパンクスにとっては、日本のハードコアパンクにそれほど違和感はないのかもしれないが、「BURNING SPIRITS」という俺たち周辺の雰囲気を感じてくれたはずだ。それはライブだけではなく、普段の生活面でも顕著(けんちょ)に現れる。俺たちは毎回、必ず誰かのパーティーで最後まで残り、地元のパンクスと交流し、意見を交換し、酒を酌み交わしながらツアーを回る。

このときからだと思うが、俺たち周辺のバンドは、海外で「BURNING SPIRITS HARDCORE」と呼ばれるようになる。

現在はハードコアが、ジャパコアやクラストコア、ニュースクールやD.I.Y、POGO系など、細分化されているが、BURNING SPIRITS HARDCOREと呼ばれるまでに至ったのは、海外ツアーをやり始めたからではないだろうか。ハードコアの中で、ひとつのジャンルとして確立したことは、やってきたことが認められたようで、素直にうれしい。

常にパーティーに参加しているのも大きいとは思うのだが、前回のツアーで俺たちは「パーティー好きなバンド」と認識されたようだ。必ず、ライブ後にパーティーに連れて行かれるようになる。

いやいや、嫌いではないが、毎日朝まで馬鹿騒ぎはかなりきついんだぞ。お前らはその日だけだから、いくら馬鹿騒ぎしようが大丈夫だろうが、俺たちはそうはいかないってことを全く気にしてないだろ？　まぁそこがお前らの良さであり楽しさで、俺のケツを蹴りあげてくれるから面白いんだけどな。

原因は全部前回のツアーなのだろう。そして今回もやってしまった。アメリカに来たら、もうパーティーから逃れる術はない。

そしてこの最終日も、とんでもないパーティーとなってしまった。会場の家にはエリックやダスティン、クリスも来たのだが、観客も多くやってきてかなりの馬鹿騒ぎだ。タバコは外なので、家の中だけではなく庭や玄関前でも大勢が馬鹿騒ぎしている。俺たちの最終日というのを知っているかのような、人数と騒ぎだ。

パーティーは続き、泥酔で疲れ切っているが潰れるわけにはいかない。俺たちは日本のパンクスだ。しかし、WARHEADは飛行機の時間が早いという。

「それじゃあもう飛行機で寝ればいいし、最後のアメリカを楽しむか！」と、全員起きて馬鹿騒ぎ、もうどうにでもなれという感じだ。パーティーはずーっと佳境で終わらない。

飛行機の時間は迫ってくるが、車で送ってくれる奴が誰なのかもよく分からない。ここへきて段取りが分からなくなっていたのだが、前回のアメリカツアーで仲良くなっていた、KATSUTAの友達でシアトルに住んでいる日本人タトゥーアーティストのユウシが、この日のパーティーに来てくれていた。SOUICHIも疲れているし、最終日の上に飲んでいて細かい話はできない。日本語と英語が流暢に話せるユウシが全部仕切ってくれて、何とかWARHEADはタクシーで空港に向かうこととなった。

家の前にタクシーが到着したのは、もう夜が明けて空が明るくなっている時間だった。物販や荷物を手分けして帰り支度を済まし、WARHEADとはしばしのお別れだ。しかし飛行機の時間が迫っている。英語もほとんど話せないWARHEADだけで空港まで行くのは心配だが、他に手立てがない。ユウシがタクシーの運転手に詳しく説明して別れとなる。

今回のツアーで俺たちは確実に爪痕を残しただろう。それが実感できるツアーだったし、WARHEADの凄まじさに度肝を抜かれたアメリカパンクスは、WARHEADの名前もライブも人間も、一生忘れることはないだろう。

願わくば、また一緒に来たいところだが、とりあえず今回はここまでだ。お前らとアメリカに来られて本当に良かった。すげぇ面白かった。本当にありがとう。また日本でな。

こうして俺たちFORWARDだけが残された。この時間になると馬鹿騒ぎしている人間もいないのだが、眠ってしまうと飛行機の時間に遅れてしまう。何とか眠らずに日本へ帰ったのだが、その後、何度もアメリカツアーをやるとは、このときは思ってもいなかった。しかし、世界はアメリカだけではない。他の国にも行ってみたい。

アメリカの良さを知り、アメリカD.I.Y.パンクという文化が染みついたのだろう。2度のアメリカツアーを経験し、新たな目標も湧いてきた。まだまだやりたいことはたくさんある。世界中で繋がる日を夢見ながら、新たな経験が訪れるのは、それほど遠くない未来だった。

P.S. WARHEADは航空会社の手違いで乗り遅れ、ビジネスクラスで帰れたという。乗ってみたいなビジネスクラス。羨ましい。

#42 友の死を乗り越えて

2度目のアメリカツアーから帰ってきてから、ベースのYOUの体調不良などもあり、しばらくの間海外ツアーへは行けなかった。

入退院を繰り返していてバンド活動どころではなくなってしまった期間もあり、ヘルプのベーシストで活動する場合も多かったが、なんとか活動は止めずにライブを続けていた。

すると2007年の夏、当時の日本最高気温を記録した翌日の8月17日に、DEATH SIDEで一緒に活動していたCHELSEAが、自宅で熱中症による脱水症状で亡くなってしまう。

CHELSEAがソロ作品を出すという理由から始まった俺とCHELSEAの喧嘩別れで、DEATH SIDEの解散以降口をきくこともなく仲の悪い状態が続いていた。

その時の詳細は、自著『ISHIYA私観 ジャパニーズ・ハードコア30年史』の第4章#05「CHELSEAの死」に書かれているので、そちらを読んでいただくとわかる。

その話の中で「詳しくはnote連載の『混沌のランドマーク』というコラム集の中のひとつ『友よ』に書いてあるので、そちらを読んで欲しい」と書いているのだが「混沌のランドマーク」というコラムは書籍になっていないので、ここで以下に「友よ」から抜粋する。

「友よ」

昔から仲間と揉めることはよくある。

DEATH SIDEの解散の原因も、CHELSEAとの仲違いからで、その後CHELSEAの彼女に不幸があったときまで口もきかなかったぐらいだ。

さぞやまわりは俺に対して腹を立てていたんじゃないだろうか。今考えてみると、俺の理由は非常にガキ臭いことで、完全に俺がおかしかったんだが、そんなまわりの人間たちの思いもよそに、頑に俺はCHELSEAを嫌っていた。

CHELSEAの彼女が事故により亡くなったときに、新潟のBLOWBACKが東京に来ていて、ギター・せいいちと、ベース・スギちゃんと何かの用事で会った。

そのときにせいいちが「CHELSEAのとこ行く?」と言ってくれ、それまでアホみたいに頑だった俺の心に変化が起きた。というか、溶けた。

まわりの友達からの話でCHELSEAが俺のことをいつも気にかけてくれていたのは聞いていた。しかし俺は、俺の一方的な勝手な理由によりCHELSEAと口をきく気はなかった。

ひどい話だよな。

でも、せいいちのその一言により、俺がCHELSEAのところへ行くことで何か少しでも励みになればと思ったのは事実だし、その気持ちが自分にあることにやっと気付いた。

本当に勝手でどうしようもない話だし、事実CHELSEAの部屋に入った瞬間、そこにいた人間たちはかなりびっくりしていて「何しに来たんだよ」という声も聞こえた。当たり前だよな。

でもそのCHELSEA本人が、笑いながら「何だよ! お前が来るかよ! びっくりさせんじゃねーよ!」と言って迎え入れてくれた。

一瞬で昔に戻った。

俺のクソみたいな理由も吹き飛ばしてくれ、今まで話さなかったことをたくさん話した。

俺が何か少しでもできることがあるかと思ったら、ヤツの方がうわてだったな(笑)。

まわりの人間でCHELSEAを慕っていたヤツには、わけがわからんだろうし、俺に腹立っただろうな。

まぁ、それだけのひどいことをしていたんだから、どう思われてもしかたないが。

それからはずっと、会えば昔のように下らないことを言いながら仲良くしていたんだが、知らない間にCHELSEAは、だいぶ面倒臭さに拍車がかかっていた。

それまでのまわりの人間にはそれを指摘するヤツもいなかったらしく、俺が普通に言ったら目を丸くして驚いていたこともたくさんあった（笑）。

お互い気付かないことを言い合えるヤツなんて、そうそう居るもんじゃないしな。

死ぬ前に仲直りができて本当によかった。

せいいちとスギちゃんには今でもずっと、感謝している。

何の因果か、CHELSEAが死んだ一報を受け飛んで行ったら俺１人でヤツの死体と会うハメになった。

病院に電話しても死んだのかどうかは教えてもらえず、行って確認するしかなかった。

病院に着くと、受付で霊安室を案内されたんだが、まだ信じていなかった。

霊安室に入ると、ヤツがベッドの上に苦しそうな顔で上を向いて横たわっていた。

俺がいくら声をかけても返事がない。何度大声で目の前で声をかけてもピクリともしない。身体を洋服の上からさわり、揺すっても起きやしねぇ。揺すってる動きもおかしい。固まってるみたいに。

顔を覗き込み、目を見ると瞳が白濁して濁っている。

これはおかしすぎると思い顔をさわったら、尋常ではない冷たさが俺の身体に伝わってきた。それはもう既に生き物の温度ではなかった。

ふざけんな。

一気に力が抜けた。もうその部屋には居られなかった。外に出て何をしていたかおぼえていないが、おそらく誰かに電話して事実を伝えたんじゃないだろうか。それから友人達が続々とかけつけてきた。

俺が最初にヤツの死を確認したのだろうか？　それはわからない……

ここからまだ少し続きがあるのだが、CHELSEAが死んだ時の状況はわかってもらえると思う。死んだ現場での話も書けないことはないが、どうしても個人的な思いが入り、悪者になってしまう人物がいるので省略させてもらう。恨み言を言っても、CHELSEAが還ってくるわけではない。

毎年たまに連絡をとっていたCHELSEAのお母さんも、現在はすでに他界してしまっていて、お墓も親戚の方が引き上げてしまい、もう墓参りもできなくなってしまった。

このCHELSEAが死んでしまった翌年から、追悼ライブを毎年行うようになった。最初は死んでしまった翌年、２００８年のCHELSEAの誕生日である3月11日にライブをやったのだが、それ以降は毎年命日の8月17日にゆかりのあったバンドを集めてライブをやっている。

そして２０１０年にはCHELSEA亡き後のDEATH SIDEが復活するのだが、その同じ年の２０１０年、FORWARDのドラムスに元RUSTLERや ZAMZA、H.K.やSWINDLE BITCHなどの静岡ハードコアのバンドでドラムスだった、ブルースビンボーズの秋山が加入する。

ＹＯＵも入退院を繰り返した後に、なんとか体調も復活してバンド活動ができるようになっていて、非常にいいタイミングで新しいドラムスが加入したため、バンド活動に勢いがついた時期でもあった。

その間にも、２００８年にはCRUDEの「CHAOS IN TEJAS」出演と、新潟のBLOWBACKのアメリカ西海岸ツアーがあり、SOUICHIとHG FACTの佐藤君に誘われて、バンドではなく個人的に3度目のアメリカにも行っている。

CHELSEAが作品などのプロデュースもしていたBLOWBACKが、CHELSEAの葬式の時に「CHELSEAが辿った場所へいつか行ってみたい」というので、佐藤君とSOUICHIでTRAGEDYに打診して行われたツアーだった。

２００６年にFORWARDで「CHAOS IN TEJAS」へ出演したのをきっかけに、SOUICHIと佐藤君は日本のバンドの出演のサポートや、アメリカツアーのサポートも行うようになる。その繋がりが基本となり、様々なバンドが「CHAOS IN TEJAS」へ出演し、アメリカツアーを行うようになったと言えるだろう。

「CHAOS IN TEJAS」は、SOUICHIのペットの犬がフライヤーになるほどで、２００９年のJUDGEMENT、CRUDE、２０１０年のBASTARDなどの出演は、SOUICHIや佐藤君の交渉による部分がかなり大きいと思う。

日本から多数のバンドが出演した「CHAOS IN TEJAS」だが、そのきっかけは２００６年のFORWARDとWARHEADが出演したからだったと言えるかもしれない。それだけアメリカで人脈を作って、交渉もしてきたのがSOUICHIである。

CHELSEAの死、個人的な渡米、DEATH SIDEの復活などがあったが、FORWARDに新しいメンバーが加入し、ＹＯＵの体調も復活したため、俄かにバンド活動が活性化し始める。

しかしそんなとき、あの東日本大震災が起きてしまう。そして福島第一原発の事故による放射能汚染。あの震災と原発事故により、世の中も変わり、俺も変わった。変化のなかった人間などいないだろう。

新宿で行われた原発反対デモで、トラックの荷台で演奏しながらデモ行進をし始めた矢先に、ステージであるトラックの荷台から警官にダイビングエルボーをかましてしまい、逮捕されたりもしてしまった。幸い10日ほどの拘留で済んだのだが、国家のやり方に対する鬱憤は溜まりに溜まっている。

ちょうどメンバーも変わった時であり、この震災と原発事故という現実で、バンドの活動や音楽、メッセージも変化していく。そして新たなメッセージを新たなメンバーで発信するには、レコーディングをするしかない。

それまでよりも一層政治的なメッセージになったが、知ってしまった事実を誤魔化して生きていくなど、俺には到底できやしない。こうして新生FORWARDがスタートした。

そしてメッセージを伝えるべく、俺たちは3度目のアメリカツアーを敢行する。東日本大震災と福島第一原発の事故があった翌年の、２０１２年のことだった。

#43 東日本大震災とアメリカ

3度目のアメリカツアーが決定すると、海外の友人たちから「またアメリカかよ。俺たちの国へはいつ来るんだ?」とも言われるようになり、アメリカに行ったことで、他国でのライブが現実味を帯び始めた。

まずは日本の現状をリアルに海外へ伝えることで、日本の外から働きかける力も生まれるかもしれない。広島、長崎の原爆投下に、今回の福島第一原発の事故による放射能汚染。ここまで多くの放射能被害を受けた国は、世界を見渡しても存在しない。

できる限りの支援をバンドや個人で行ってはいたが、「俺みたいな人間にでも何かできることはないか?」と考えた末、「俺ぐらいの人間にでもできるのは、伝えることだ」と思い、アルバム発表と、伴うツアーを敢行した。


2度のツアーでコネクションはできていた。一番効果があるのがアメリカであると考え、さらに「CHAOS IN TEJAS」のような大きなイベントであれば、関心を向けてくれる人間もたくさんいるはずだ。

キリスト教が基本にある国なので、一般的にはみんなが慈悲の精神を理解している。実際ホームレスには、日本よりも優しい対応をしているのを何度も見た。

日本より人口が多く、ハードコアパンクの観客の絶対数も違う。これまでやってきたツアーによってアメリカハードコアシーンにFORWARDを知る人間が増えてきたと聞く。それならば日本の現状を伝えやすいのではないか? みんなが聞いてくれるのではないか?

報道などの国家が行うプロパガンダではなく、個人や信頼できる仲間たちの繋がりから得られた情報や事実を、海外に伝えれば、何かアクションが起きるかもしれない。アクションは起こさなくても、誰かの心の中に変化が起きれば、悲惨な人災を防ぐ力になるかもしれない。とにかく伝えることだ。寄付も集まりやすいだろう。

今回はアナログとシングルのアルバムを、「CHAOS IN TEJAS」のオーガナイザーであるティミーのレーベル、540 RECORDSから発売した。アメリカにはCDを聴くパンクスがほとんどおらず、みんなアナログ盤かカセット、もしくはダウンロードだ。CDというフォーマットはパンクスの間ではほとんど普及していない。

新作以外にも、過去の作品をアナログ化したもの、Tシャツを3種類、ビアクージーやサングラスなどグッズも用意し、被災地への直接支援に回せるように準備を整えた。

こうして2度目の「CHAOS IN TEJAS」出演。さらにニューメキシコやアリゾナを経て西海岸に行き、北上しながらポートランドとシアトルまで行く、17回のライブを20日間で行う「BURNING SPIRITS in U.S.A. 2012」ツアーをすることとなった。

「CHAOS IN TEJAS」は、かなり巨大なフェスになっていて、テキサス州オースティンにあるMOHAWKという野外と屋内ライブができる大きなライブハウスをメイン会場にしている。同時にオースティンにあるライブハウスを数カ所使用し、船で行うボートショーや毎日のアフターショーの他にも朝からライブをやっていて、4日間オースティンの街はパンクスだらけになる。

オースティンのホテルや飯屋、バーもパンクスだらけだ。路上にタムロするパンクスもいて、モーテルすべての部屋でパーティーが行われ行き来するなど、かなりめちゃくちゃな状態だった。

街にはアフリカ系アメリカ人のホームレスも増えていて、危険な雰囲気がまた違う形に変化をしていた。YOUと、この時招かれてアメリカに来ていた絵画アーティストのSUGIがはぐれるという一幕もあったが、みんなが気づいてから行きあうまでの間、ふたりはさぞ心細かっただろう。

このときのFORWARDは、MOHAWKでのメインショーに加え、夜中と言ってもほとんど朝方のアフターショー、昼に湖で行われるボートショーという3回のライブを、17時間で行うというとんでもないスケジュールだった。強行スケジュールで声が出なくなってしまったのだが、震災のための寄付グッズは瞬く間に売り切れ、寄付のための物販も飛ぶように売れた。

ツアーでは、俺の拙い英語と歌詞でも震災や放射能汚染の現実が伝わり、ライブ後には、日本の現実を聞いてくる客も多くいた。放射能汚染の現実をＭＣしているときの観客は、静まりかえり真剣に聞いていてくれる状況が続いた。初めて行く土地でも日本の置かれている状況を言い続け、今回の目的である「現実を伝える」という趣旨は成功したツアーだったように思う。

しかし、アメリカで大きなアクションが起きるまでには至らなかった。アメリカの友人や観客はFORWARDのライブで事実を知り、心の変化はあったと思うが、結果としての現実的な効果は寄付金を得られただけで、力が及ばず悔しい限りではあった。

テキサスでのライブは元UNIT 21のWILD//TRIBEと一緒に回り、「CHAOS IN TEJAS」以降サンフランシスコまでを、サンフランシスコのNO STATIKと回った。NO STATIKのベースは、最初のアメリカツアーのバッファローで、泊まるところがないときに大学生のパーティーを見つけて、俺たちを放り込んだARTIMUS PYLEのベーシストでもあるロバートがやっている。

ロバートはサンフランシスコ以降、車を出して運転もしてくれるなど、かなり手助けしてくれた。素晴らしいホスピタリティで、ツアーはロバートのおかげでできたようなものであった。

毎回アメリカのツアーでは、運転手はほとんど泊まる家で眠らない。治安の問題のため車の機材が盗まれることも多く、ロバートも必ず車で寝ていて、パーティーでも途中で抜け出し戻るなど、サポートとしてのプロフェッショナルな行動には感動した。ギャラの管理や計算を分かりやすく提示してくれるなど、ツアーのやり方を熟知したロバートが、アメリカD.I.Y.パンクシーンで一目置かれる人物であることが分かった。

ロバートはCONQUEST FOR DEATHで何度も来日しており、他にもいくつものバンドをやっていて、日本のFLIPOUT A.Aともアメリカ、メキシコ、ブラジルツアーも行っている。さらにCONQUEST FOR DEATHでアフリカツアーまで行うなど、ワールドワイドにパンク精神を伝え続けている人物である。

ドラムに秋山が加入以降、SOUICHIが運営しているUNDER THE SURFACEというレーベルのスタッフであるフクちゃんが、FORWARDのスタッフとしてツアーに参加。FORWARDを陰から支えてくれた。英語も話せるので、SOUICHIの手助けもしてメンバーの負担がかなり軽くなった。今までの経験によって、海外ツアーにスタッフが同行するようになり、かなりスムーズに行えるようになった。

FORWARDの名前で客が来るようになり、飛行機代や交通費、スタッフを含めたメンバーの、ツアーで休んでいる期間のバイト代ぐらいまでは捻出できるようになっていた。もちろん地元のバンドのサポートによるところが大きく、そうした心づかいがなければ到底海外ツアーはできない。ツアーを何度もやることで世界が繋がっていく実感が生まれた時期だった。

こうした繋がりから、「日本の人たちを元気づけたい」と、震災後の土地や放射能汚染の地域に行く海外のバンドも出てきた。「俺たちが伝えたことも少しは役に立てたかな?」と思えるような行動をしてくれる。

俺たちがアメリカツアーを行ってから、SOUICHIや佐藤君の尽力と「CHAOS IN TEJAS」のオーガナイザーであるティミーの日本への深い理解によって、多くの日本のバンドがアメリカツアーに行くようになり、アメリカD.I.Y.シーンと日本のハードコアの間に、太いパイプが出来あがった。日本のバンドがアメリカツアーを、アメリカのバンドが日本ツアーを行うようになったのだ。

ロングビーチのライブには元STAR STRANGLED BASTARDS、DOOMSDAY HOURのエリック、ダスティン、クリスが来て、ダスティンの家に泊めてもらい、久々の再会で昼も夜もパーティー三昧だった。ハウスショーはなかったが、ガレージショーが2回あった。サクラメントでは、近所の酔っ払ったおっちゃんが客に紛れていて、「お前らカッコよかったぞ」と言ってくれた。ガレージショーやハウスショー、パーティーは、パンクスではない近所の普通のおっちゃんやおばちゃんも来てかなり楽しいので、アメリカツアーの機会があれば、ぜひ経験してほしい。

こうして2012年5月29日から6月15日までの18日間で、15都市17回のライブをやった。3度目のアメリカツアーは終わったが、そろそろ他の国へも日本のハードコアを伝えに行きたい。そんな思いが強くなっていった。

#44 オーストラリアツアー、その前に

オーストラリアのハードコアパンクバンドであるPISSCHRÏSTやKRÖMOSOMは、来日経験もあり仲良くなっていた。双方のメンバーであるボーカルのヤップはオーストラリア在住のマレーシア人で、以前から「オーストラリアに来ないか？」と言われていたが、行けずにいた。アメリカツアーから戻ってきてからしばらくすると、再度ヤップから連絡が来た。

実際はSOUICHIの根回しがあったとは思うのだが、初めてアメリカ以外でライブをやる機会を得たのである。これもアメリカでツアーをやり続けてきて、海外での活動に問題がないバンドだと理解されたからではないかと思う。何度もアメリカへ行っていた実績が評価され、ようやく海外での活動が実を結んだ。

しかし、ギターのT．Tが元THE COMESやLIP CREAM、COLORED RICEMENなどのベーシストであるMINORU君とバンドをやり始めた。アメリカツアー経験もあるThe heckのギターボーカルのSAHOをボーカルに迎え、EIEFITSというバンドで本格的に活動し始めた。

するとFORWARDのライブスケジュールと、デビューしたEIEFITSのライブという両立が難しくなり、T．Tが脱退することになってしまう。

T．TとSOUICHIのツインギターで、秋山が加入して5人で活動していた頃のFORWARDは素晴らしかったと思う。しかしT．TがFORWARDをやめる意思は固く、こちらも諦めて気持ちよくT．Tを送り出した。その後もT．Tとは仲が良く、YOUがベースを弾けないときなどは「俺がベースやる？　曲知ってるし」などと冗談を言いあえる仲だ。EIEFITSは素晴らしいバンドで、元メンバーがカッコいいバンドをやっているとうれしくなる。こちらも負けてはいられない。

T．Tの脱退は非常に残念だったが、俺たちは止まらない。ヤップからのオーストラリアへの誘いに、「これは行く

しかないでしょ」と、メンバーはアメリカ以外のツアーに色めき立ち、全員一致でオーストラリアツアーが決まった。

初めて行くオーストラリア。一体どんな国で、どんなパンクスやバンドがいて、どんなシーンがあるのだろう？

近年のオーストラリア・ハードコアバンドといえば、ヤップがやっているPISSCHRÏSTや KRÖMOSOMぐらいしか知らない。過去に遡っても知っているのは、HARD-ONSやCIVIL DISSIDENTと、パンクロックのTHE SAINTSぐらいだ。個人的にはオーストラリアというと、どうしても映画『マッドマックス』シリーズ最初の作品が浮かぶ。さらには先住民族アボリジニが迫害されている歴史や、コアラやカンガルー、タスマニアデビルなどの動物がいて、強くてカッコいいプレイをするラグビー代表チーム・ワラビーズを知っているぐらいだ。

ヤップとオーストラリアツアーの話を進め始めると、トントン拍子に進展しスケジュールが決定した。８日間７回のライブなので海外ツアーとしては短いものではあるが、オーストラリアにはライブができるような大きな街が東海岸に集中している。ハードコアのようなアンダーグラウンドのジャンルのライブができるのは、東海岸中部のブリスベンから南の地域になり、南海岸中東部にあるアデレードまで行くという。

ツアーを企画してくれたヤップがボーカルをやっているKRÖMOSOMと一緒にライブができず非常に残念だったが、TEARGASというレベルが高く、オーストラリアハードコアではかなり人気がある素晴らしいバンドが一緒にツアーを回ってくれるという。

実際はSOUICHIがこのTEARGASのギターであるウィルと、日程や物販の打ち合わせを細かく行ってくれていた。

ツアー仕様としてTEARGASとのカップリング７インチシングルも作り、ジャケットとツアーTシャツのデザインは、ヤップの要望で２０１２年の「CHAOS IN TEJAS」にも来ていたSUGIに描いてもらい制作した。

残るは入国に関しての問題だけだ。アメリカ経験も踏まえ、入国で面倒がないようにギターやベースの機材は現地で借りることにした。入国さえできれば問題ないのだが、これまでのアメリカツアーでは毎回非常に手こずった記憶しかないので、入国が一番の問題である。

3度のツアーと1度の個人という、4度のアメリカ経験では、別室送りにならなかったのは、2008年、個人で行った1度だけで、そのときは佐藤君が別室送りになっていたので、海外へグループで行く場合には、誰かが必ず入国審査で引っかかるという認識だった。

実際2005年にNightmareがアメリカ入国拒否に遭い、カナダのみでのライブとなった。他にも2008年にはD.S.Bもアメリカ入国拒否に遭い、ツアーをキャンセルせざるを得なくなったこともあった。

アメリカにおける最初の別室送りは、俺が睡眠薬と酒でフラフラだったので理解できるが、その後は普通の格好をしてメンバーを分散させるなど対応している。さらにバンドやパンクスと思われる服は事前に郵送し、携帯のスケジュールや画像なども消去するなど万全の体勢で臨んでいるのだ。

入国審査官には、いかにも普通の日本人観光客のように「イチローを観に来た」とか「ダルビッシュを観に来た」などと言っていた。しかし、審査官はプロ中のプロである。俺のような男がイチローやダルビッシュを観に行くわけがないのをすぐに見破る。

「ふざけんじゃねぇよてめぇ。何がイチローだよ」みたいな態度で相手にもされず、言葉ではなく、指差すか顎をしゃくるかで「お前はあっちだ」とやられ、即座に別室送りになっていた。

3度目のアメリカの時だったと思うが、いつものように別室送りになり、荷物を広げ色々聞かれ丁寧に答えたあと、最終的に「それでお前はアメリカへ何しに来たんだ?」と、今までの受け答えをまるで信じていない質問をされた。

「こいつは頭から俺の言うことを何も信じていなかったのか!」と理解したときに、咄嗟に出た言い訳が「ああ、実はネイティヴ・アメリカンの生き方や考え方などを非常に尊敬していて、感じるためにアメリカへ来た。ネイティヴ・アメリカンの戦士を尊敬するあまり、この髪型にした」だ。そうすると「ああ、なるほどな! 最初からそう言えばいいのに」と、膝を打つかのような態度で納得し、すんなりと通してくれた。

それに味をしめ、それ以降、毎回アメリカへ行くときには、実際にネイティヴ・アメリカンは尊敬できる部分が多いので、彼らの本を用意して、入国審査で別室に行き「俺はネイティヴ・アメリカンを尊敬しているんだ」と言うと、必ず通れるようになった。だが、アメリカとオーストラリアではまた事情が違う。初めて行くので、入国に関してはかなり神経質になっていた。

ツアーの日程が迫るのだが、今回は日常生活でかなり金がなかった。というのも、2011年の震災があった年に息子が生まれ、生活に何かと金がかかるようになっていたからだ。

生活的にはかなり苦しく、同じく苦しい経済状況だったドラムの秋山と、真剣に「オーストラリアにいくら持って行く？」「全然ねぇよ」などと話していた。

この頃、過去に秋山がスタッフをやっていたこともあって、俺が初めて音楽で衝撃を受けたフォークシンガーの友川カズキさんのライブに行くようになり、顔を覚えてもらっていた。

オーストラリアツアーへ行く直前に、友川さんのライブがあり、秋山とふたりで顔を出したときのことだった。友川さんはライブ前に居酒屋で飲むのが恒例となっているようで、秋山と一緒に顔を出した。友川さんの話はライブでも普段でもめちゃめちゃ面白く、俺たちにもいつも気を使ってくれるのだが、友川さんも海外でライブをやってきたので、俺たちがオーストラリアへ行く話になった。

「もうすぐオーストラリアへツアーに行くんですよ」

「ほぉ〜、そうなの？　オーストラリア？」

「でも金がなくて、ふたりとも5千円ぐらいしか持って行けそうにないんですよね」

「5千円!? 外国へ行くのにたったそれだけ? 今時小学生だってもっと持ってるよ?」

「いやでも、ほんとになくて」

「そんなんでオーストラリア行くって……もうね、自殺しなさい。君たちには自殺を勧める」

と、かなりウケてくれて、MCでもネタとして話してくれるほどだった。

俺と秋山もかなり面白く、友川さんの冗談に大笑いして盛りあがったのだが、やはり友川さんは凄い。友川さんに言われたことで、金のことなんかどうでもよくなり、心配や不安などどこかへ行ってしまった。その日のライブにとてつもなく感動し、オーストラリアへ向けた、かなり素晴らしい夜となった。

FORWARDは、やっとアメリカ以外の国でツアーを行う。

初めてのアメリカツアーから10年後、消費税が8%になり、STAP細胞の論文が英国科学誌『Nature』に掲載され、小保方さんバッシングが始まった2014年のことだった。

2014年。FORWARDオーストラリアツアーポスター。

#45 貧乏人とオーストラリア

２０１４年、まだ松の取れない正月に俺たちはオーストラリアへ旅立った。日本は北半球、オーストラリアは南半球のため、季節が真逆だ。

俺は金を何とか工面して、メンバーとスタッフのフクちゃんとスカイライナーのある日暮里駅で待ち合わせた。日暮里駅へ到着すると、改札でみんなが待っていた。

「おはよう」と声をかけ、切符を購入して改札を抜けると、みんなが入ってこない。何をしているのかと思ったら、秋山は金がないのでスカイライナーに乗らず、普通電車で行くと言い出すではないか。

「マジかよ」

メンバーもみんな、秋山につきあうと言うので、仕方なく普通電車で成田空港へ向かう。大きな荷物を持って普通電車。おまけに混んでいて座れずに2時間弱の移動をつり革につかまりながら、オーストラリアツアーは始まった。

「お前海外行くのになんで立って電車乗らなきゃならねぇんだよ！」などと秋山をいじりながら無事空港に到着すると、オーストラリアは夏のため、厚手の上着はコインロッカーに預けようという話になった。ここでも秋山は「金がないから上着は持って行く」とか言い出すので「みんなで一緒にロッカーへ入れればいいだろ」と説得する。

「やはり友川さんの言った通り、自殺した方がよかったのかもしれない」と思っていたが、ケチった秋山が正解だったと後から気づくことになる。

日本からオーストラリアまでは、飛行機で7～8時間ほどだ。シドニーを経由してゴールドコーストへ行き、最初の街でありTEARGASの地元であるブリスベンへ行く予定だ。

シドニー空港へ到着すると、まずは懸念の入国審査だ。審査で並んでいる間も、メンバーに緊張が走る。格好も普通だし、脱がされるとは思うが帽子も被っている。タバコの持ち込みが厳しく50グラムまでとあるが、タバコぐらい買えばいい。

オーストラリアにしかいない動物が多く、自然環境を破壊しないように植物などの持ち込みにも厳しいようだ。荷物検査が大変かもしれないと思っているうちに、前の人間の審査が終わった。

俺の順番がやってきて緊張しながら審査ブースへ進むと、審査官は隣の審査官と笑いながら話している。パスポートを出してもこちらを一瞥もせず判子を押すではないか。

「え？　え？　あれ？　これだけ？」

帽子も脱がないまま入国審査が終わる。拍子抜けにも程がある。

「入国審査ってこんなに簡単だっけ？」と思っていると、みんな続々と簡単に入国してくるではないか。荷物検査ブースに進むが、二手に分かれている通路の、審査が必要ない方の通路に通される。ここまで緊張して入国に不安を持っていたのが馬鹿らしくなるほど、簡単に完了した。

秋山が少し引っかかっていたが、すぐに通されたようで、無事みんな入国できて安心のひとときだ。秋山以外は簡単な入国審査で、多くてもひとことふたこと程度の会話で入国できたようだ。会話すらしていない俺が一番簡単だったようで、アメリカの入国審査の厳しさを異常に感じるほどのものだった。

テロが起きたのであそこまで厳しいのだろうが、最初のアメリカのときは機材も持っていけるほどだったので、厳しくなっていった理由は別にある気がしてならない。

まぁしかし、ここはオーストラリアだ。無事入国もできたし、とりあえず喉も乾いたので何か買おうと売店などを覗いてみると高い。350mlの小さなペットボトルの水で3.5ドルほどの価格だ。当時、オーストラリアドルは1オーストラリアドルで78円程度だったので280円くらいだろうか。1ドルは日本の100円のように使うので、感覚としては350円だ。以降1オーストラリアドルは、感覚的な価格の100円として表記する。

「空港だから高いのかな?」などと、それほど気にせず外へ出ると暑い。日本のような湿気はないが真夏のオーストラリアの日差しは強く、真冬の日本から来た俺たちは南半球を実感した。

空港には、TEARGASのギターであるジョーディーとウィルたちが迎えに来ていて、車に乗り込み「とりあえずビールを飲もう!」と、近くのバーに行くこととなった。

「さて、オーストラリアビールはどんなのかな?」

と見てみると、値段がおかしい。俺の英語力の問題なのかな? しかし、1杯9ドルと書いてある。ビール1杯900円? 迷っていると、ジョーディーがピッチャーでビールを買ってくれたので、とりあえず乾杯する。

話を聞いてみると、やはり1杯ワンパイントで9ドルで、オーストラリアでは普通らしい。

「高ぇなぁー!」と思っていたら、店にあったタバコの自動販売機でさらに愕然とする。

「マルボロが一箱20ドルだよ……」

タバコ一箱に2000円! 持ち込みが厳しいので、ほとんど日本から持って来ていない。フクちゃん以外タバコを吸うFORWARDメンバーには死活問題だ。

「これはやばいね」

この先が思いやられるオーストラリアの物価だが、しかしビールが美味い。COOPERSというIPAなのだがクセがなくスッキリしていて飲みやすく、酔う。いくつか種類もあって、オーストラリアではビールに困ることはなさそうだとひと安心。

ピッチャーを飲みきってしまったので、新たにビールを頼んだが、美味いけど高い。スカイライナーをケチったのは結果的に正解だった。初めての国でワクワクするが、金銭的には悩ましいツアーになりそうだ。

ブリスベンにあるウィルとベースのマイケルが住む家に到着すると、夜には最初のライブのため、休めるようにマットなどが敷かれていた。家も広いし快適で、かなりの気づかいに優しさが身に沁みる。だが、いきなり寝るなんて勿体なさすぎる。ビールを飲みながらワイワイやっていると、オーストラリア特有の調味料であるベジマイトを食わせてくれるという。

パンに塗られて出てきたベジマイトなるものは、焦げ茶色のペーストで、見た目はチョコペーストに見えなくもない。恐る恐る口にすると、これが死ぬほど不味い！　今にも吐き出したくなる、しょっぱくて苦くて酸味があるようなとんでもないブツだ。

オーストラリア人はみんな笑っているが、感覚的には日本で海外の旅行者に梅干しを食べさせるようなものだろう。特徴的な味がする国独自の食べ物を振る舞うのは、どこの国でも同じようだ。海外あるあるではあるが、これも一種のパーティーで、やはり海外ではホームパーティーが普通である。

日本は住宅事情が違うので、都市部に住むパンクスには、海外のような大人数でのホームパーティーを経験することなどないだろう。2年ぶりの海外だがパーティーの楽しみ方は分かっている。ライブまでの時間、みんなでパーティーを楽しんだ。

今回のオーストラリアツアーだが、実はTEARGASがすでに解散状態だったようで、ドラムのリーはブリスベンではなく南のメルボルンに住んでいたりして、ほとんど活動していなかったという。

しかしFORWARDがオーストラリアツアーを行うというので、急遽活動を再開してくれて、TEARGASの見納めとなるようなツアーだったようだ。そこまでしてくれたTEARGASの事情を俺たちは後から知るのだが、そんなことを感じさせないTEARGASの素晴らしいライブを、この日初めて体験することとなる。

FORWARDは初めてのアメリカ以外の国でのライブだ。どんなツアーになるのかワクワクしながら、COOPERSに舌鼓(したつづみ)を打つパーティーは続いた。

オーストラリア初日

#46

到着した当日のライブなのだが、俺は髪の毛を立てなければならない。アメリカのときは、長いモヒカンを全て細い三つ編みにしていたので、立たせていなかった。

しかしアメリカツアー後に、恥ずかしながら逮捕されたことがあり、逮捕が過去1度や2度ではないので、髪を切らないと懲役刑になってしまう可能性があると弁護士に言われ、泣く泣く断髪したため短くなっていた。

髪形はモヒカンのままなので、たいした意味がないと思うかもしれない。しかし2か月ほどの留置場や拘置所の拘留中に横を伸ばせば、一見ツーブロックのような普通の髪型に見える。

高校生時代にモヒカンにしたときの、学校に見つからないための手段と一緒だったのだが、結局、お上的な権威はどれもみんなたいして変わらない。うわべだけ整えておけばいいといった、唾棄すべき価値観しか持ちあわせていない。

裁判で運良く懲役刑は免れたのだが、切ってしまった髪の毛を眺めていると「これは立てられる長さだな」と思い、それ以降10年ぶりぐらいに、ライブのときには髪を立てるようになっていたのである。

日本からドライヤーも持って行き、現地でスプレーも入手して、パーティーが続く中で髪の毛を立てる用意をし始める。ドライヤーのプラグを海外用の変換コンセントに差して、スイッチを入れる。うんともすんとも言わない。

「あれ？ 電圧が違うのかな？」

海外仕様もできるドライヤーをわざわざ買ったので、電圧を変えてスイッチを入れる。しかしまたもや、うんともすんとも言わない。

「だめだこりゃ」

オーストラリアの電圧にドライヤーが対応していないらしく、ドライヤーなしで髪の毛を立てるしかない。30年以上モヒカンであり続けた俺でも初めての体験だ。逆毛と手の熱を駆使してなんとか立てることはできたが、納得のいかない仕上がりである。しかしどうにもならないので、そのままライブへ向かった。

金もなく物価の高いオーストラリアでドライヤーを買うなど到底無理だ。借りるにしても壊してしまう可能性もあるので、ドライヤーなしでこのツアーを乗り切ることとなる。

さて初めてのオーストラリアでのライブだ。一体どんなライブになるのか楽しみだ。会場は結構広めのライブハウスで、キャパとしては200～300人規模だろうか？　ステージは高さもあり、聞くところによるとブリスベンでは老舗のライブハウスだという。

開場すると満員というわけではないが、それなりに客が入っている。ほとんど観たことのないと思われる日本のハードコアをどう思うのだろう？　初めて行く国の初めてのライブに、ワクワク感が止まらない。

何バンドか出演したあとに、いよいよTEARGASの登場だ。初めて観るのだが、日本のハードコアからの影響も大きいのだろう。ツインギターの奏でるギターソロハーモニーはジャパニーズハードコアを連想させ、ボーカルの迫力もある。ドラムもリズム感とドラミングがかなりいい。ドラムと絡むベースも味がある。オーストラリアではかなり人気で、アメリカツアーや「CHAOS IN TEJAS」出演もうなずける素晴らしさだ。

「カッコいい！　こんな素晴らしいバンドがオーストラリアにいたのか！」と驚いたのだが、観客の盛りあがりもかなりのもので、このバンドとツアーするのが、とても楽しみになるライブだった。

そしてFORWARDの出番だ。初めて観る俺たちを、観客はどう思うのだろうか？

案の定というか想定済みであったが、ライブが始まっても観客はおとなしく、遠目で観察している。

「はいはい。そういうことね」

こういった客には、俺たちなりのやり方で煽りたくなる。客席に突っ込んだり、客の目を見てひとりひとりに訴えかけたりしていると火がつき始め、最終的にはかなり盛りあがる素晴らしいライブになった。

俺たちを初めて観た客も、TEARGASのメンバーたちも認めてくれたようで、大盛況のライブで始まったオーストラリアツアーだった。

俺たちのことを好きでいてくれてライブで盛りあがるのは本当にうれしく、バンド冥利に尽きる。しかし、俺たちを初めて観る人間が、ライブによりびっくりして顔色や目つきまで変化していく様は、たまらなく楽しく充実感に溢れる瞬間だ。

海外ではこうしたライブを多く経験したが、日本でも全くジャンルの違うバンドとやるときや、イベント、フェスに出演するときなどに、海外での経験が大きく生きてくる。

始まる前と終わった後での、観客のギャップを感じるライブは麻薬のようなものだ。期待がない分ギャップも大きいのだろうが、自分がライブに行っていても、そういったバンドには心を掴まれる。期待して観てしまうと、先入観や思い入れがあるのでがっかりすることも少なくない。客にギャップを生み出すバンドは数え切れないほど存在するし、無名でもいいバンドに出会える「ライブ」という機会を、俺たちなりのやり方で海外まで持って行くだけだ。

繋がりがあれば、充実感を持って生きていける。認めあう精神が養われ、共有の輪が果てしなく広がれば、このおかしな世の中に何か変化が起きるかもしれない。有名無名に関係なく、バンドの可能性はそんなところにあるのではないか？　海外に行くようになってからそう強く感じるようになった。

しかしまだ日本とアメリカしか知らず、やっと3か国目のオーストラリア体験だ。まだまだ世界は広く、知らない国や文化はたくさんある。楽しみは多ければ多いほどいい。

終わった後、飲んで外へ出ると、人通りのないライブハウスの前の道を、白人男性とアボリジニの女性ふたりが歩いて来る。酔っていた上に初めての国なので話しかけてみると、結構ノリのいいお姉さんで他のふたりそっちのけで俺と話してくれるではないか。

突っ込んだ話ができる英語力もないのだが、酔った勢いもあって色々話し、お姉さんと路上で踊りだした。ふたりで楽しく踊っていたのだが、フクちゃんが呼びに来て、もう店が終わりだという。戻れと促されるが、酔っている俺は言うことを聞かない。諦めたフクちゃんは中に入るが、セキュリティの白人男性が鍵を閉めるなど店じまいの支度を始めた。

「まだ戻りたくないんだけど」と言っても、そんな話を聞いてくれるはずがない。

鋭い目で「どうするんだ？ ここにいるのか？ 入るのか？」と言われ、泣く泣くライブハウスに戻ったのだが、後にも先にもオーストラリアでアボリジニの人と触れあえたのはこのときだけだった。普通に街に住む面白く楽しいお姉さんだったが、なぜアボリジニが迫害されるのかは分からないままだった。

アメリカのアフリカ系や、日本の朝鮮半島系の人々もそうだが、どこの国へ行っても差別という理不尽に出会う。このときのお姉さんも、一緒にいた人間と居たくなかったのかもしれない。そうでなければ、わけの分からん酔っ払いモヒカンのアジア人と、一緒にいた人間を放っておいて路上でダンスするとは思えないのだが。

俺が迷っていたときもそばを離れず、何か事情があったとしてもおかしくはない状況であった。カモの外国人観光客に見られた可能性も高いが、そんなことを感じたライブ終了後の一幕だった。

ウィルとマイケルの家に戻り、少し飲んでからTEARGASのドラムで、メルボルンに住んでいたリーも一緒に泊まり、翌日はバイロンベイでライブだ。車で2時間ほどと近いようなので、「明日は泳ぎに行こう」と言われる。

そうだ！ 日本は正月でも、こっちは真夏だ。しかし事前情報で、オーストラリアにはワニとサメがうようよいると聞いていたので、海パンを持ってこなかった。

「ワニやサメは出ないのだろうか？」

くだらない心配をしながら、オーストラリアの夜は更けていった。

#47 サメとワニと犬

ブリスベンを出発しバイロンベイに向かう途中で、泳ごうという話になった。てっきり海だと思っていたら、森にある湖というか池というか、沼のようなところだった。

オーストラリアツアーが決定してから、日本でオーストラリアを色々調べていると、川や海などにサメやワニが出現するという情報があった。日本は真冬の正月だが、南半球で真夏のオーストラリアなら泳げると思って楽しみにしていたのだが、ワニとサメにビビり、海パンをツアー用の荷物から外した。

泳ごうといった沼のような場所は、いかにもワニが生息していそうなところで、ビビっていた俺は海パンもないので泳がなかった。しかしSOUICHIとYOU、フクちゃんは、TEARGASのメンバーと泳いでいる。ワニに食われたらツアーどころではない。そんな俺の心配をよそに、かなり楽しんでいる。

だってワニだぞ？　人家があるようなところでもワニが出るというのに、こんないかにもな所で泳ぐなんて。しかし実際出現したのは、フルチンの地元のおっさんだけだった。

バイロンベイに到着すると、ライブまで時間があるというので、地元のパンクスも合流して海で飲むことになった。海か。今度はサメの恐怖だ。

さすがに泳がないだろうと思っていたら、やはり泳ぐ人間はいなかった。さっきの沼よりも、この海の方が断然泳ぐには良さそうなのに「ははぁ〜ん。やっぱりサメだな」と勝手な判断で、ひとり納得する。

このとき合流したのは、メルボルンやシドニーから来てくれたパンクスで、後のツアー全てに、自分たちの車でついてくることとなる。シドニーで一緒に出演するUNKNOWN TO GODのボーカルで、後にヤップとENZYMEを結成するステューの他にも、ツアー後に再度オーストラリアへ訪れた時に世話になった、メルボルンに住んでいるフィルなどもいて、俺たちを楽しみにしていてくれる人間に歓迎されるというサプライズもあった。

オーストラリアもアメリカ同様、公共の場で酒は飲めないのだが、海では、みんな気にせず飲んでいる。アメリカほど厳格ではないのか、浜辺だから大目に見てくれるのか、ひと盛りあがりしてライブ会場に向かった。

ライブ会場に到着してみるとガレージのような倉庫だ。アメリカで経験したガレージショーに近い会場で、かなり好みのタイプで楽しみになる。こういったタイプの会場でライブをやらないのは日本だけなのかもしれない。恵まれた環境でライブができるのは日本の素晴らしさだと思うし、ガレージやハウスなどでライブができるのは、海外の素晴らしさであると思う。

お互いの良さはあるのだが、日本のバンドは、金がなくても無理して自腹でライブをやったりする。会場費がかかる商業至上の資本主義どっぷりのシステムに抗うライブをやり続けているのが、海外パンクシーンである。日本でも見習うべきところは非常に多いが、搾取を極力排除した環境でライブができるのは、広大な土地や住宅環境、一般の音楽に対する理解による部分が大きいと思う。

その点、日本は音楽などの芸術という文化に対してまだまだ発展途上であり、伸びていく余地が十分にあるだろう。芸術に対する日本の環境に変化を起こすためにも、世界との繋がりは大切だと実感する。良いものは取り入れるべきだ。その変化を恐れてはならない。

ライブハウスという素晴らしいシステムに、甘えきって活動しているのが日本のバンドの実情だ。日本のライブハウス文化は独自のものだ。バンドの立場に立ったライブハウスもあり、日本のライブハウスシステムは、海外で知られるべき素晴らしい文化であると思っている。アンプがある日本のライブハウスで活動していると、ギタリストやベーシストにもよるが、どんなアンプでも自分の音を作れるようになる。特に日本のハードコアバンドには、環境に応じて自分の音を作れる演奏者が多いように思う。

元DEATH SIDEのCHELSEAに至っては、ギターすら持ってこないで、出演者にギターを借りても、自分の音を作れる域にまで達していた。借りたギターを投げ壊すというとんでもないこともしていたが、アンプもギターも自分の機材を必要としないギタリストだった。

日本のハードコアバンドは、金がないのでほとんどアンプが買えないのが実情だと思う。持ち運びに車も必要だ。維持費や管理場所などの問題もあり、アンプ1台でもかなりの出金がある。海外と日本の違いに愕然(がくぜん)とするが、どんな環境でも自分の音さえ作れるようになれば問題ない。好きな音を作れるのは、金がある人間だけではない。その点FORWARDのメンバーは素晴らしい。貧乏でも良いことはあるものだ。実際、最初のアメリカツアー以外、機材を全て借りている。サウンドチェックもほとんどせずに、自分の音を作りあげている。これは職人の域に達していると言える、素晴らしさのひとつだと思う。海外のバンドでも、ツアーのときには同じ環境が多いと思うが、自国では自分たちの機材を持っているのがほとんどだ。そうしなければ、ガレージショーやハウスショーといったライブができない。

日本と海外の違いで、お互いに良い部分を吸収しあって発展させれば、おかしな事実や納得いかない現実が変化していくはずだ。

偉そうなことを書いているが、この日のライブには犬がいた。俺は犬が苦手だ。犬がいるライブというのも日本では珍しい。ORdERのライブのときに、ボーカルのコースケの犬・闇がいるぐらいで、日本で犬を見かけることなどほとんどない。

子どもの頃に嚙みつかれて以来、犬には恐怖心がある。アメリカツアーでだいぶ慣れてはいたのだが、この日の犬は、なぜか俺を見ると吠える。こうなるともうダメだ。ライブが始まっても一番前に犬と飼い主がいて、俺が出てくると吠えまくられる。1曲目の歌詞がすっかり頭から飛んでしまうほどで曲が終わってから飼い主に「頼むから犬を連れて行ってくれ。俺は犬が苦手なんだ」と言って外に出してもらい、ようやくライブに集中できた。

集中できればこちらのもので、ガレージジョーの環境は大の得意だ。フラットなステージで客との境がないため、客席に入りスマホを見ている人間の顔を覗き込んだり、壁際に張りついている人間の目を見つめて歌ったりしていると、みんなライブに注目してどんどん盛りあがってくる。やはりこうした環境は性にあっている。

この日出ていたTEARGASのギターであるウィルがドラムを叩き、ジョーディーがギターを弾くLAST CHAOSというバンドもカッコ良く、TEARGASも素晴らしいライブだった。大盛況で幕を閉じたライブだったが、この日はここに泊まるという。

みんなで雑魚寝しながら、くだらない話をしているのが楽しい。これもツアーの醍醐味である。

すると何人かが、シャワーがわりに海へ泳ぎに行くという。ライブでかいた汗を、夜の海で流すのはさぞかし気持ちがいいだろう。日本でも野宿が続いたツアーの時に経験しているが、あんなに気持ちいいものはない。それじゃあ、ひとっ風呂ならぬ、ひとっ海にでも行こうかと思った瞬間、俺は思い出した。

オーストラリアの海にはサメだ！ お前らも言ってたじゃないか。オーストラリアの海でサメが出るのは普通で、おまけにワニが海にいるときもあると。

どうしてそんなところへ泳ぎに行くんだ？ それも夜だぞ？ お前ら『ジョーズ』のオープニングを覚えていないのか？ 夜の海をひとりで泳いでいた綺麗な女性が、ジョーズに襲われたじゃないか！ 俺は行かない！ 海には行きたくない。

とまぁ、そこまで頑なに拒否したわけではないが、サメの恐怖に怯え海は断念した。海に行った連中は、さっぱりした顔で帰ってきて「気持ちよかったぞ！ ISHIYAもくればよかったのに」と言っている。俺が過剰にサメを怖がりすぎなのだろうか？ それともサメが日常的なこいつらがおかしいのだろうか？

これは『ジョーズ』のせいだな。頭を『マッドマックス』に切り替えよう。「結局映画かいっ！」というツッコミはさておき、オーストラリア2日目の夜は、サメのことを考えながら更けていった。

#48 フレンドシップ

次の街ニューカッスルまでは、車で8時間ほどだ。遠いので簡単に朝食を済ませ出発かと思いきや、海で泳ぐことになる。頼む。俺の頭の中からサメを取り払わせてくれ！海パンを持っていないが、気持ちの良い夏の海だ。上半身だけ裸になり海岸でうだうだして、みんなが泳ぎ終わるとようやく出発する。

この日の移動はかなり長いとのことで、途中のサービスエリアへも何度か寄ったのだが、昼飯のときに頼んだブリトーと350mlほどのミネラルウォーターだけで20ドル以上もした。前日の晩に寄ったコンビニでも、サンドウィッチが5ドル以上して、改めてオーストラリアの物価の高さに驚く。

しかしオーストラリアでは、最低時給が20ドルと法律で決められていて、セブンイレブンなどのコンビニのバイトでも月給30万円ほどは稼げるという。

「オーストラリアに引っ越すか！　現場仕事なら月に半分働きゃいいだろ」

「いや、それは日本に住んでればじゃね？」

「あ、そうか！　ダメか！」

くだらない話をしながら車に乗っているのだが、なかなか到着しない。オーストラリアの広大さは、かなりのものだ。

10時間ほどかかってようやくニューカッスルに到着すると、今回のツアーのオーガナイザーであるヤップが待っていた。車を降りるとかなり涼しい。ヤップも革ジャンを着込んでいる。再会を祝うのもそこそこに、みんなで荷物からゴソゴソと長袖を引っ張り出す。

ようやく落ち着き、会場に入ってみんなで乾杯。ここのビールは少し安く、いい感じの飲み屋のようなレストランのようなところで、200人ほどは余裕で入れそうなキャパだ。

ヤップはここでライブをやったことがあるというが、どうにも客がおとなしい感じでやりにくいという。しかし俺たちはそんなことは気にしない。気にしないどころか、ライブで客を振り向かせるのが大好きである。

開場すると、客もまばらで他のバンドの時やTEARGASのときでも、おとなしく遠巻きに観ているだけだ。ステージがあってフロアがあるのだが、その後ろにある通常営業のスペースで、座っていたり、飲み物をテーブルに置いて立っていたりする客ばかりだ。フロアに客がほとんどおらず一向に盛りあがらない。

俺たちが始まってもその様子は変わらないので、俺はステージを降りて客席のフロアへいった。奥のテーブルにいるなら、そこまで行って歌えばいいだけで、見えない客がいるのであればテーブルや椅子の上で歌えばいい。

いくつものテーブルの上や椅子の上で歌い、歌いながら会場内をぐちゃぐちゃにしていると、ヤップが盛りあがって肩を組んできたので、一緒に会場内を徘徊する。散々やっていたらテーブルの上から転げ落ちたりして、終わったあとに気づくと、足首を捻ったようでかなりの痛みで腫れている。まぁしかし、これも楽しく充実したライブの証だ。

少ない客を釘づけにして、おとなしい客はみんな目を丸くしていたが、その後は笑いながらノッていたり写真を撮ったりと楽しんでいた様子だった。手応えがあり、ライブ後には多くの客に話しかけられた。一緒に出演したパンクでも何でもない、普通のロックバンドの兄ちゃんにもTシャツをプレゼントされるなど、大成功のライブであった。

どこの国でもそうだが、全く知られていないアウェイ感の強いライブは、本当にやり甲斐があるし楽しい。

ライブ後の会場は打ち上げ状態で、かなり盛りあがっていたのだが、次のシドニーまで移動するという。

飲み足りなかったが、泣く泣く車に乗り込むと、飲んでいた時の高いテンションは収まらず、車の中で大宴会だ。あっというまにシドニーに到着し、ずーっとついてきているステューの家に泊まる。ここでも大盛りあがりで、ステューの彼女のウィッグを被って大笑いしながら、大宴会の夜は過ぎていった。

分かっていると思うが、英語がちゃんと話せるのはSOUICHIとフクちゃんだけだ。俺も少し話せるようにはなってきたが、秋山とＹＯＵは全くといっていいほど英語が話せない。

しかし初めて来た国のオーストラリアで、初めて会ったTEARGASやステューたちと、ここまで盛りあがれるほど心が通いあっている。SOUICHIやフクちゃんの英語に頼る部分は大きいが、各自でコミュニケーションを取って楽しくやっている。

理解しあおうとする気持ちと、相手を受け入れようとする気持ちがあれば、言葉の壁など関係なくここまで楽しく過ごせるのだ。これは言葉が通じる日本人でも同じである。

自己主張は非常に大事だ。しかしそればかりで通用するほど甘くない現実が、世の中には存在する。その事実を認識して受け入れられるかどうか。そこは一般の人間が居る場所での関係でも、たいした違いはないはずだ。相手を思いやる気持ちが重要だが、日本では思いやりの気持ちが、どんどんなくなっている気がする。

翌日は、「首都シドニーでのライブだ！」と思っていたら、オーストラリアの首都はシドニーではなくキャンベラという街らしい。知らなかった。首都でライブが行われないなんてこともあるんだな。やはり世界は広い。

前日に到着しているため、シドニーではライブ前に観光をするという。俺はライブで痛めた足首が利かず、みんなの歩くペースについていけない。しかしＹＯＵがずっと寄り添っていてくれる。「優しいねぇ。ありがとう」などと思っていたら、ＹＯＵがオペラハウスへ行くための乗船券をなくしたという。そんなに俺に気を使わなくてもいいのに。

このツアーでＹＯＵは、毎朝起きると「パスポートがない」と言うのだが、毎回見つかる。そのうちTEARGASのメンバーにまで「もう一度よく探してみろ」と言われるようになり、やはり見つかるというボケをかましまくっていたので、乗船券もその一環だったかもしれない。

しかしとにかく、俺の足首の怪我にＹＯＵが気を使ってくれていたのはうれしかった。長年一緒にやってるだけあって、頼りになるね。

連日のライブが当たり前の海外ツアーでは、無理やり時間を作らないと、観光に行く機会はほとんどない。しかし今回は、ヤップやTEARGASのメンバーが「オーストラリア観光ではここ！」というシドニーに連れて行ってくれた。シドニーは入江のようになっていて、船で移動するのが一般的だという。地元の人も普通に船を使っていて、入江のバーでビールなんぞを飲んでいると観光気分にも浸れる。寝る場所や移動中などツアー中の普段の生活でも、TEARGASやヤップの気づかいが感じられた。

最初は日本のツアーで感じたことであるが、パンクスの世界というのはどこへ行っても変わらず、優しく愛に満ち溢れている。くだらない冗談でバカ笑いもするし、社会規範に外れたこともさんざんやる。しかしいつでもライブは真剣で、人生の全てを懸けているようなバンドばかりだ。そんなバンドだからこそ通じあえるのだが、ここまで通じあい繋がりを感じられるシーンも珍しいのではないだろうか。

世界のアンダーグラウンドシーンでは、ヘヴィメタルシーンが一番大きく、スラッシュメタルやデスメタル、グラインドなどの差はあるが、世界中どこに行ってもメタルの繋がりが存在する。

その次に世界のアンダーグラウンドシーンで繋がりがあるのが、俺たちのいるハードコアパンクシーンではないだろうか。ヒップホップになると、もっと多様だとは思う。俺自身がヒップホップの世界とは繋がりがないので分からないのだが、バンド形態で演奏する音楽では、メタルとハードコアパンクが世界では大きな繋がりを持つジャンルだと思う。

自著『右手を失くしたカリスマ　MASAMI伝』を読んだ方ならわかると思うが、見事に暴力の世界の中で生きてきた俺にとって、海外で受けるホスピタリティは、かなり衝撃的だった。

俺はこの世の全てが敵のような世界で生きてきた。しかし海外という別の世界を経験してから、牙を剥く方向が定まってきたように思う。アナーキズムの基本精神である「相互扶助」が、人間の中に色濃く存在している世界が、ハードコアパンクシーンだと感じている。「相互扶助」は動物に備わっている精神だ。人間以外の動物では、異種間同士で助け合うし無駄な殺生は行わない。

人間は、そんな動物の生き方から道を踏み外したために、今のような世界が出来あがったのではないか？ 互いに思いやり、助けあって行けば、世の中は少しずつでも良くなるはずだ。こんな腐った世の中だからこそ、せめて信じられる仲間同士は、助けあい支えあっていこう。

そんなことを海外のパンクスのホスピタリティによって、教えられた気がする。ああ、でも日本のハードコアパンクでも、最初からみんな俺を助けてくれていた。

結局海外でも日本でも、ハードコアパンクスの優しさは同じなのかもしれない。それもこれも全て、ハードコアパンクバンドをやっていたからこそ経験し、知ることができた。それではどうすれば、おかしな世の中は変わっていくのか？ 俺の課題はどんどん浮き彫りになっていく。

#49 メルボルン〜オーストラリア最大のパンクシーン

オーストラリアでライブをやっている最中にも、俺の拙い英語で、必ずメッセージを伝えるようにした。ツアーを行った2014年の日本は、まだまだ震災の爪痕は色濃く残っており、放射能被害に至っては新事実やその実態が次々と判明していた。2012年末に政権の座に返り咲いた自民党の政策によって放射能被害は拡大する一方であった。子どももいるために放射能被害に対して敏感にもなっていて、憤りを感じていた。

世界最大のウラン埋蔵国で、トップクラスのウラン生産・輸出を行うオーストラリアの観客に「ウランの輸出を止めるように何とかしないか?」といったMCに対して笑う客もいた。

しかし、「笑っている場合じゃねぇんだ!」と真剣に怒り、日本の放射能汚染の現状を伝え「ウランの輸出を止めるためにオーストラリアパンクスは闘ってくれ!」と言うことで理解を得た場面が多くあった。MCによって、オーストラリアがウラン生産国であることに気づく客もいたようで、同意するような言葉が客席から飛んできたこともあった。

さらにウランの埋蔵量や生産量の事実を知っていても、これまで深く考えずにいた人々に、日本の放射能被害を伝えたことで、改めて考えてくれた客もいた。こうした俺たちのライブによって、オーストラリアにも日本の現状を伝えるという最低限のことができていればよいのだが。

オーストラリアでも日本のハードコアの人気は高く、影響を受けている人間がたくさんいた。

シドニーでは日本人がメンバーにいるバンドも出演し、観客にサイコビリーの日本人もいた。話をするとオーストラリアに住む日本人も多いという。

一緒にツアーを回っているTEARGASも日本のハードコアに影響を受けているのだが、今回のツアーにずっとついてきているステューのバンドUNKNOWN TO GODのドラムであるグレンもそのひとりで、俺たちをかなり楽しみにしていてくれた。

この日に共演を果たしたUNKNOWN TO GODは、お世辞にも演奏が上手いとは言えないが、情熱と心意気はまさにパンクそのもので、オーストラリアの地でジャパニーズ・ハードコアパンクの影響を多大に受けたサウンドで活動している事実には心を動かされた。

終了後にはステューの家で再びパーティー予定だったが、グレンが「なぜ俺の家に来てくれないんだ」と言うので、急遽グレンの家でパーティーを行うことになった。

グレンの家に行くと、かなりのジャパニーズ・ハードコア好きと分かった。日本のバンドのレコードをかけて、日本のハードコアが好きだという話をしてくれた。後年、何度か日本にやって来て、その度に会っていたグレンだったが２０２０年に他界してしまった。体がでかくてめちゃくちゃイビキのうるさい奴だったが、優しくて気のいい素晴らしい男だった。グレンと過ごした時間は少ないが、彼のことを忘れはしない。心から冥福を祈る。

翌日は、ヤップの地元でありオーストラリアパンクシーンとしては最大規模の街であるメルボルンだ。車で12時間かかるという。これだけ長距離の移動は、アメリカツアーでもなかなかない。

しかし西海岸にあるパースへは、メルボルンから車で1週間ぐらいかかると言われる。距離的には３４００ｋｍぐらいなのだが、途中に何もないために　ガソリンを積んで行かなければならないという。

そんな話をしながら長い車移動をしているのだが、この辺りになると持ち金もかなり厳しくなっている。

オーストラリアはパイが非常に美味しく、パイさえ食っていれば食事には困らないほど種類も多く、何かといえばパイばかり食べていたのだが、確か直径7～8ｃｍ、厚さ3ｃｍほどの大きさで10ドル前後したように思う。ひとつでは腹一杯にならず、サイドオーダーや飲み物も頼むと、優に30ドルになってしまう。毎食3000円の出費では金がなくなるのも当然だ。

完全に金が底をつく寸前だった秋山は、田舎町の小さな何でも屋で、2～3ドルの、得体の知れない甘そうなパンがたくさん入っているものを見つけて、当面食料にすると買い込んだ。味見してみるとこれが笑ってしまうぐらい不味い。

TEARGASのメンバーに勧めても断られるほどの代物で、秋山はパンでしばらく食い繋いでいたが、このあたりになるとタバコも厳しくなってくる。元々俺は日本でも手巻きタバコを吸っているのだが、なくなってしまった時には20ドルでひと箱買うよりも、手巻きならば同じ値段で量も多いので手巻きタバコを買ったが、それでも高い。

タバコを吸っていると、ライブだけではなく街でも普通のお姉さんが、「1本ちょうだい」と言ってきて、手巻きタバコを渡すと器用に巻いて「ありがと」と言って去っていくなど、日常でタバコをたかられる確率がかなり高い。

あまりにタバコに困っているメンバーを見かねたのか、TEARGASのドラムのリーはタバコをやめていたのに吸い始め、タバコのないメンバーにくれるようになった。今日が終了してもライブはまだ3回あり、帰国までも2日ある。さてどうなることやら。

やっとのことで会場のBENDIGO HOTELに到着すると、その名前の通り2階がホテルになっていて、今日はそこに泊まれるという。会場は大きくステージの高さもありバーも併設されていて楽屋も広い。

オーストラリアは開拓時代に、ホテル営業の許可がないと酒の販売ができなかったため、その名残でバーやパブとホテルが一緒になっているのは珍しくないという。

ライブができて酒が飲め、おまけに泊まれるという、こんな場所が日本にも欲しいと切実に願うような素晴らしい環境だった。

街中にポスターやフライヤーが貼ってあり、TEARGASのメンバーも「メルボルンは盛りあがる」と言っている。開場すると、オーストラリアツアーでは1番の客入りで、中庭にはタバコを吸いながら酒を飲めるスペースがあり、そこも客でごった返している。メルボルン・ハードコアシーンはかなり大きく盛りあがっている。

メルボルンでのTEARGASの人気も凄まじいもので、この日のライブは観客の盛りあがりがツアー中で1番だったかもしれない。つくづく来日していなかったことが悔やまれる素晴らしいバンドだとTEARGASの凄さを実感するライブだった。

そしてFORWARDのライブが始まったのだが、ものすごい盛りあがりで、かなり満足感のあるライブができた。終わったあとにも店のオーナーが「お前らよかったぞ！　飲め！」とウイスキーを飲ませてくれるなど、大盛況でライブは終了した。

しかしこのオーナーが振舞ってくれたウイスキーで火がついてしまい、バーで秋山とフクちゃんの3人で夜中まで飲んだ。そろそろ寝ようと2階にある部屋に行くが、TEARGASとFORWARDの8人に加え、ヤップとフクちゃん総勢10人が2段ベッドふたつと、狭い床で寝なければならない。どう見ても寝るスペースがないので俺は机の下で寝たのだが、手足が伸ばせず酔っていても眠れない。

「そうだ！　楽屋が広くソファーもあったから、そこで寝よう」と、部屋を出て2階から1階のバーへ行く扉を開けて階段を降りようとした。しかし扉の外側にある踊り場が金網の柵で囲われ、鍵がかかっていて降りられないようになっている。仕方ないので部屋に戻ろうとするが、ホテルへの扉がオートロックで開けられない。その場で寝ようとするが、階段の踊り場では手足どころか体を丸めなくてはならないので、ドアをガンガン叩いていた。するとホテルの一室にいたバーテンダーの兄ちゃんが気づいて、やっと入ることができた。

帰っても眠る場所がないので、廊下でぶっ倒れていたら、またしてもバーテンダーの兄ちゃんがやって来て、部屋で俺を寝かせてくれると言う。感謝感激雨あられである。やっと眠りについたのは、夜が明けようとしている時間だった。

しかしこのとき、翌日のアデレードまで12時間かかるため早朝出発だということは、頭の中に微塵（みじん）も残されてはいなかった。

オーストラリアツアー最終日

#50

バーテンダーの兄ちゃんの部屋で寝ていたらSOUICHIが起こしに来た。どうやらみんなが目覚めてから、俺を探しまくっていたらしい。申し訳ない。

早朝でかなりの宿酔だ。宿酔というかまだ酔っている。車に乗り込み即座に爆睡してしまったのだが、これが幸いして12時間ほどかかる移動時間の半分を、眠って過ごすことができた。結構眠ったと思っていたのだが、それでもまだ時間がかかるという。SOUICHIは野良カンガルーを見たようで、オーストラリア大陸の本領が発揮された土地を、延々とドライブする。

あまりにも退屈なのだが道路を見ていると、映画『マッドマックス』シリーズ最初の作品で、カワサキのバイクがぶっ飛ばしていたあの景色に酷似（こくじ）していてうれしくなる。こんなところをバイクでぶっ飛ばして、マッドマックス気分に浸りたいものだなどと思いながらも、果てしなく移動は続く。

ようやくアデレードに到着したのは、夕方も遅い6時ごろだった。しかし南海岸で南極海に面した街なので、この時間でもまだまだ明るく、日本の夕方になりかけの雰囲気だ。とりあえず飯を食いに行こうとフードコートに行くと、カンガルーの肉料理まである。さすがに誰も食べなかったが、日本の鯨肉やイルカ肉、中国や韓国の犬肉、猫肉のような感覚で、オーストラリアではカンガルーを普通に食べるのだろうか？　カンガルー料理には正直驚いたし、その事実には考えさせられるものがある。

アデレードの会場はバー営業がメインで、奥にライブのできるスペースがある店だ。キャパは１００から１５０人程度と思われる広さで、ＰＡもきちんとしていてやりやすそうだ。おまけにアデレードはオーストラリアビールの

COOPERSを製造している街らしく、出演者はバーでビールが飲み放題だ。COOPERSの全種類が揃っていて、生ビールで飲めるというではないか。COOPERSを堪能しながらライブが始まると、こんなに遠い街でも多くの客が来てくれた。

ライブもかなり盛りあがったのだが、終わったのは午前1時。かなりの疲れと、COOPERS飲み放題によって泥酔に近い。そして夜中の腹ごしらえで、またしてもパイを食べに行く。このときは甘いパイもあって、全種類かなり美味しく、改めてオーストラリアのパイに感動した。ヴィーガンとなった現在でも、オーストラリアへ行った際に食べられるパイがあればいいのだが。

夜のうちにメルボルンまで戻るという話も出ていたが、夜中にあの12時間の距離を走るのは、かなりキツイものがある。おまけに夜中に走っていると、車に野良カンガルーが激突して大事故になることもしばしばあるという。夜中のそんな危ない道を、わざわざ移動する必要もないので、この日は少し走った場所にあるライブハウスで泊まることとなった。

このライブハウスがかなりいい感じで、ステージの後ろの壁にはＷＷＥ時代のアンドレ・ザ・ジャイアントとハルク・ホーガンの異常に大きい写真が貼ってある。ライブをやればアンドレとホーガンをバックに演奏する形になるので、個人的にはどうしても盛りあがってしまう環境だった。

「次に来たときには、ぜひ、ここでライブがやりたい」と伝えた。泊まるために整えられた環境も素晴らしい。かなりの数のベッドマットがあり、シャワーもある。スペースも広く、みんながゆっくりと休める場所だった。

海外にはこうしたかなり素晴らしい環境が整った、宿泊できるライブハウスがある。メルボルンのBENDIGO HOTELといい、オーストラリアならではなのかもしれないが、ツアーがやりやすく、バンドや音楽が育つ環境が充実しているのは羨ましい限りだ。

翌日のツアー最終日は再びメルボルンでのライブになるのだが、移動がまたしても12時間。ツアーも終わろうかというときに、2日間に2回のライブがあり移動が24時間という、とんでもないスケジュールだ。

しかしこの素晴らしいツアーの最終日ともなれば、ハードスケジュールも大した問題ではない。そんなことよりも、ツアーラストライブがどうなるか、ワクワク感でいっぱいだ。

会場は先日ライブをやったBENDIGO HOTELではなく、郊外にある倉庫を改造したような、D.I.Y.のパンクスたちが集まる場所だという。通常のライブハウスとは違い手作り感が満載で、パンクバンドが演奏するのにふさわしい雰囲気が、ありありと伝わってくる。エンジニアは真剣に音を聴きながらライブの音作りを行い、ビールも安く、集まる人間全てが理解しあい、助けあい、認めあいながら運営されているような、素晴らしい場所だ。

超満員で否が応にも盛りあがるシチュエーションが揃っている。今回のツアーで2度目のメルボルンでもあるし、観客の期待が伝わってくる。

この日の少し前から、このツアー最終日のTEARGASのライブで「DEATH SIDEを1曲演奏するので歌ってくれないか?」と言われていた。もちろん快諾して、TEARGASのメンバーをバックにDEATH SIDEの「MIRROR」を歌うことになった。

DEATH SIDEのベースであるYOUもいるのだが、それまでTEARGASで練習もしてきたのだろう。ライブのときにベースのマイケルは、かなりやりにくそうにしていて少し間違えたりもしたが、YOU本人の前で弾くのでは仕方がない。かなり緊張もしたのだろう。それまでFORWARDで、CHELSEAの日だけはDEATH SIDEのカヴァーをやったことはあるが、それ以外で、ましてやYOU以外のベースでやるのも、DEATH SIDEの解散以降初めてのことだ。

TEARGASのステージに俺が登場するとかなり盛りあがってくれ、YOUが客席でDEATH SIDEでノっているという面白い状況の中、大盛況でTEARGASのライブが終了した。FORWARDのときも客はものすごい盛りあがりで、会場の雰囲気や客も含め「これぞオーストラリアンハードコアパンク」というものを体験できた、素晴らしい最終日となった。

初めて訪れた国オーストラリアで、ここまで素晴らしいライブの数々ができたのも、オーガナイザーであるヤップとTEARGASのおかげである。

俺たちはただ、自分たちが信じているものを音にして、誰にも縛られずにやりたいようにやっていただけなのに。海外の友人の多大なる協力によって、かけがえのない経験ができた。俺みたいな人間がここまでの経験ができたことに、相当な驚きがあり、いくら感謝しても足りないフレンドシップに感激する。本当にありがとう。

最終日後にオフ日があったのだが、そこでもヤップやTEARGASは、街や動物園などに連れて行ってくれた。ヤップはヴィーガンで、動物の権利を守る生き方をするパンクスなので動物園には反対のはずだ。話を聞いてみると、そこは怪我や病気の動物を保護し、回復したら自然に戻すといった療養施設や病院の役割で、入場料は全て動物のケアや施設の運営に充てられるという。

幸せに暮らしていた何の罪もない動物を、無理やり捕獲して見世物にする動物園ではなく、動物や自然環境の保護を目的とする施設なら存在意義がある。動物を見世物にする動物園など必要ない。

オーストラリアでは生態系が独自の進化を遂げているので、国が自然環境への真摯な姿勢を取っているのが理解できた。日本が見習うべきものは多く、個人としても感じるところがあった。やはり世界は広い。世界を経験する人生には、何ものにも代えがたい充実感がある。

その後、再びオーストラリアを訪れる機会に恵まれる。最終日にTEARGASでカヴァーをやったDEATH SIDEによるものなのだが、２０１４年のオーストラリアツアー以降、にわかにDEATH SIDEの活動が活発になっていく。

第四章　FORWARDとDEATH SIDE

#51

DEATH SIDE 復活と4度目のアメリカツアー

オーストラリアから帰国したが、日本でも山のようにライブを行っていた。海外から来日するバンドも多く、多い月で5本など、ライブ漬けの日々を送っていた。

毎年8月17日に開催している、DEATH SIDEのギタリストだったCHELSEAの命日のライブも大成功に終わった。〝BURNING SPIRITS CHELSEAの日〟と題されたライブは、開催からしばらくは観客動員もかなり多かった。CHELSEAが亡くなってまだそれほど経っていないため、みんなの心の中にCHELSEAという存在が色濃く残っており、毎回かなりの観客で会場は常に超満員になっていた。

しかしCHELSEAが亡くなって7年目の２０１４年、7回忌というわけでもないのだが日曜開催だったこともあり、ひとつの区切りの感覚を得る。仏教による7回忌というのは、満6年後なので２０１３年になるのだが、7年という時間は人の思いが変化するのには十分な期間だ。法要は7回忌が過ぎると規模が小さくなることが多い。

しかしいつまでもCHELSEAを忘れず、せめて命日ぐらいは「あんな男がいた」と、思い出してもらいたいという気持ちは変わらなかった。

２０１０年のCHELSEAの日に、1度だけシークレットでDEATH SIDEが復活して演奏していたが、いつもはFORWARDの最後に、DEATH SIDEのドラムであるMUKA-CHINを迎え、1曲だけDEATH SIDEを演奏した。２０１５年、月曜開催となる〝CHELSEAの日〟に、どうやって観客を呼ぶか、頭を悩ませていた。

CHELSEAの命日に観客が少ないのは寂しい。何よりCHELSEAを忘れずにいてほしいという思いがあり、MUKA-CHINやＹＯＵとも相談して、２０１５年の〝CHELSEAの日〟には、シークレットではなくDEATH

SIDE出演を告知して正式にライブをやると決まった。

メンバーは1度やったシークレットライブと同じで、俺、MUKA-CHIN、YOUのDEATH SIDEメンバーに加え、CHELSEAの一番弟子といえる元MAD CONFLUX、PILEDRIVERのORIと、CHELSEAの師匠と言える存在で、俺がにら子供のミッキーの家に居候していた時代に、ミッキーと一緒の弁当屋で働いてからずっと仲の良い元ゲンドウミサイル、THE TRASHで、現ASYLUMのヒロシのツインギターという構成だ。

こうしてDEATH SIDEは2015年に正式に復活するのだが、その前にFORWARDは、またもやアメリカツアーを敢行する。

オーストラリアツアーと同年の2014年10月に、6枚目のアルバムを発売したFORWARDは、4度目のアメリカツアー「BURNING SPIRITS2014~NORTH AMERICAN TOUR」を行う。

年間2回も海外ツアーを行うなど、バンドを始めた頃や、DEATH SIDEで活動していたときには考えられない、夢のような話である。

この頃からFORWARDは、新しいアルバムを発売すると、プロモーションで海外ツアーを行うようになる。海外と言っても、経験から一番やりやすいアメリカになるのだが、アメリカであればパンクス人口も日本よりはるかに多いために、プロモーションツアーを行う効果は大きい。日本ではアナログ盤が売れずCDのみの販売になるのだが、FORWARDは日本よりもアメリカで人気があるようで、俺たちを知る客も断然アメリカの方が多い。

これだけ性懲りもなく、何度もアメリカにやって来る日本のハードコアパンクバンドがいないという理由もあるかもしれないが、それまで行ってきたアメリカツアーの成果であると思う。

費用が持ち出しになるため、現実的に日本での長期ツアーができなくなった。代わりと言ったら語弊があるかもしれないが、少ない可能性の中、俺たちにできる限りのことをやるには、海外へ行き日本のハードコアを伝えるのがベストであると考え、FORWARDは4度目のアメリカツアーに旅立った。23日間で21回のライブという、またしても「これぞアメリカ」というスケジュールになったのだが、到着日と帰国日があったので、25日間のアメリカ滞在だったと思う。

T．Tが脱退したあとの4人編成で訪れるのは初めてのアメリカだったが、この時期になるとスタッフのフクちゃんを含めた5人でのツアーが通常となっていた。最後にカナダのモントリオールと、トロントも加わったので、人生で3か国目の外国にも訪れることとなった。

海外長期ツアーではフェス出演が必須事項なのであるが、「CHAOS IN TEJAS」が２０１３年に終了してしまったため、色んなジャンルのバンドが多数出演し、テキサス州オースティンで3日間、行われる「FUN FUN FUN FEST」に出演することになった。

カナダのトロントでは「NOT DEAD YET」というフェスにも出演するのだが、「FUN FUN FUN FEST」の規模がとてつもない。ツアー前に「FUN FUN FUN FEST」の出演者を見たらとんでもないメンツだった。

名前だけでも知っているバンドが、JUDAS PRIEST、ROCKET FROM THE CRYPT、GORILLA BISCUITS、SICK OF IT ALL、JELLO BIAFRA & THE GUANTANAMO SCHOOL OF MEDICINE、DINOSAUR JR.などで、他にもメイン級のバンドにはKING DIAMOND、NAS、GIRL TALK、DEATH CAB FOR CUTIE、NEUTRAL MILK HOTEL、ALT-J、WIZ KHALIFA、DEATH FROM ABOVE 1979など以外にも、数えきれないほど有名バンドが出演するフェスだった。

「こんなフェスに俺たちが出るの？　嘘だろ？」

と思っていたらやはりメイン会場ではなかった。広大な野外ステージのメインライブが終わった後、オースティンのライブハウスのほぼ全てを使用して行われるような、尋常ではない規模のアフターパーティーに出演するのだ。

大きく括れば、JUDAS PRIESTと同じフェスへの出演と言えなくもないと思うが、JUDAS PRIESTと会うことはないし、JELLO BIAFRAともSICK OF IT ALLとも会うことはない。「FUN FUN FUN FEST」全ての会場への入場がタダになるぐらいで、俺たちがライブをやるのは大会場とは違った「CHAOS IN TEJAS PRESENTS」という名目の、２００〜３００人規模のライブハウスへの出演だった。

このツアーで一緒に回ったポートランドのLONG KNIFEとは、かなり仲良くなり今でも盟友と呼べる友人たちなのだが、俺と秋山がJUDAS PRIESTをよく知らないというと、目を丸くして驚いていた。それほどアメリカでは超有名バンドなのだろう。俺でも名前は知っているし、日本でも超有名バンドではあるのだが、俺たちふたりは名前以外何も知らなかった。

フェスに行く前に予習として、車の中でJUDAS PRIESTの代表曲などを聴かせて色々教えてくれ、当日みんな行くというのでJUDAS PRIESTを観に行った。

しかしJUDAS PRIESTが大好きな方々には大変申し訳ないが、始まって2曲で飽きてしまい、秋山とふたりで会場にあったプロレスのリングで遊んでいた。

個人的にはJUDAS PRIESTよりも、アフターショーに出演するNEGATIVE APPROACHや7SECONDSが楽しみだった。２バンドのライブに行ったのはいいが、かなりの混雑で出演順がまだ先だというので他へ行っていたら、彼らの出番が終了していたというとんでもない失敗をしてしまった。規模が大きすぎるフェスになると、いつどこで誰が出演するのかを把握するだけでも困難で、出演時間が変更されていたりもする。

日本で言えば、新宿中央公園でメインの大きなライブがあり、新宿の街中にある全てのライブハウスでライブが行われているようなものだ。人の数も会場の数も全てが尋常ではないフェスで、お目当てのバンドを観るには相当な忍耐力がないと無理だろう。

オースティンの後に行くニューオーリンズでは、NEGATIVE APPROACHとの対バンが組まれている。今回のツアーの中でも一番といっていい楽しみなライブであったし、初めて観るNEGATIVE APPROACHを非常に心待ちにしていた。

しかしニューオーリンズへ向かう日になって、車が故障してしまい一向に出発できない。さてどうなることやら。

FORWARD

Long Knife

2014 NORTH AMERICAN TOUR

October 31 - Portland OR
Blackwater
November 1 - San Francisco CA
The Hemlock
November 2 - Los Angeles CA
Los Globos
November 3 - Phoenix AZ
TBA
November 4 - Las Cruces NM
The Trainyard
November 5 - Dallas TX
Three Links
November 6 - Houston TX
Mangos
November 7,8,9 - Austin TX
FunFunFun Fest
November 10 - New Orleans LA
The Siberian

November 11 - Atlanta GA
529
November 12 - Raleigh NC
The Maywood
November 13 - Richmond VA
Strange Matter
November 14 - Washington DC
The Pinch
November 15 - Philadelphia PA
Boot And Saddle
November 16,17 - Brooklyn NY
The Acheron St. Vitus
November 18 - Boston MA
The Middle East
November 19 - Albany NY
TBA
November 20 - Montreal QC
Club Katacombes

November 21,22 - Toronto ON, Not Dead Yet Fest

FORWARD 12 Inch EP on 540 Records
Long Knife 'Meditations On Self Destruction' LP on
Long Knife Records

Split EP Forthcoming
Tour/Record Info
tour.till.death@gmail.com

2014年。FORWARD NORTH AMERICANツアーポスター。

アメリカの食事とストレートエッジ

#52

今回は、アメリカツアー4度目にして初めて体験する街もあり、規模としてはこれまでで最大のツアーだ。今まで行ったことのないルイジアナ州ニューオーリンズやジョージア州アトランタ、ノースカロライナ州ローリー、バージニア州リッチモンド、ワシントンD.C.といった中南部から東南部の街でもライブを行う。

アメリカツアーでは、毎回西海岸からテキサスへ向かう途中が、かなりの移動距離になるのだが、ニューメキシコ移動中にはすぐ隣がメキシコという国境地帯も車で走った。以前からアメリカツアーの際には、いつも「メキシコでもライブがやりたい」と言ってはいるのだが、なかなか実現していない。

友人であるEXTINCT GOVERNMENTや、北九州のハードコアパンクバンドの悪AI意はメキシコでのライブ経験があるが、当時EXTINCT GOVERNMENTで現鉄アレイのKEIROに聞くと「メキシコには治安がない」と笑いながら言っていた。KEIRO曰く「アメリカはまだマシ」というほど、メキシコの治安は凄まじいものだという。

実際国境を移動中にも、LONG KNIFEのメンバーはメキシコ方面を指差しながら、口々に「向こう側は銃だらけだ。すぐに撃つ」と言っていた。銃社会のアメリカに住む友人の言葉には、かなり説得力がある。

友人であるCHAOS U.Kが、メキシコでライブをやった映像を見せてくれたときにも「このときのライブは、みんな銃を持っている」と言われた。危険な話しか聞かないが、機会があれば1度は行ってみたい国である。

テキサスでの車の故障により、ニューオーリンズへ到着したのが夜中の2時過ぎだったために、ライブは終了していてNEGATIVE APPROACHも帰ってしまい、影も形もない。

しかしニューオーリンズへ向かっている間から「待っているからFORWARDだけでも演奏してくれ」と言われていて、到着してみるとかなりの数の観客が残って待っていてくれた。これにはかなり感激し、夜中の2時過ぎから急遽ライブをやった。

LONG KNIFEも無事演奏することができて、もの凄い盛りあがりで、この日のライブでニューオーリンズという街の音楽へ対する温かさを感じた。

夜中に到着してライブをやってそのまま移動したために、ニューオーリンズという街の雰囲気を体験できなかったのだが、客によると、昼間でも夜でもストリートで演奏している人間がかなり存在しているという。さらにアメリカのバーは通常、夜中は閉まるが、ニューオーリンズだけは夜中まで飲める店が多く、酒を飲みながら音楽に触れられる街のようだ。

どうりで夜中まで俺たちを待っていてくれるわけだ。しかしいいライブができたのも、待っていてくれた観客とオーガナイザー、ライブハウスのおかげだ。だってこの日は月曜日だぞ？　平日のそれも月曜の夜中に待っていてくれたなんて、本当に感激するライブだった。

ツアー中盤あたりで中南部から東南部へ行ったのだが、あまりの遠さに、何か異次元のような場所を訪れた気分さえあった。言葉にすると伝わりにくいかもしれないが、アトランタあたりで車を降りた瞬間に「これはかなり遠くまで来たなぁ」と肌で感じるものがあり、4度目にしてアメリカの広さの感覚が変わるような体験だった。

そんな日本との遠さを実感していたときに、アトランタに住んでいる日本人の女の子たちが、差し入れにおにぎりと味噌汁を持って来てくれた。最初のアメリカツアーでは日本食を持って行ったのだが、2回目からは地元のものを食べるようにしていたので、アメリカツアーで日本食にありつけることがなかなかなかった。たまに日本食レストランはあるのだが、鯖の塩焼き定食で10ドル以上、日本円で軽く1000円を超える場合もあった。最初にぬるい味噌汁が前菜のスープのように出され、鯖の塩焼きなのにフライパンに油を引いて焼くので、油だらけでとても食えた代物ではない。その上チップまで必要なので、アメリカでは日本食をほぼ諦めている。

そんなアメリカの長いツアーの中盤に味わう日本食は、人生で一番旨いおにぎりと味噌汁と思うほどで、全員が貪るように喰らい、嘘でも誇張でもなく涙が滲むほど感激した。

ただ、何度かのアメリカツアーを経験していると、アメリカの美味しい食事も分かってくる。中でも「これぞアメリカ」というような、パンケーキに目玉焼きとハッシュドポテトとサラダなど、しょっぱいものを合わせて食べる朝食はかなり旨かった。中学生あたりの頃、映画で覚えた目玉焼きの焼き方「サニーサイドアップ」という言葉を初めて使ったときには「おお！ 本当に通じた！」と当たり前の事実に感動した。

さらに飽き飽きしたピザの中でも、シカゴのピザは格別だ。今はヴィーガンになったのでチーズは食べないが、個人的にアメリカのピザで一番好きなのは、シカゴディープディッシュピザだ。

ツアーの体調管理において食事は非常に大切だ。海外ツアーへ行く場合は、現地の食べ物に慣れるのが、かなり大事だと言える。

次のリッチモンドは２００３年の中止になった最初のアメリカツアー計画で予定されていた街だ。昔からパンクシーンがあるのだが、かなりの盛りあがりと素晴らしいパーティーで、思い起こせば、このツアーでパーティーを一番楽しめたのはリッチモンドかもしれない。

そして初めて訪れたアメリカの首都ワシントンD.C.だが、ストレートエッジ発祥の街でもある。

オーガナイズしてくれたCOKE BUSTなどのドラムスであるクリスは、祖母が日本にルーツを持つストレートエッジで、観客や対バンにもストレードエッジが多い。酒もタバコもドラッグも、快楽目的のセックスもしないという禁欲的なイメージのストレートエッジだが、元々は未成年者でもライブに来られるように酒やタバコ、ドラッグを禁止したライブが始まりで、オールエイジショーにその精神が受け継がれているように思う。

酒やタバコ、ドラッグや快楽目的のセックスなどをしないというのが、一般的な人間からすれば禁欲的なのだろうが、生き方の選択肢なだけで彼らは苦痛に感じていない。タバコや酒、ドラッグや快楽目的の愛のないセックスをする方が苦痛なだけだ。しかし、会場ではアルコールを売っているし、元々タバコよりも大麻を吸う人間が多いと思えるぐらい喫煙率が低いアメリカなので、禁煙は普通である。

セックスに関しては、確かにアメリカではライブの楽屋のトイレで事を致している人間がいたり、パーティーでは専用のベッドルームが用意されているなど、自由奔放だ。病気の蔓延もかなりあるとは思えるし、未成年には刺激が強すぎる場面が多いのもアメリカだと思う。その部分を律するストレートエッジは、日常生活に良い効果をもたらすのではないかと思える。

要するに禁欲的でもなんでもなく、アメリカのアンダーグラウンドシーンで生きていくうえで、危険を避け他者を思いやる通常運転のようなものだろう。

そこはヴィーガニズムにも関係してくるのだが、人間の欲望によって起きる被害を、最小限に抑える努力をしているだけであり、ストレートエッジには心優しく、見習うべき素晴らしい人間が多い。

そしてライブが異常に盛りあがる。このツアーで一番の盛りあがりだ。LONG KNIFEのクリス曰く、欲望の全てを音楽に費やしているという。何とも素晴らしいではないか。そこまで音楽に没頭できるのは羨ましくもあるし、演奏している側はこれほどうれしいしいことはない。

かなりエキサイトする充実したライブで、ストレートエッジに対する誤解が全てなくなった。酒やタバコ、ドラッグやセックスだけが楽しいものではない。音楽が大好きでパンクが大好きで、この世界にある納得できない憤りをなくそうと努力しているだけの、素晴らしい心意気の人間たちだと非常に納得できるものがあった。

「悪の枢軸(すうじく)・アメリカの首都」であるからか? ワシントンD.C.は、細やかな意識を理解させてくれ、俺の考えを感化してくれる素晴らしいシーンだった。

ニューヨークではアンディ・アニマルという新しい友人ができ、今まで知らなかったディープな場所を堪能する。さらに初めてのカナダのモントリオールでは、ジャニックという女性が経営する素晴らしい設備のライブハウスでもライブを行った。

モントリオールシーンには、かなり大きなシェアハウスがあり、バイクの整備やライブもできて、ひとつのコミューンとなっている。仲間たちによる運営でここまでやっているのかと驚かされた。

最終日の「NOT DEAD YET」フェスではFORWARDがメインアクトで、綺麗なホテルまでとっていてくれるなど至れり尽くせりで、アメリカへ行き続けて10年ほど経って、ようやく花が開き始めたと感じられるツアーだった。

ズレている世界線

このツアーで一緒であったLONG KNIFEの連中は、俺たちが驚くほどのパーティーアニマルで、それもかなりタフだ。ほぼ毎日行われるパーティーに、ボーカルのコリンとベースのクリスは、毎回最後まで残っている。４度目のアメリカにして、初めてLAST MAN STANDINGの称号を、ふたりに譲ることとなる。

コリンは本当におかしな奴でかなり面白く、何かと言えば「俺はアメリカでナンバーワンのダークマンだ」と力説する。体がでかく声も素晴らしいボーカリストで、イメージ的にはフランケンシュタインのような、心やさしき怪物といった男だ。

ドラムのジョーは、ずっと運転しながらステージではドラムを叩き、LONG KNIFEの物販までやるというスーパーマンだ。実質このツアーのリーダーだった。残念ながら、現在はLONG KNIFEをやめてしまったのだが、会えば仲の良い友人である。

ギターのスコットは日本とのハーフで、本名がスコット・ヒデオ・ゴトウなので、日本から行った人間は「後藤君」と呼ぶ。初めてアメリカへ行った２００４年、後藤君はポートランドで、パーティーからはぐれたときに一緒に車にいた若者なので、もう10年のつきあいになる。

ベースのクリスは、俺が個人的にSOUICHIと佐藤君と行った２００８年のアメリカで、BLOWBACKのツアーライブのロスアンジェルスで一緒にパーティーをやった奴だ。海外にこれだけ長いつきあいの友人ができたのは、うれしいツアーの産物だ。

さらに最初のツアーのロスアンジェルスで小銭をたかってきた子どもが大きくなって、「あのとき、小銭をねだったのが俺なんだけど覚えているか?」など、ツアーに行き続けているが故のうれしい場面が多くあった。

#53

毎回のように友人が増えていくのだが、アメリカのパンクスは、早めにパンクスやバンドをやめてしまうことが多い。30歳を過ぎてもパンクバンドをやっている人間は、あまりいないように思う。日本でも変わらないのかもしれないが、日本では俺たちの先輩が現役で素晴らしいライブをやり続けている。

アメリカの俺たちが行くシーンでは、POISON IDEAぐらいしか先輩で現役を続けているバンドがいないように思う。ほかにM.D.C.もあるのだが、アメリカで一緒にやったことはなく、アメリカD.I.Y.パンクシーンのトップと言えるTRAGEDYでさえ俺よりも若い。毎回行くたびに一緒にやったバンドがなくなっていることが多く、寂しい気持ちもある。しかし残り続けているバンドもいるので、回を重ねたアメリカの良さは格別なものだ。

カナダ・トロントの「NOT DEAD YET」フェスでは、2004年の初アメリカツアーで盟友となったCAREER SUICIDEも、現役バリバリの素晴らしい演奏で出演していた。CAREER SUICIDEの地元ライブは初めて観たのだが、圧巻のもの凄いライブだった。

そしてロスアンジェルスでは、相変わらずSTAR STRANGLED BASTARDSの運転手だった、DOOMSDAY HOURのダスティンも来てくれた。残念ながらこのツアーでは、エリックとクリスとは会えなかったが、会えなかったのはこの年だけで、俺らがアメリカへ行った際には必ず顔を出してくれる友人だ。

テキサスでは「CHAOS IN TEJAS」のティミーがオーガナイズしてくれ、UNIT 21、WILD//TRIBE、TOLARのメンバーも、テキサスでは常に遊ぶ仲間だし、WORLD BURNS TO DEATHのクレイグの家には、行く度に必ず泊まっている。

ポートランドにはTRAGEDYやPOISON IDEAをはじめ、HELLSHOCKやDOG SOLDIER、LEBENDEN TOTENなどの他にも、一緒にライブをやったことがないのが不思議なのだが、DEFIANCEもいつも一緒にパーティーをやる仲間だ。

国家としてはアメリカも日本も大嫌いだが、両国ともに国土には素晴らしい自然や風景がたくさんあり、素晴らしい人間がたくさん住んでいる。そして海外ツアーでは、国籍や人種など関係なく友人が増えていく。誰もが、一般社会と同じ場所、同じ時間に存在しているのに、全く別の世界を構築し共有しているような繋がりだ。パラレルワールドとまでは言わないが、一般社会の、世間や世の中とズレて生きている素晴らしさを実感する。

普段暮らしている日本についても、海外へ行って改めて感じることや見えてくるものがあり、自分自身の成長がこの歳になっても感じられる。

そしてこのアメリカツアー後の2015年8月17日には、DEATH SIDEが正式に復活してライブを行った。

解散後初めてDEATH SIDEが出演すると告知してライブをやった〝CHELSEAの日〟は、月曜日にもかかわらずかなりの観客が押し寄せ、大盛況で幕を閉じた。DEATH SIDEでライブをやるというだけで、これだけの人間が平日にもかかわらず集まってくれ、CHELSEAに思いを馳せてくれるのであればと、毎年CHELSEAの日だけはDEATH SIDEでライブをやろうと決め、年一回ではあるがライブ活動を再開することとなった。

DEATH SIDEの曲は、99％CHELSEAが作ったものだ。曲には、CHELSEAそのものが存在している。亡くなってしまった現在、CHELSEAが残した楽曲をDEATH SIDEとして演奏するだけで、みんなの心にCHELSEAが蘇るならば再始動する意味も大きい。

何よりこれだけ、みんなが喜んでくれるなら、残されたメンバーもやった甲斐がある。再始動のためにスタジオ入りしたが、凄まじい楽曲であると改めて痛感した。やっていた本人なのでこれが当たり前だったのだが、20年の時を経ることで、自分のバンドを客観的に感じられるようになっていた。当時は嫌な気持ちも、やりたくない曲などもあったのだが、そんな感覚は全てなくなり、改めて素晴らしい曲とバンドだと実感した。

足らないのはボーカルの力量だと痛感し、一層ボーカルに精進しなければと新たな決意も芽生えた
CHELSEAが亡くなってからひとりになってしまったお母さんへも、わずかながらではあるが援助できる。毎回、固辞するお母さんに「CHELSEAの稼いだお金です。親孝行だと思って受け取ってください」と渡していた。息子のお金で美味しいものを食べ、旅行にも行った様子などを、楽しそうに、うれしそうに話してくれた。お母さんが喜んでくれるだけでも、再結成は決して悪いものではなかったと思う。

さらに毎年1度は、CHELSEAが精魂込めて作った楽曲をメンバーが演奏することで、CHELSEAを知らない人間や、DEATH SIDEを体験していなかった新しい世代にも伝えていけるはずだ。

音楽とは凄いものだ。音を聴けば、この世にいない人間を思い起こさせ、そのときに戻ったかような感覚さえ蘇えらせる。DEATH SIDEがライブをやっていれば、CHELSEAを忘れることはないだろう。

そしてこの2015年に、FORWARDは韓国ツアーを行う。初めてのアジア圏の海外であり、お隣の国である韓国だ。問題の多い両国間であるが、俺たちの繋がり合いの世界線では、国や人種間で対立するなどという陳腐な問題は存在しない。

抗う対象は仲間や一般の民間人同士ではなく、俺たちの繋がりを阻害して破壊し、排除しようとする勢力だ。国家や権力に扇動され、その世界でしか通用しない常識で俺たちを縛るのは無理だ。

隣国であるからこそ対立するのかもしれないが、隣国だからこそ繋がりあって共有しなければならない。日本の俺たちの周りには、韓国や朝鮮の血を持つ仲間もたくさんいる。

飛行距離も短く時差もない。食文化も近いものがある。アジアという繋がりは一体どんなものなのだろう?

韓国ハードコアパンクスピリッツ

#54

韓国ツアーをオーガナイズしてくれたのは、韓国ハードコアパンクバンドBANRANのドラムスであるフーニーだ。BANRAN来日が決まり、アメリカの友人であるテキサスのWILD//TRIBEからSOUICHIへ「友人のＹＪ（ヨンジュン）が、BANRANで日本へ行く」という連絡があった。

来日公演に行ったSOUICHIは、フーニーと仲良くなったようで、連絡を取りあい、FORWARDの韓国ツアーが実現した。

BANRANのボーカルＹＪは、２０２３年現在もアメリカに住んでいて、２０１４年頃からFORWARDがアメリカへ行くと焼酎を差し入れてくれたりする友人だ。テキサスのUNIT 21、WILD//TRIBE、TOLARなどのメンバーとOBSTRUCTIONを結成しギターを担当、来日経験もある。

アメリカの友人との繋がりから、韓国ツアーができるようになったが、SOUICHIが常にアンテナを張り巡らせ、いつでも新たな可能性を探求していることがよく分かる。

SOUICHIの広い世界観と高いコミュニケーション能力があったからこそ、数多くの海外経験ができた。おかげで俺の視野が広がり感受性が豊かになって、海外でも臆することなく自らの思いを伝えられるようになったと思う。

思っているだけでは何もできない。行動に移さなくては、何が正しくて何が間違っているのかさえ分からない。一番大切な行動の部分を、SOUICHIは俺の人生やバンドに与えてくれた。この行動で得られた経験は、一生の宝である。

今回の韓国ツアーではBANRANは、ギターのヒュンドンが兵役のために活動しておらず、一緒にやることができない。ＹＪがアメリカへ行くきっかけも、BANRANの活動停止が理由のひとつにはあると思うが、兵役は韓国のアンダーグラウンド音楽シーンにとって、非常に大きな問題だろう。若くして音楽に目覚め、バンドを結成し活動が順調になった矢先に、兵役に行かなくてはならない。そのために活動ができなくなり、解散するバンドも多いという。

ヒュンドンはライブに来てくれてはいたが、韓国ツアーでは現在の韓国パンクシーンを牽引するSCUMRAIDが、日常面でのサポートをやってくれた。

SCUMRAIDのギターボーカルであるリュウも、長い間兵役でバンド活動を停止せざるを得なくなっていた。兵役を終えたので一緒にライブに出演できたが、兵役中に日本でライブがあったときには、招待状がないと来日できないなど、様々な障害があった。

兵役によって活動停止を余儀なくされるので、韓国での活動は非常に難しい面が多々あるにもかかわらず、パンクスとしてメッセージを発信し続ける韓国シーンのバンドは、尊敬する部分が多くあり、見習うべき存在である。

そして同じ朝鮮半島の、北朝鮮との問題を深く憂いているSCUMRAIDのリュウは、「イムジン河」を聴きながら熱い思いを語ってくれた。日本でもザ・フォーク・クルセダーズがカヴァーをしていて、俺も歌詞の内容を知っていた。リュウと朝鮮半島の南北問題について話せたことは、韓国へ来た大きな意味でもあった。韓国と日本にも通じるものがあり、この思いをライブでぶつけることとなる。

こうした交流ができたため、SCUMRAIDというバンドの素晴らしさが、より深く理解できるようになった。

SCUMRAIDは海外ツアーなど活発に行うバンドであり、海外での人気も凄まじいものがある。

ドラムのジュヨンは女性なのだが、日本に住んでいたりもするので日本語も堪能で、韓国と往復生活をしているようだ。とてつもなくハードなD-BEATのドラムは、自然と激情を呼び起こす魂を揺さぶるビートである。ベースのドンウーは、様々なバンドをやっていて、来日する韓国バンド全てでベースを弾いているのではないかと思えるほど、韓国パンクシーンには欠かせない存在となっている。

来日経験があるFIND THE SPOTも素晴らしいバンドで、ボーカルのチャングンと仲の良い日本のパンクスも多く、素晴らしいライブを見せてくれる。

SCUMRAIDを中心に、韓国パンクシーンは新たな盛りあがりを見せる。当時、兵役前後の若者が作りあげたシーンはまだまだ小さいもので、ライブはソウルおよび近郊のみに限られていた。釜山など大きな街もあるので、今後はライブの場所が増えていく可能性も高い。そのためにも日本から多くのバンドが訪れ、韓国シーンに協力することで、アジア全体のパンクシーンが活性化するのではないだろうか。

東京から北海道や九州、沖縄へ行くのも、韓国へ行くのも大差はない。隣国の文化やシーンとは繋がりやすく、世界を広げる関係が築けるはずだ。実際、SCUMRAIDやFIND THE SPOTを中心に日本との関係はかなり活発になっていて、２０１９年には新しいバンドSLANTも来日した。

FORWARDの韓国でのライブは土日を使った2日間だったのだが、様々なジャンルのバンドが出演し、隣国で文化的にも人間的にも似ているにもかかわらず、日本とはまた違った雰囲気のライブで非常に面白く興味深いものだった。

ボーカルである俺は、訪れた国の言葉を使ったMCを心がけている。日本語以外は流暢に喋れないが、メッセージを伝えるためにも言葉は重要だ。見知らぬアジアのバンドが、自分の国の言葉で話すことは、耳を傾けてくれる大きなきっかけになる。

しかしどんな言葉を選ぶのかが大切で、それにはその国の事情が大きく関係しており、観客やライブの会場の雰囲気も感じ取らなくてはならない。

今回は、一般的な社会において、わだかまりの多い日本と韓国のため、友達の意味である「チング」と、愛しているという意味の「サランヘヨ」のふたつの言葉の他に、いくつかの単語を覚えてライブを行った。

ふたつの単語を使ったたけでも「友よ、愛している」という意味になり、英語で補足すれば「日本と韓国間にあるわだかまりなど、俺たちパンクスには問題ではなく、そんなものはぶち壊して繋がりあおう」というメッセージが伝えられると思い、実践した。

2日目のライブのときには「反日思想の客がいるので近づくな」とも言われたのだが、確かにライブが始まる前には、俺に対して敵意むき出しの視線を向ける客もいたので「あいつかな?」とは思っていた。しかしその客の仲間がスマートフォンを俺に差し出した。画面を見ると、翻訳アプリには「本当によく来てくれた。ありがとう」と書かれている。

敵意むき出しの視線を向けてきた人間たちも、ライブを観てくれたようで、ライブ終了直後には、韓国焼酎のチャミスルを2日間飲み続けたせいで、路上で吐いた俺に「大丈夫か?」と笑いながら話しかけ「お前ら良かったぞ」と言ってくれるなど、何ひとつ問題はなかった。

韓国に限らず、アメリカや日本でも同じハードコアパンクでありながら敵対するような関係も多い。ハードコアパンクスの中での確執は他のアジア諸国にもあるようで、大抵一方が嫌われ文句を言われている。しかし、言われている側は何とも思っていない。こうした構図は世界のハードコアシーンのどこでもあるようだ。

俺は個人的に闘う相手はそこではないし、怒りを向ける方向がまるっきり見当違いだと思う。自分の正当化のために、嘘まででっちあげて人を貶め攻撃する世界は、まさにパンクスが闘う「敵」そのものではないのか?

韓国ツアーでは、韓国名物タットリタンやサムギョプサルもあり、飲み会はかなり素晴らしかった。最後の日には公園での打ち上げの二次会も行われた。

金のない若い頃、ツアーで仲間と公園で飲んでいたときと酷似(こくじ)していて、「韓国も日本と同じ文化だな」と懐かしくもうれしい思いだった。欧米諸国では、外で飲める国はほとんどなかったので、野外で飲むことは、アジア独特の素晴らしい交流だと思う。

それから現在まで韓国を訪れてはいないが、1度だけYJのいるOBSTRUCTIONとFORWARDで韓国へ行こうという話があった。しかし、小さなシーンをがんばって続けている若者達に、アメリカと日本からバンドを呼ぶのは、費用面でかなり負担になると考え、隣国の俺たちはいつでも行けるので辞退した。しかし、その後リュウに会ったときに「来てくれなくて悲しい」というようなことを言われてしまった。

アジアで繋がりあう大切さと、兵役という苦難を乗り越えながら逆境に屈しないパンクスピリッツを教えてくれた韓国には、絶対にまた訪れたいと強く願っている。

寝袋が要らないなんて

#55

FORWARDで韓国ツアーを行った2015年の夏には、DEATH SIDEが正式に再結成。〝CHELSEAの日〟にライブを行った。この復活ライブで、今後もDEATH SIDEとして活動していくことが周知の事実となった。実際、仲の良い友人に「今後もDEATH SIDEをやる」という話はしていた。DEATH SIDE再結成の理由も、〝CHELSEAの日〟だけであれば納得できるものがある。事実「CHELSEAの日であれば」といった感じで、オリジナルではないメンバーも協力してくれていた感覚は大きい。あくまでも〝CHELSEAの日〟だけという前提の活動だったために、以前「CHAOS IN TEJAS」からオファーがきたときも断っていた。

しかしこの年の12月に、なんと「CHAOS U.Kが再結成して来日するので、DEATH SIDEで出演してくれないか?」とのオファーが来た。それとともに、長年の友人である元鉄アレイのKATSUTAが始めた日本最大級のパンクフェス「KAPPUNK」の出演オファーもあった。

CHAOS U.Kといえば、俺が海外ハードコアパンクの中で一番好きなバンドである。さらに、CHAOS U.Kがなかったらこうはなっていない。俺という人間を作り上げた大きな要因となったバンドだ。DEATH SIDEも、CHAOS U.Kがなかったら存在しないと言っても過言ではない。そのCHAOS U.Kが再結成し、名作『SHORT SHARP SHOCK』のボーカルで、初来日のときに俺がかなり影響を受けたモウアーが来るというではないか。

このオファーは大変魅力的であり、どうしてもやりたい気持ちが抑えられず、メンバーに相談して〝CHELSEAの日〟ではないが、ライブをやることに決まった。

同時期にオファーがあった「KAPPUNK」も、昔からの友人であり親友であるKATSUTAの企画である。様々なフェスを経験してきて、日本でのフェスの必要性や重要性もよく理解していた。〝CHELSEAの日〟以外でもライブをやるならば、あちらはやるがこちらはやらないというわけにはいかない。

オファーを受けるにあたって様々な条件提示があるが、最優先にはならない。いくら素晴らしい条件でも、CHAOS U.Kでなければやろうという気持ちにはならなかったし、親友であるKATSUTAの企画でなければ即座に断っていただろう。この辺りの詳しい話は、自著『ISHIYA私観 ジャパニーズ・ハードコア30年史』にも書いているので、ご一読いただけるとより詳しく分かる。

再結成ライブの活動が決まると、堰（せき）を切ったようにDEATH SIDEへのオファーが殺到し始める。通常、再結成というのはあまり歓迎されるものではないが、DEATH SIDEというバンドの再始動を認めてくれた人間が多かった証でもあると思う。

〝CELSEAの日〟以外にライブをすることに、モヤモヤした気持ちがなかったといえば嘘になる。しかし、こうした多くのオファーは素直にうれしく、気持ちが吹っ切れたのも事実である。

多くのオファーが届く中、「アメリカのニューヨークで、DEATH SIDEのライブをやらないか?」という驚くべき話があった。あまりにも唐突な話で驚いたのだが、メンバーと相談すると「やろう」という話になった。

しかしギターのひとりであるヒロシが「CHELSEAの師匠ということで俺はやってきたけど、海外でやるならばハードコアの人間がいいんじゃないか? 誰もいなければ俺がやるけど」と言ってきた。

ヒロシはハードコアの人間ではないし、活動範囲も俺たちのようなものではない。気持ちはよく理解できるし、確かに一理あると思い、他の人間にもオファーすることにした。

そこでメンバーが選んだのは、函館でCRUDEとMUSTANGでギターを弾く弁慶だった。ギターもCHELSEAからの影響はかなり大きく、生前のCHELSEAともかなり仲が良かった。日本のハードコアパンクスの中でも1、2を争うほど海外ツアー経験も豊富で、人間的にもテクニック的にも文句のつけようのない素晴らしい男だ。何よりもCHELSEAのことが大好きで、心が通じあっていた人間である。正式に弁慶にオファーをすると、CRUDEやMUSTANGのメンバーとも相談して、快諾してくれた。

こうして弁慶の加入により、DEATH SIDEのニューヨーク公演が決定した。

しかしここで問題が持ちあがった。今まで海外の交渉や連絡は、英語が堪能なSOUICHIがやっていた。しかしそれはFORWARDの話である。DEATH SIDEになると英語が一番話せる人間が、なんと俺になってしまう。海外の店で食事や買い物などができるぐらいには英語を話せるようにはなっていたが、ライブの条件などのやり取りは初めてだ。しかし俺しかいない。

幸いこの頃になると、インターネットなどの翻訳アプリもかなり精度が高くなってきていた。しかし、まだ文章全てをそのままの意味で翻訳できるほど高度ではない。

だが俺が交渉しないことには、DEATH SIDEは海外でライブができない。一念発起して、翻訳アプリと自らが実践で覚えた英語を駆使しながら、交渉を行った。

すると何とも破格の条件を提示された。今までFORWARDでやって来きたツアーとは全く違う待遇だ。中でも宿泊先はホテルで寝袋が要らないという。交渉の最中に何度も「本当に寝袋は要らないのか?」と確認したが、やはり必要ないという。

いやしかし、海外は感覚が違う。「すぐそこだ」と、もの凄い距離を歩かされたり、「今日はちゃんと寝る場所があるぞ」と言われてベッド1台に3人、犬小屋のような汚い部屋なんてざらだ。海外の「大丈夫」は、日本人にとって「大丈夫ではない」ことを知る俺は半信半疑だったが、他の条件を見ても信じて大丈夫そうだ。ここは賭けてみよう。

弁慶が寝袋を持たずに海外ツアーに出てスペインのバルセロナへ行ったときに、あまりの寒さに眠れないので、家にいた犬を捕まえて、無理やり抱きかかえ暖まって寝たという話を思い出した。アメリカは犬を飼っている家も多いので、いざとなったら何とかなるだろう。ライブもツアーではなく1回だけだ。なるべく荷物も減らしたい。ヨシ！　寝袋はなしだ。

交渉しながら条件をやりとりできるまでに英語が分かるようになったのは、本人もびっくりして、「実戦英語も捨てたものではないな」などと思っていた。今回のニューヨーク公演を企画してくれたのは、2006年にFORWARDとWARHEADでアメリカツアーへ行ったときに、ニューヨークのCBGBを押さえてくれたダノだった。どうりで俺の英語力でも伝わるくらいに、日本のパンクスを知っている。

しかし今までやってきたことが、ここまで繋がっていく事実には驚きを隠せない。友人のおかげで、単発ライブの海外で、それも破格の条件……またもや素晴らしい経験ができる機会を得たのだ。

詳細が決定すると、DEATH SIDEのニューヨーク公演は「DEATH SIDE ONLY NORTH AMERICAN SHOW（DEATH SIDE唯一の北アメリカショー）」として発表される。ダノの宣伝文句は、多くの海外パンクスの心をくすぐったようで、瞬く間に拡散されて大きな話題となる。そして驚くことに、チケット販売が開始されると、700枚が4時間で完売した。

日本の夜中にチケットが全て売り切れとなったため、朝には海外の友人からの「チケットが手に入らない。どうにかならないか」といったメールで溢れていた。何が起きているのかわからずに、あたふたと対応していると、ダノから連絡がきた。

「チケットが売り切れてしまい、客からの要望が多いので、追加でもう1日ライブをやらないか？　そこには鉄アレイも出演してもらおうと思っている」

何ということだ。「BURNING SPIRITS」を一緒に始めた盟友であり親友の鉄アレイと、ニューヨークでライブができるなんて。

こんな夢のような話が、本当に現実なのだろうか。メールを見た俺は自宅でしばらく呆然とした。

2016年。DEATH SIDE NY公演決定時、最初に作られたネット上用のフライヤー。

#56 DEATH SIDE ニューヨーク前夜

DEATH SIDEのニューヨーク公演が決まった頃、鉄アレイも初アメリカツアーが決定していた。鉄アレイのツアーは東海岸が中心だったため、ニューヨークでもライブをやることにはなっていたと思う。

DEATH SIDEのニューヨーク公演と、鉄アレイのアメリカツアーの日程が奇しくも同じ時期であり、DEATH SIDEの追加公演をやるならば、アメリカ東海岸にいる鉄アレイにも出演してもらおうという、ダノの粋な計らいだ。

鉄アレイは日本のハードコアパンクを語る上で欠かせない重要な存在であるとともに、1988年から共同企画である「BURNING SPIRITS」を立ち上げ、DEATH SIDEでもFORWARDでも何度もライブやツアーをやった仲で、私生活でもよく一緒に遊んだ本当の親友と呼べる仲間だ。

DEATH SIDEをCHELSEAと一緒にやっていときに描いていた夢である海外公演が、やっと実現した。そのライブが、親友であり盟友の鉄アレイとニューヨークで一緒になんて、完全なるBURNING SPIRITS in ニューヨークだ。

海外では日本のハードコアを伝えようと力を尽くしてきた。シーンそのものを伝えたいとも思い、WARHEADともアメリカツアーを行った。しかし、鉄アレイとDEATH SIDEで海外のライブをやるという事実は、俺の中ではかなり特別なものだ。全てを懸けてバンドをやり続け、人生を懸けて思い続けてきたことが、現実となった信じられない奇跡の瞬間である。

鉄アレイも出演する追加公演が発表されると、そのチケットも瞬く間にソールドアウトとなる。否が応でも気合いが入り2016年を迎え、東京では桜の咲く4月にニューヨークへと旅立った。

FORWARDのときとは違い、弁慶とORIは自分のギターを、MUKA-CHINは自分のスネアとペダルを使いたいという。

２００９年に、アメリカの大統領がブッシュからオバマになっていて、ブッシュ時代より比較的楽にはなっていたが、アメリカは世界の中でも特に入国審査が厳しい。自分の機材は事前に送るしか方法がない。どうせギターを送るならばと、ＹＯＵもベースを送ることにした。

アメリカツアーでは、毎回、パンクスやバンドと分かるような服やアクセサリーも送っている。全てを梱包し、ライブ前日までには到着するように手配して、飛行機は３組に分かれて旅立った。

俺は弁慶とふたりだったのだが、いつもなら入国は対人で、ときには別室送りで荷物も厳しく調べられるのだが、審査が機械化されていて、ESTAという事前申請システムだったのでスムーズに入国することができた。

２０１４年にアメリカへ行ったときには、いつものような入国審査があり、得意の「ネイティヴ・アメリカンをリスペクトしている」という受け答えをして、本も持って行った記憶があるのだが、ニューヨークは違うのだろうか？

無事入国を済ませ、MUKA-CHINチームとは到着時間が変わらなかったため空港で合流し、ＯＲＩとＹＯＵのチームは後ほど合流する手筈となっていた。

ニューヨークで運転をしてくれるスピナッチ（ほうれん草）が空港に迎えに来ていた。彼は２０１５年のFORWARDアメリカツアーのときに、カナダのモントリオールで泊まったシェハウスで飯を作ってくれた奴だった。まさかここでまた出会うとは。再会を喜び宿泊先へ到着すると、一軒家のような一棟貸しの３ＬＤＫの庭つきで、ベッドが４台ありかなり快適だ。

荷物が到着していたので確認してみると、ＯＲＩと弁慶のギターだけが届いていない。確認するとギターに使われている貝殻や象牙が、ワシントン条約にひっかかり止められているという。翌日のライブには間にあうとのことだが、届けられないかもしれない。

しかし事前の交渉の際に、もしもの場合を考えて機材を借りられるように手配はしておいた。今までの海外ツアーで、常にSOUICHIが手配していたことを真似しておいて良かった。

学校では英語のテストが0点など当たり前だった俺が、英語で要件を伝えている自分自身にも驚く。まぁしかし、大事なイベントのメインバンドであるし、喋れない俺の英語でも理解しようとしてくれる友人だから伝わったのだと思うが。

ひと通り確認などが終わり落ち着くと、ダノが「今夜ライブがあるので、そこでYOUやORI、先に到着している鉄アレイと合流しよう」という。

「鉄アレイとニューヨークで待ち合わせかぁ。何かカッコいいな」と思いながら、時差ボケもあるので夜までゆっくりしようと思っていたら、2014年のFORWARDのアメリカツアーのニューヨークで泊めてもらったアンディ・アニマルから連絡がきた。

「ヘイ、ISHIYA。もう着いたのか？ 泊まっているのはどこだ？ 車で行くから、ブルックリンを案内してやる」と言ってやって来たのだが、車が小さく俺と弁慶だけが連れ出された。

ニューヨークは、マンハッタン、ブルックリン、ブロンクスなどの区に分かれていて、東京でいう新宿、渋谷、池袋のように、地域の特色があるという。泊まっていたのがクイーンズで、ブルックリンからそれほど遠くもないようなのだが、ブルックリンでは地元の人間しか知らないようなバーやベーグル店などにも行き、YOUやORI、鉄アレイとの合流までを過ごしていたのだが、みんなが到着するのは夜の9時過ぎだという。するとアンディが「今日はM.D.C.のライブとANTHRAXのライブがあるが、どっちに行きたい？」というので「M.D.C.!」と即答し、初M.D.C.体験となった。

２０２３年現在では３回の来日経験があるM.D.C.だが、当時はまだ来日しておらず、数少ない海外の重要なハードコアパンクの中で、来日が待望されていたバンドだった。

アメリカン・ハードコアは、DEAD KENNEDYSやBAD BRAINS、BLACK FLAGやMISFITS、AGNOSTIC FRONT、POISON IDEAなどの他にも多くの重要バンドがあるが、それと同等かそれ以上に、アメリカンハードコアの歴史から見ても、中心的で重要な存在がM.D.C.である。

初めて観たM.D.C.は名曲のオンパレードで凄まじくカッコよく、アンディのおかげで、大好きな伝説のバンドをやっと観ることができた。弁慶はフィンランドのフェスでM.D.C.と一緒にやったことがあるらしく、終わったあとに話をしに行った。ボーカルで中心人物のデイヴ・ディクターは、後に来日したときにも、ニューヨークで会った日を覚えていて、気さくで素晴らしい人間だった。

M.D.C.のライブが終わり、そろそろＹＯＵとＯＲＩ、鉄アレイもいるので、合流場所のTHE ACHERONに向かうかと思ったら、まだまだアンディに連れ回される。

プエルトリコバーでは、プエルトリカンのおばちゃんと踊らされるなど、普通では体験できないディープなニューヨークを教えてくれた。アンディは本当に面白くていい奴だ。

ライブハウスとバーが併設されたTHE ACHERONに到着する。THE ACHERONは現在なくなってしまっているが、２０１４年のFORWARDでのアメリカツアーの時にやったライブハウスだ。近年のニューヨークで、ハードコアのライブがあったのはもっぱらここだという。鉄アレイのツアー最終日もTHE ACHERONでやるらしく、併設されているバーのバーテンダーもパンクスで、かなり居心地のいい場所だ。

ここでようやくＹＯＵとＯＲＩ、鉄アレイのメンバーと合流して、再会を祝う。かなりの人でごった返しており、アメリカ各地や海外から、DEATH SIDEを観るためにやってきた知り合いも多い。色んな友人と再会を祝っていたのだが、またもやアンディが「他のバーへ行くぞ」と、俺と弁慶を連れ出す。怪しげなブルックリンの裏通りは、今にも銃声がしそうな雰囲気だ。弁慶と「これはヤバいんじゃない？　はぐれないようにしよう」と言っていた矢先に、アンディが爆竹を鳴らす。こいつはめちゃくちゃだ。

ニューヨーク初日の夜は更けていったが、宿では時差ボケなのか興奮なのか眠れず、朝方までメンバーと話していた。

いよいよ明日はDEATH SIDE初の海外ライブだ。日本のハードコアを、CHELSEAの魂を伝えよう。そのために全力を尽くすだけだ。

DEATH SIDE IN ニューヨーク

#57

宿にはベッドが4台。しかしメンバーは5人だ。ひとりはベッドで眠れないのだが、エアマットレスがあって、弁慶が「俺これでいいですよ」と、気を使ってくれた。

春とはいえまだ寒さも残るニューヨークで、毛布もないので冷えるだろうと俺は弁慶に掛け布団を渡した。眠ろうとするのだが、かなり寒い。ここは人の家ではないので犬もいない。弁慶がバルセロナでやった最終手段ができないではないか。

「やっぱり寝袋持ってくればよかった」

後悔しながら、寝ぼけてごそごそと周辺に手を伸ばしていると、何やら厚手の布地が手に触れた。どうやら誰かのダウンジャケットのようだ。助かった。これでなんとかなる。ダウンジャケットを毛布がわりにして、寝たような寝ていないような睡眠不足のままでいると、みんなが起き出した。

「寒くてほとんど寝られなかったよ」

「それ俺のダウンじゃん」

どうやらＯＲＩのダウンジャケットだったようだ。

「マジ？ いやすぐそこにあったから、あまりに寒くて借りた。助かったわー」

そして弁慶のエアマットレスは、使いものにならなかったという。

「俺なんか寝てる間にマットの空気がどんどん抜けて、ぺっちゃんこになりましたよ」

「マジで？ しかし寒かったよなー」

「はい。寒かったですね」

「そんなに寒かったなら暖房つければ良かったじゃん」

「え？　暖房？」

見上げると窓際のベッドの上には、きちんとエアコンが設置されている。おまけに手を伸ばせば届く場所にリモコンまであるではないか。

「何でこれに気づかないんだ？」

みんなで大笑いしたあと、出発までの間、暖房の温風と毛布に包まれ短時間ではあるが熟睡できた。

「さぁライブだ！」と思っていたら、ＯＲＩと弁慶のギターが到着しない。調べてもらうと到着は2日後以降になるようで、今回のライブには間に合わない。残念だが仕方がない。幸い借りギターをたくさん用意してくれているというのでその中から選べる。ギターがなければ始まらない。良いギターがあればいいのだが。


会場のLE POISSON ROUGEは、マンハッタン南部のソーホー地区にあり、ニューヨークの中心地だ。古くはBOB DYLANやVILLAGE PEOPLEなどが出演したクラブで、この頃はIGGY POPやPATTI SMITHがライブを行っている素晴らしいライブハウスだった。７００人収容というだけあって、かなり広めの非常に観やすいつくりになっている。併設のバーも広く、客席にもバーコーナーがある大きな会場だ。

ギターはいい感じのものが借りられたようで、弁慶とＯＲＩもようやく不安が取り除かれ、ライブに向けての準備が整った。アメリカでは珍しいサウンドチェックもあり、大きなイベントのメインだという意味がひしひしと伝わってくる。

会場の外にあるスケジュールの看板には2日間ともSOLD OUTと書いてあるのだが、それでもチケットを求めに来る客がいるようで、さらにSOLD OUTの貼紙がされた。開場にはまだ時間があるというのに客が集まり始め、入口付近では何人ものセキュリティが忙しそうに動き回っている。

メジャーどころがやるクラブであるために、セキュリティもしっかりしていて、楽屋と客席の入り口も違うので荷物の心配もなく、わけの分からん客が楽屋に頻繁に出入りするようなこともない。何の問題もなくライブに集中できる環境が整っていた。

素晴らしい状況でライブが始まるのだが、共演するバンドの演奏時間が短い。ほとんどが15分から20分程度のライブで、それでも客が溢れかえり、ライブの最中にバーで酒を買いに行くのもひと苦労だ。

ORIと弁慶の緊張も高まってきているが、かなりいい感じだ。YOUとMUKA-CHINには気合いが漲っている。ライブが始まる前から間違いないと確信できる雰囲気が、楽屋に漂っていた。出番間近に鉄アレイのメンバーも到着し、ようやく親友の顔を見て俺も安心できた。そしていよいよ、DEATH SIDEのニューヨークライブが始まる。

ステージにあがるともの凄い歓声で迎えてくれ、客席を見渡すと超満員の観客の全てがステージに注目しているのが分かる。

「I CAN'T SPEAK ENGLISH! SO FUCK YOU! PLEASE NEW YORK CITY! LOOK IN TO THE MIRROR!!!（俺は英語が喋れねぇんだよクソ野郎ども！ ニューヨークよ！ 鏡を見ろ！）」

アメリカでは必ず行う英語のMCに、DEATH SIDEの代表曲であり今回のステージで1曲目に演奏する「MIRROR」のタイトルと歌詞の意味をかけ、俺は観客に咆哮する。

イントロが始まると、客席からステージに駆けあがりダイビングする客で溢れ、ライブはいきなり最高潮に達した。その後も最高潮を保ったまま、客はありえないほどの盛りあがりを見せてくれる。演奏もガッチリと噛みあい、素晴らしいパフォーマンスで最高の演奏ができたという手応えを感じたライブだった。

アンコールが鳴り止まず、始めた途端にまたもやステージダイビングの嵐で、終わってもさらにまたアンコールがかかる。しかし、翌日にもセットリストの違うライブがあるので、この日はこれで終了した。

終わってから友人に聞いてみると、途中から外に出ている音もかなり良くなり素晴らしいライブだったと口々に言ってくれた。曲順も気に入ってくれたらしく「素晴らしいセットリストだ」と褒めてくれた友人や客も多く、80年代から続く日本のハードコアをしっかりと伝えられた大成功のライブとなった。きっとCHELSEAもここに来て、見守ってくれていたはずだ。

凄いぞCHELSEA！　お前の魂を込めて作った曲が、こんなにもみんなをエキサイトさせ、感動させているぞ！　あの頃、ふたりで話していた海外のライブで、ここまでできるなんて、お前は間違ってなかったな！

ライブの興奮が冷めやらないまま飯を食いに行き、その後THE ACHERONへ顔を出し今日の打ち上げだ。THE ACHERONにはDEATH SIDEを観に来ていた客も多く、楽しい打ち上げとなったが、翌日もライブのために宿へ戻る。

宿へ戻っても充実感は止まずメンバーだけで飲んでいたのだが、俺は寝不足もあって、弁慶には申し訳ないが掛布団も使い、早めに床についた。もちろん暖房をつけて。

俺やMUKA-CHIN、ＹＯＵは先に寝てしまったが、ＯＲＩと弁慶は朝方まで飲んでいたそうだ。弁慶はこれが初めてのDEATH SIDEでの演奏だった。思うところは大きかったのだろう。ＯＲＩも海外に来てギターの師匠でもあり友人であるCHELSEAの思いを伝えられた実感もあったと思う。それほど、素晴らしいライブだった。大成功のDEATH SIDEニューヨーク公演初日は、こうして幕を閉じた。

翌朝早めに目を覚ますと、アンディから連絡が来ている。

「RAMONES展がやっているから観に行こう!」

DEATH SIDEのライブ1日前、アメリカへ到着した4月15日は、RAMONESのボーカルであるジョーイ・ラモーンの命日だったため、またもやアンディと弁慶と俺の3人で行く。

展覧会が行われていた場所がBEASTIE BOYSのジャケットか何かを撮影した場所らしく、3人同じシチュエーションで写真を撮ったり土産を仕入れたり、「ジョーイピザ」というRAMONESのジョーイ・ラモーンと同じ名前のピザ屋でピザを食ったりしてから、宿へ戻った。

アンディは、SEAN LENNONとのスタジオがあるとのことでライブに来られないため、再会を誓い別れた。アンディも昨日のライブに来てくれたのだが、いつものライブの感覚で9時過ぎてから来たために、ライブは終わっていた。呆然とするアンディにはかなり笑ったが、タイトなスケジュールのため時間がない中、本当に色々なニューヨークを見せてくれた。アンディという友人を持てたことを、心から幸せに思う。

そしていよいよ鉄アレイとの「BURNING SPIRITS INニューヨーク」だ。

個人的には願わくはKATSUTAにいて欲しかった。そんな気持ちもあったが、DEATH SIDEと鉄アレイという創始者バンドふたつの出演で行われるBURNING SPIRITSが、ニューヨークのど真ん中、マンハッタンで行われる。これは現実なんだ。今日、この夢のようなライブが本当に行われるんだ。日本のハードコアを、BURNING SPIRITSを、俺たちで伝えよう。

気合いを漲(みなぎ)らせ、2日目のライブへ向かった。

2016年。DEATH SIDE NY公演メインポスター。

BURNING SPIRITS IN ニューヨーク

海外で鉄アレイと一緒にライブをやるというのは、初体験になる。これまで1980年代中頃から一緒にライブやツアーを行ってきた盟友であるが、まさかニューヨークのど真ん中、マンハッタンのソーホーで、それも解散したDEATH SIDEで一緒にやるとは夢にも思わない現実である。鉄アレイと一緒にライブをやれるならば、海外で「これぞ日本のハードコア」というものを伝えられるだろう。

鉄アレイと共に始めた共同企画「BURNING SPIRITS」は、今や海外では「BURNING SPIRITS HARDCORE」と、ひとつのジャンルのようにも呼ばれている。DEATH SIDE解散後は鉄アレイとFORWARDでやってきたが、今回は創始者バンドDEATH SIDEと鉄アレイの2バンドでの海外ライブだ。

会場に到着すると、鉄アレイがサウンドチェックを行っている。DEATH SIDEは前日サウンドチェックをやっているため、メンバーと付近の散策に出かけた。

ソーホーという場所はかなりアーティスティックな地区で、路上で絵を売るアーティストなどもたくさんいて、日本ではちょっと体験できない雰囲気の街だ。

束の間のソーホー散策を終え、会場へ戻るとオープンし始める。前日よりも観客の集まりが早く、2バンド目あたりにはすでに客席が人で溢れかえり、身動きするにもひと苦労といった状態だ。前日のチケットを買えなかった観客も多く、昨日いなかった友人もたくさん来ていて再会を喜びながら過ごしていた。

鉄アレイの順番が近づいてきたころに楽屋のあたりにいると、いつもならくだらない冗談を言いながらリラックスしているライブ前の鉄アレイメンバーが、全員今まで見たことのないように押し黙っている。

#58

ドラムのKAKIですらスティックで床を叩くなどしていて、明らかに緊張しているのがわかる。あまりに珍しいので「なに？ 緊張してんの？」と声をかけると「当ったり前だろ！」と言われ、これもまたびっくりする。いつもなら「んなこたぁねぇよ」などと言って、緊張を隠すのだが、こんなに素直な鉄アレイなど今まで見たことがない。それほど高まっているのだろうし、これは確実に間違いないライブをやってくれるはずだ。

俺は好きなバンドや観たいバンドを、共演者だったとしてもステージ袖から観るのが好きではない。当たり前の話だが、ライブを観る醍醐味は観客席だ。バンドは観客席に向けて意志を放つ。ステージ上でのバンドの感情は、基本的に客席に向けられているので、好きなバンド、観たいバンドがステージで放出する感情や音を感じるために、客席から観る。

そのため俺は、鉄アレイの出番前には酒を買って準備して、客席に行き見やすい場所を確保する。周辺にも初めての鉄アレイを楽しみにしているジャパコア好きが集まってきて、話しかけられたりもする。この辺りは日本のライブと同じで、何やら新宿ANTIKNOCKで鉄アレイを観る前の客席にいるような感覚さえある。

鉄アレイはバンド名が漢字表記のために、海外では読み方がわからず認知度が低いという話も聞いていた。そして鉄アレイのライブが始まると、観客たちは様子を見ているような感じも窺える。

しかしライブが進むにつれ、ステージでの鉄アレイが演奏する楽曲やテンション、発散される情熱を目の当たりにすると、そこはアメリカの観客たちだ。どんどん盛り上がっていき、客席では暴れたりモッシュをしたりする人間が溢れだす。その様子を見ながら、鉄アレイを観ながら、俺は涙腺が緩んだ。

こんな日がやってくるとは、本当にバンドをやっていてよかった。

素晴らしい鉄アレイのライブにより、かなり盛り上がった俺は、興奮状態で自分を抑えられなくなっていた。これが日本のハードコアだ、これがBURNING SPIRITSだ！

DEATH SIDEのライブが始まると、アメリカのビールＩＰＡが、ステージのいたるところに用意されている。アメリカへ行くとビールの薄さと味が口に合わず、いつもアルコール度数も高く味も各地で特色のある地ビールのようなＩＰＡを飲んでいるのだが、前日のＭＣで「ＩＰＡをくれ！」言っていたために、観客たちがみんな買って置いていてくれたのだ。

ライブが始まると観客からはＩＰＡコールも起こり、ビールを煽り、鉄アレイの興奮を引きずったまま、観客席に飛び込み歌う。アンコールではCHELSEAとやっていた時の思いや、今日という日の嬉しさが爆発し、マイクのコードが届かないバーコーナーまで行き生声で歌う。

会場内を徘徊しながら行った２日目のライブは、こうして終了した。

ライブの後は、鉄アレイとニューヨークでライブができた興奮と、初めてのDEATH SIDEでの海外公演が終わった安堵感でかなり飲んだようで、あまり覚えていない。

THE ACHERONへ行って、みんなが帰ると言っている中「ひとりで残る」と言って飲み出したが、連れ帰られたような記憶もある。

宿に戻ってからもメンバーで飲んでいたのだが、MUKA-CHINとＹＯＵが先に寝て、ＯＲＩと弁慶と３人で飲んでいる時に、ＯＲＩに今日のライブについて俺が飲み過ぎだと言われた。

どこが悪いなどの細かいことまで言われはしなかったが、俺が客席にまで行って歌い、マイクを通さないことも多かったので、ステージにいない俺と、声の聞こえない中での演奏だった場面が多かったと思う。

CHELSEA亡き後の再結成の、それも初海外で、せっかく一生懸命頑張って演奏しているのに、ボーカルがそれでは納得いかなかったのだろう。面と向かってきちんと話してくれ、弁慶を見ても何も言わないので同意見だと感じて、俺も何も言えなかったのを覚えている。一生懸命手伝ってくれている人間が感じた事実だ。素直に言われたことを受け止め、今後に活かせるようにしなければならない。

個人的に初めてとも言える「2つのバンドを同時にやる」という意味も、このあたりからわかってきたのかもしれない。

当時、俺はFORWARDでのライブ時に、客席に入って歌うようになっていた。初めてアメリカツアーへ行った2004年に、ステージと客席がフラットであるハウスショーなどのライブを多く経験し、ライブが見えない後ろの観客に伝えるために、客席に入り歌い始めた。昔から、たまには客席に入って歌うこともあったが、毎回のようにやり始めたのは、初めての海外ツアーが終わった後からだった。

ダイレクトに目の前でボーカルが歌っているのは、かなりの臨場感や伝わってくるものがあると思っていたし、小さなアジア人がデカイ外国人の観客相手に、意気込みや感情を伝えるにも最適な手段だと感じてやっていた。実際に客席に入る歌い方は海外で功を奏する場合が多く、見知らぬ観客を盛り上げたり振り向かせたりするには、かなり効果的だった事実を多く経験していた。

この日もライブのステージ上での高揚と、隅々の観客まで伝えるために選んだ方法だったのだが、過去にも確かにあまりにもステージに戻らな過ぎて、仲の良い友人などからも同じように言われていたことが何度かあった。

しかしこうしてきちんと言ってくれたために、自分の反省点が見え、それ以降のボーカルスタイルを再考して行くきっかけにもなった。

すでに客席に入り歌うやり方が俺のボーカルスタイルのようになってしまい、感情の昂りやその場面だからこそなってしまうような、抑えきれず客席に突っ込んで行くという、本来の部分が失われていたかもしれない。

FORWARDのときと同じように、全てを任せられるメンバーだという安心感も大きかったが、鉄アレイと一緒というのもあり、確かに調子に乗っていた部分は大きかったと思う。

FORWARDでは各自がかなり自由にやり、酩酊でのライブなどもザラにある。各自の判断や意思、その日を楽しんだ証である状態を受け入れる場合が多い。

日本で昔から、個人的に好きなバンドがめちゃくちゃな泥酔などで、まともなステージができていないライブもよく観る。ステージ上で喧嘩を始め、そのまま終わるバンドもあった。しかしなぜかそれがかっこよく見えてしまう場合が多い。バンドにもよるのだが。

それが良いと言っている訳ではない。はっきり言って良くはない。ただ、個人的にそういったアクシデントのあるライブが大好物なだけだ。ただその好物は、素晴らしいバンドでありライブであるのを知っているからこそであり、そんな感覚は他の初めて観る観客とは違うし、自分のバンドでやってはダメなのもわかっている。

要するに飲みすぎるなということだ。それが一番大変な問題であるのだが、いい大人になってもそれができない。わかっているのに飲みすぎる。そして同じ過ちを犯し、同じように凹む。完全なアホである。それをわかっていながら実践していなかったツケが、後から襲ってくることにもなってしまうのだが……。

そしてニューヨークでライブを行ったDEATH SIDEに、海外からの様々なオファーが殺到する。

DEATH SIDEで世界に行き始めるようになったのが、プロ野球選手の元西武ライオンズなどで活躍した清原和博が覚せい剤取締法違反で逮捕され、バラク・オバマが現職のアメリカ合衆国大統領として初めて広島市を訪問し、平和記念公園で献花をした２０１６年のことだった。

#59 嬉しい悲鳴

2015年、活動を再開したDEATH SIDEに、様々なオファーがあった。海外からのものも多く、第一弾がニューヨーク公演だったのだが、このライブの成功は、DEATH SIDEの海外での活動に拍車をかける形となった。

ニューヨークのライブが決定すると、続々とオファーが舞い込み、2016年にはチェコ共和国のトルトノフで行われる大規模なフェス「OBSCENE EXTREME」と、イギリスのロンドンでのライブが決定した。1年で3回の海外、初めてのヨーロッパライブが決定したのである。バンドを始めた頃から漠然と思っていた「海外でライブをやりたい」という思いの、1番の目標だったイギリスでのライブが決定したのだ。

正直ここまでのオファーに戸惑うところはあったが、CHELSEAの遺志を世界に伝えていこうと改めて心に強く誓った。

さらにFORWARDの北欧ツアーも決定したのである。2016年は年間4回の海外という、自分でも信じられないような事実が起きた年でもあった。

FORWARDは、スカンジナビア半島のスウェーデンとフィンランドでのツアーなのだが、日程がDEATH SIDEで出演するチェコのフェス「OBSCENE EXTREME」と非常に近いものとなった。FORWARDの北欧ツアーとチェコの「OBSCENE EXTREME」出演を近い日程にすれば、俺とYOUの飛行機代が安く済む。

北欧ツアーを企画してくれたSOTATILAのユッカと、「OBSCENE EXTREME」の窓口となっていたF.O.A.D. RECORDS主宰でCRIPPLE BASTARDSのボーカルであるジウリオとも相談して、FORWARDの北欧ツアー後に、俺とYOUはそのまま直接チェコ入りすることで話がまとまった。

話はまとまったのだが、メンバーと離れて外国から外国へ移動して、違うバンドでライブをやるという状況が想像できない。海外でライブをやりたくてもできなかったあの頃から考えれば、狐や狸に化かされているような感覚だ。

しかしこれほどうれしい悲鳴もなく、なるようになれといった感じで、FORWARDでスウェーデン・フィンランドツアーと、DEATH SIDEでチェコの「OBSCENE EXTREME」に出演することとなった。

YOUは「OBSCENE EXTREME」にも出演するので、大きなフェスで楽器を借りる手配が難しいために、持ち込みは必須だ。幸い北欧は入国審査が簡単だと聞いていたので、窓口となるスウェーデンのストックホルムにはFORWARDのメンバー全員楽器を持って入国することとなる。

話に聞いていた通り、非常に簡単な審査で楽に入国でき、荷物は入国後に取りにいくという今まで経験したことのないものだった。アメリカの入国審査が異常なまでに厳しいことを痛感する。


迎えに来てくれていたユッカと、フィンランドで行われるフェス「HÄSSÄKKÄ-PÄIVÄT」まで同行してくれるヤニと合流し、車に乗り込み、ひとまずスウェーデンビールで乾杯した。初めてのスカンジナビア半島だが、最初の街であるスウェーデンのストックホルムは、気候がカラッとしていて日差しがあるため、日中はTシャツだけでも過ごせる。

夜は長袖がないと寒いと感じる気候なのだが、梅雨まっただ中の日本から来た自分たちには快適であり、過ごしやすさに一安心した。

このツアーを企画してくれたユッカは、緑色の長髪ドレッドヘアーで、頻繁に来日しているので日本のパンクスに知り合いも多く、何より日本のハードコアが大好きな人間だ。フィンランドの「PUNTARA ROCK FESTIVAL」という、大規模なパンクフェスでは企画にも携わっていて、CRUDEやMUSTANG、九狼吽や鉄アレイなど日本のバンドも呼んでおり、鉄アレイのヨーロッパツアーにも関わった人物である。

ストックホルムで泊めてくれたのは、当時のスウェーデンハードコアシーンでは中心的バンドDS-13のベーシストのクリストファーだ。家にはもうひとりローニーという男が住んでいて、彼はストックホルムで大規模なパンクフェスも企画しているという。

翌日からのライブに備えホームパーティーとなったのだが、夏期の北欧は白夜のシーズンなので、南の方に位置するストックホルムでも、なかなか日が沈まない。夜12時でもまだ明るく、寝ていたので確実ではないが、完全に真っ暗になるのは、せいぜい2~3時間だったと思う。初めて体験する白夜にはかなり驚いたが、このあとスカンジナビア半島を北上するにつれ、更に日照時間は長くなっていく。

スウェーデンは、80年代からハードコアパンクが盛んな国で、古くはANTI CIMEX、MOB 47、CRUDE S.S.、TOTALITÄR、ASTA KASKなどの他にも、素晴らしいハードコアバンドを輩出している国だ。俺はこれらのバンドを、バンドを始めた頃から今でも聴いていて、かなりの影響を受け今日に至るが、その国でライブができるというのは格別な思いがある。

イギリスのDISCHARGEの影響を受け進化した、独自のスウェディッシュスタイルハードコアは、諸外国でも高い評価を得ており、クラストコアと呼ばれるバンドへの影響もかなり大きい。

泊めてくれたクリストファーのDS-13や、スウェディッシュハードコアを世界に知らしめたANTI CIMEXのボーカリストであるヨンソンがいた、WOLFPACKを母体とするWOLFBRIGADE。他にもDISFEARなど、現存して活動している素晴らしいバンドが多い。

翌日のストックホルムのライブでは、TOTALITÄRのメンバーが在籍するMEANWHILEも出演するという。初スウェーデンにして素晴らしいライブになりそうだ。

翌日は旧市街を少し観光してから会場へ向かった。ストックホルムの旧市街は古き良きヨーロッパをそのまま残したような街並みで、ゆっくりと散策してみたい気分に駆られるが、それほどの時間はない。

市街地からは少し離れた郊外の会場へ到着すると、個性的でカラフルな外観の、アートスペースのような倉庫を改造した感じの場所であった。スウェーデンは物価も税金も高いようだが、福祉が非常に整備されていて一般の理解も深いために、ライブハウスもバリアフリーで、トイレは車椅子で入れるのが通常だ。

サウンドチェックが終わると食事が用意されていて、海外ハードコアシーンの相互扶助の精神を改めて実感する。

開場が近づくと続々と観客が集まってきた。MEANWHILEの人気が高いようで、TOTALITÄR好きの俺としても、ライブが非常に楽しみだ。

この頃になるとＳＮＳが発達して、ネットを通じて知りあった人もライブに来るようになっていた。ＳＮＳの友人と歓談していると、知っている顔がやって来るではないか。２０１２年のアメリカツアーのときに、ずっと一緒の車に乗ってツアーに同行したマルクだ。元々フィンランドに住んでいて、２０１２年はたまたまアメリカにいたのでついてきたのだが、地元でもあるスカンジナビア半島で会えるとはかなりうれしい再会だ。

ライブが始まるとＭＥＡＮＷＨＩＬＥはかなり素晴らしく、人気も高いためにライブも大盛況だった。FORWARDはMEANWHILEの後だったので、始まるときには客がまばらだ。MEANWHILE目当ての人間が多かったのだろう。しかし、日本から来ているのに観ずに判断されたくはない。

ここで海外で培った、客席に入り客を煽るという、DEATH SIDEのニューヨーク公演では裏目にも思われた方法を採った。

しかし、肝心の客が少ない。扉の開閉時に垣間見ると、出入り口の外に溜まっている。頭にきて「舐められてたまるか」と、ライブハウスの外まで出て歌う。当然マイクなど届かないので生声だ。すると客が続々と中に戻り、その後は非常に盛りあがり、初スカンジナビアは良いライブとなった。

客を惹きつける効果があるので、客席やマイクのコードが届かない場所で歌うのは、個人的には間違いではないと思うのだが、時と場合を見定める感覚を養わなければならないと痛感している。

海外という日本と違う環境が、いつも俺の考えを広げてくれる気がする。もちろん日本でもできるのだが、明らかな違いを感じられる海外の経験は、考え方や捉え方が未熟な俺のような人間が確実に成長できる良い機会なのだ。俺は頭の悪い堅物なので、海外経験によって少しはマシになったのではないかと思っている。友人に聞いてみなければわからないが……。

こうして北欧ツアーが始まった。4か所と少ないライブではあるが、フィンランドのフェスではメインアクトを務める大役があった。初めての北欧は、また新たな経験ができる素晴らしいものになるだろう。しかし、ライブが終わってもまだ明るさが残っている。白夜って凄ぇな。

2016年。FORWARD北欧ツアーのもの。フィンランドとスウェーデンのツアーなのでフェノスカンジアンツアーとなっている。

#60 スウェーデンからフィンランドへ

スカンジナビアツアー2日目は、スウェーデン北部にあるウメオという街だ。ストックホルムから車で8時間ほどかかる、DS-13の地元の街になる。

小雨混じりの天候の中、早めに会場へ到着すると、屋根のある大きめの軒下で、地元パンクスがFORWARDの曲をかけながらタムロしてライブを待っている。

会場がまだ開いていないので、そのパンクスと話していると、ウメオは、ほぼ日本のハードコアバンドが来ることがないという。過去には日本のクラストの代表とも言える、友人のバンドLIFEが来ただけで、FORWARDを非常に楽しみにしていてくれたようだ。

会場にスタッフが到着して店が開く。いかにもパンクバンドがやりそうな雰囲気がプンプンと漂う、いい雰囲気の小汚いライブハウスだ。オーガナイザーと話してみると、このライブハウスでは伝説的なハードコアパンクのライブの数々が行われたようだ。多くのハードコパンクバンドが、ウメオを訪れたら必ずライブを行う会場だという。

地元のバンドであるのでDS-13を最後にしたいと言う。快諾したのだが、DS-13が到着するとメンバーが昨日のストックホルムでのライブを観て「FORWARDを最後にしてくれ」と言ったようで、結局、最後に出演することとなる。

日本でもそうなのだが、素晴らしいバンドであっても、あまり名が知られていないバンドの順番を最後にしてしまうと、観客が帰ってしまう場合がある。昨日のストックホルムが良い例なのだが、「順番を最後にしてくれ」というDS-13の要望は、FORWARDのライブを認めてくれた証なのだろう。

しかし観客がいるならまだしも、帰ってしまわれたら元も子もない。そこだけが懸念されたが、DS-13の思いにも、待っていてくれたパンクスの思いにも応えるべく、気合いを入れる。

ウメオはスウェーデン北部最大の街だが、それほど大きな街ではない。街の中心部でもない場所にあるにもかかわらず、開場されると DS-13が地元でライブをやるというので「どこからこんなに集まってくるんだ？」というほど客が押し寄せる。そしてライブが始まると、出演バンドが素晴らしく、改めてスウェーデンという国のパンクのレベルの高さを実感した。

DS-13のライブは圧巻で、さすが地元というだけあって客の盛りあがりも凄く、現役スウェディッシュハードコアの存在感と素晴らしさを見せられるとともに、非常に感動するライブだった。

FORWARDの出番がやってくるのだが「客が帰ってしまうのではないか」との懸念も杞憂(きゆう)に終わるほど客は帰らず、非常に盛りあがる素晴らしいライブとなった。

ライブが終了したのが夜の12時あたりだったと思うのだが、外はまだ明るい。日本の夕方くらいの明るさだ。宿泊のためにオーガナイザーが借りてくれたゲストハウスへ到着して、食事が夜中の1時頃だったが、それでもまだ外は夕暮れといった感じで、白夜が本領を発揮し始めている。メンバー全員でかなり驚いていたのだが、冬になると真っ暗で明るい時間がほとんどないらしい。その時期は自殺率も非常に高いという。

今、俺が体験している、十分な明るさが1日じゅう続く日々。それが季節により逆転し、1日のほとんどが夜という生活が長期的に続く現実は、思うよりも精神的に厳しいと実感した白夜体験だった。

冬の期間が長く、現実的に闇の世界が広がる環境があるのだ。福祉が発展し、社会的弱者に対して優しいスウェーデンであるが、こうした究極の光と陰が日常的に存在するため、怒りや憤りを激しい音で表現するハードコアという究極の音楽が印象的な発展を遂げたのかもしれない。

それほどスウェーデンという国のパンクスは、短い滞在期間でも印象強く、素晴らしいバンドが多かった。恐るべきスウェーデン。かなり印象的な体験ができ、またひとつ考えに広がりと深さが加わったと思えた。

翌日からはフィンランドに入るのだが、スウェーデンとフィンランドは EUの加盟国であるために、国境の入国審査もなく素通りできた。ヨーロッパ全体をひとつの国として捉えるEUという共同体には、こうした恩恵の一面もあるのだなと、初めてのヨーロッパで体験する。

しかし、スウェーデンの通貨はクローナで、フィンランドはユーロだ。地続きの隣の国で入国審査もなく、同じスカンジナビア半島であるにもかかわらず、言葉も違えば通貨も違う。スェーデン人とフィンランド人の会話は英語で行われるのだが、おそらく古くからの歴史で違いが出たのだろう。そして一回のツアーで、別々の通貨を使うのも初めての経験だ。国境のハンバーガーショップで、スウェーデンクローナを小銭まで使い切り、今回のツアーで最大のライブであるフィンランドの街オウルでの「HÄSSÄKKÄ-PÄIVÄT」フェスに向かった。

しかし今でもこのフェスを、何と読むのかがさっぱり分からない。世界で見ると日本語も特殊な言語だが、知らない言語の日常的な体験は、興味深いものがある。

言葉の意味がわからなければ、どんな形であれ理解しようとする。それにより交流が生まれ、得るものがある。海外経験とはこの繰り返しのような気がする。

「HÄSSÄKKÄ-PÄIVÄT」フェスは、2日間にわたり28バンドが野外ステージと室内ステージに分かれて行われる。アメリカ、ドイツ、スウェーデン、フィンランドのバンドと、日本からは我々FORWARDが出演するのだが、D.I.Y.としては大規模なフェスだ。

パンクやハードコアに限らず様々なバンドが出演していたが、出演順などは聞いておらず、FORWARDが2日目の野外ステージの最後を務めると初めて聞き、メイン扱いだったことには驚きを隠せなかった。

フィンランドではジャパニーズスタイルのハードコアサウンド、いわゆるジャパコアが好まれているのだが、このフェスのポスターも、日本でDEATH SIDEの他にも多くのバンドの作品を手がけている、絵画アーティストSUGIが描いたものだ。

スウェーデンではDISCHARGEを基本とした、D-BEATやクラスト系のようなハードコアが好まれ、フィンランドではジャパコアが好まれているというのも、隣国でありながら両国の違いを感じる部分であり、非常に興味深い文化のひとつだと思う。

フェスの客には「俺はBURNING SPIRITSハードコアが大好きで影響を受けている」という人物もいて、改めて自分がやってきたことがここまで認知されている事実に感激した。責任感ではないが期待に応えるべく全力を尽くすしかないと、気合いが身体中に漲（みなぎ）った。

同日にSLAYERが出演するメタルフェスがあり、海外ではメタルもパンクも聴くという客が大勢いるために分散するのではないかと心配だったのだが、にもかかわらず多くの客が集まり、かなり面白い人間も多かった。

顔まで全身刺青でスプリットタン（舌をふたつに割っている人体加工）をしている人間や、すれ違うたびに話しかけてくる、メタルなのかパンクなのかわからないかなり面白いおっちゃんなど、良い意味でパンチの利いた人間が集まっていた。

野外ステージで最後の出演なのだが一向に暗くなる気配はなく、会場内をうろうろしていると、初めて観る素晴らしいバンドも多く、テンションがあがってくる。室内ステージでのDS-13が、これまたさすがの圧巻のステージで、さらに気合いが乗ると、いよいよFORWARDの出番となる。

白夜で明るいために、遠巻きにしている客の全てが見渡せる。客の心に火をつけるために俺ができることといえば、目の前まで行き、近くでこの気持ちを体感してもらうしかない。俺はステージを降り、客席に入りながら徘徊し歌い続ける。これしか俺にできる方法が思いつかない。

しかし客には俺の思いが伝わったようで、次々と客が前にやってきて盛りあがり始める。クラウドサーフまでされて、最終的にはアンコールまであり、一体感溢れる素晴らしいライブだと実感できるものとなった終了後も多くの客が声をかけてくれ、日本のハードコアパンクの代表として恥ずかしくないステージができたと思う。

終了後に機材を積み込んでいても、ものすごく明るい。おまけに蚊が大量発生していて、蚊の大群の中で機材を積み込むハメに。食われてもほとんど痒くならないのだが、「蚊も短い夏の明るい時間を人間と同じように必死に生きているんだな」と、ひとり勝手に思いに耽った。

そして、ここまで一緒に来てくれたヤニの家に泊まってゆっくりと過ごした。ヤニとは最後の朝食を一緒にとって、ここでお別れだ。

翌日はスカンジナビアツアー最終日、フィンランドのタンペレでのライブだ。今回のツアーオーガナイザーであるユッカの地元でもあり、日本のハードコアの中でも、俺たち周辺の「BURNING SPIRITS HARDCORE」の影響が非常に大きい街だ。

初めてのヨーロッパツアーの最終日は、かなり面白い日になりそうだ。

#61 フィンランドでのやらかし

北欧スカンジナビアツアーの最終日は、フィンランドの首都であるヘルシンキから車で2時間ほどの街タンペレだ。

タンペレで行われる「PUNTARA ROCK FESTIVAL」は、日本からもCRUDE、MUSTANG、九狼吽、鉄アレイが出演したことがある大規模のフェスである。フィンランドのハードコアのフェスとしては一番大きいものになると思う。今回は時期が違ったが、一度は出演したいフェスだ。今でもフィンランド・ハードコアは、タンペレを中心に栄えているように思う。

この日にやるライブは当初「HÄSSÄKKÄ-PÄIVÄT」フェスへの影響を考えシークレットであったが、途中で発表された。

FORWARDがメイン出演するフェスへの気づかいなのだろう。これらは互いを思いやる信頼関係で成り立っている。連携や繋がりがある、理想的な関係の世界である。その姿勢はパンクそのものであり、海外で実践され続けている相互扶助の精神と同じく、パンクスの世界が世の中に訴え続けている行動だ。

一般社会であれば、競争原理によって、他者を出しぬき貶(おとし)めても、成功するならば良しとする世界観がまかり通る。それらと真逆の生き方を実践することで、全く違う世界を構築する。違う世界観の中で、パンクスが繋がりあう事実は「この世の中も捨てたものじゃない。一方には素晴らしい世界が存在するんだ」と確信できる、希望を持てる世界だ。おそらく日本だけに留まっていたら、この考え方にはならなかっただろう。

タンペレのライブハウスは、ユッカたちタンペレパンクスの仲間の人間がやっている店で、2階に昼間からやっているバーもあり、かなり良さそうな感じである。

ユッカも「ここはベストな場所だ。サウンドも素晴らしいし、経営する人間も素晴らしい」と言っていて、俺たちのツアー最終日に相応しいと、自分が信頼できる一番素晴らしい場所を選んでくれて、非常にうれしく感動した。タンペレにはユッカのほかにセベという人物がいる。日本語も少し話せるほどの日本通で、CRUDEやMUSTANGとは親密な関係で、鉄アレイのヨーロッパツアーの運転手などもやっていた。当然俺も昔から知る友人で、セベはかなりのジャパニーズ・ハードコアマニアだ。中でもいわゆるBURNING SPIRITS HARDCOREに多大な影響を受けている。

この日に出演したセベのバンドBACKLASHも、サウンドのみならずファッションもCHELSEAをリスペクトしたアロハシャツに短パン、サンダルといったスタイルであった。セベの両親もハードコアパンク好きでライブに来るという、パンク一家の人間だ。

ライブが始まると非常にレベルの高いバンドばかりで、フィンランドパンクの質に驚くとともに、日本のハードコアを基本としながら独自のサウンドを追求し、北欧ならではのエッセンスやノイズコアの要素なども取り入れた、非常に素晴らしいバンドばかりだった。スウェーデンとは違ったフィンランド独自の進化を遂げたハードコアは、またしても「世界は広い」と実感せざるを得ない感動を与えてくれた。

そしてFORWARDのライブでは、ツアーをオーガナイズした気持ちが爆発したのだろう。ユッカが泥酔して、非常に盛りあがり有終の美を飾ったライブとなった。

ライブ終了後に2階のバーでの打ち上げとなったのだが、ロシア系のグループがいて、おそらく一般客なのだがみんなと仲が良いらしく、話していてもかなり面白い。その中にいたパンチという男が、何やら懐から酒を出し飲ませてくれたのだが、これがかなり美味くてテンションがあがる。ウォッカ系と思われる非常に強い酒なのだが、調子に乗ってこれを飲んだ俺は大失態を演じる。

バーの閉店後、みんなで近くの公園で飲んでいたのだが、俺は抜け出してフラフラと徘徊し始める。フィンランドには、そこら中に湖がある。公園は小高い山の上にあったのだが、なんと俺は泥酔してそこから抜け出し、山上から見えていた湖までひとりで行ったようだ。

断片的な記憶はある。山を下り線路を横断し林を抜け、途中に難所があり、湖にたどり着きひとりでフィンランドの自然を楽しんでいたのだが、ようやくここでどこに帰るかを知らなかったことに気づく。来た道を戻るしか方法はないのだが、かなりの時間が経過している。まぁ最悪ライブハウスが開いていなくても軒下で過ごせば何とかなるだろう。戻ってみると、案の定もう誰もいない。

「こりゃ諦めるしかないな」とポケットを探るがスマホがない。やってしまった。まだこのあとチェコもあるのに、これはまずい。どうしようかと思い、みんなが飲んでいた公園に行ってみると、なんとふたりだけ残っていた。天の助けかと思い事情を説明すると、ひとりが俺をみんなの泊まっているところまで連れて行ってくれるというではないか。まぁそうするしかなかったのだろうが。

ようやくみんなが泊まっているセベの両親の家にたどり着いたが、メンバーや地元の人間にも迷惑をかけた、最低の飲み過ぎだ。

おまけにスマホがない。見知らぬ海外の地で、知らない場所をひとりでウロつき、挙げ句の果てにはスマホをなくして地元の人間に迷惑をかけてしまった。この後にはチェコに行って、日本からやってくるDEATH SIDEのメンバーとも合流しなければならない。チェコの交渉や詳しいことは、すべて俺がやっているので、俺が連絡を取れないと大変なことになる。何というやらかしだ。タチが悪すぎる。

翌日、事情を説明すると、総出で俺のスマホ探しをしてくれた。幸いというかなんというか、俺とＹＯＵはこの後にチェコでのライブがあるため、２日ほどタンペレに残る。スマホが見つからないとしても、何か方法を探し出さなくてはならない。SOUICHIと秋山とはタンペレでお別れだ。

SOUICHIと秋山と別れた後、パソコンを持って行ってなかったので、持っている人間を呼んでもらった。しかし、探してもわからず、ＹＯＵのスマホを借りて色々やってみるが見つからない。

酔った断片的な記憶を必死に思い出しながら、湖までのルートを探すが見当たらない。これはもうダメかと諦めた時に、連絡が入り見つかったという。公園と湖の間を通る大きな道路にバス停がある。打ち上げにいた人間が酔ってバス停で爆睡してしまった。そこで目が覚めると、俺のスマホがあったというではないか。

酔った俺がバス停に寄ったのだろうが、全く記憶がない。みんなにものすごく迷惑をかけてしまったので、その日の夜は、「みんなの食事を奢らせてくれ」と、レストランで振る舞った。

いい大人がやることではないし、どうしようもない事件だが、みんな「もう飲みすぎてなくすなよー」と、笑って済ませてくれた。面目なさすぎて穴があったら入りたいとはこのことで、危なくチェコに連絡ができなくなるところだった。しかしこの後、酒での失敗が度々起きるようになり、俺の酒の飲み方にかなり問題が出ていた。

初めて訪れたヨーロッパだったが、北欧のシーンは音楽的にも人間的にも非常に素晴らしく、また是非来たいと思わせる場所であった。

スウェーデン、フィンランド両国ともに、素晴らしい扶助の精神があり、この地でパンクを根づかせているのだろう。言葉や通貨の違いはあるが北欧のパンク文化は最高であり、尊敬できるものばかりだった。バンドをやっていなければ訪れることなどできない国で、交流を深め、ひどいやらかしまでした俺のような人間にも「また来い」と言ってくれる。生きている上で最高の喜びである。

この最終日の俺の失態を返上するためにも、再びフィンランドをぜひ回りたい。それはまたの機会として、その前に俺とＹＯＵはDEATH SIDEで「OBSCENE EXTREME」フェスに出演するため、チェコへ行かなくてはならない。

海外から海外への移動で、違うバンドでのライブという初めての経験だが、一体どうなることやら。飲み過ぎにだけは気をつけなくてはならないと、強く心に誓った北欧ツアーの最後であった。

#62
スカンジナビアから東欧へ

チェコへの移動まで2日ほどあるので、俺とYOUはユッカの家に世話になった。ユッカの家はタンペレの郊外にある大きな庭つきの一軒家で、奥さんと、ティーンエイジャーだと思われる子どもと暮らしていた。庭に家庭菜園があり、様々な食物が実っている。

フィンランドといえばサウナなのはご存知だとは思うが、街中にも日本の銭湯のように公衆サウナがあり、一般庶民が楽しんでいる。ホームセンターには、普通にサウナの小屋やストーブ、水風呂用のプールなどが売っていて、ユッカの友達の家にもサウナがあるのは普通だった。もちろんユッカの自宅にも素晴らしいサウナがあり、YOUは入らなかったが、俺はユッカと一緒に本場フィンランドサウナを堪能させてもらった。日本の銭湯にあるサウナよりも大きい。自宅にそんなサウナがあるなんて、羨ましい限りだ。夏でもかなり涼しかったので、庭にあった水風呂には入らなかったが、ホームバーもあるユッカの家では素晴らしい休日を過ごさせてもらった。

サウナでツアーの疲れも癒え、いよいよチェコへ向かう。ユッカにヘルシンキの空港まで送ってもらいチェコへと旅立つのだが、空港に着くとユッカの友達であり、俺も顔を知っているパンクスカップルがいた。どうやら「OBSCENE EXTREME」フェスへ行くらしく、飛行機も一緒だという。ユッカが俺たちのことを頼んでくれて、一緒にチェコまで行くこととなったのだが、これが非常に助かった。

ここまで細やかに親切をしてくれたユッカに感謝を述べて別れを告げ、搭乗口近くで飛行機の出発を待っていたのだが、どこかに行っていたパンクスカップルがやって来て「出発ゲートが変更になった」と教えてくれた。空港内の放送が英語のために全くわからず、俺とＹＯＵだけなら確実に乗り過ごしていただろう。これまでにもＹＯＵは、ニューヨーク帰りに香港の乗り継ぎでＯＲＩとふたりで乗り過ごしたことがある。出発便の書かれたボードをチェックせず、放送を聞き逃すと乗り過ごしてしまうという事実があるのを実感した。

これ以降、海外へ行くときには、乗り継ぎでも必ず時間を追うごとに搭乗ゲートの確認をするようになった。

チェコのプラハ空港へ到着すると、入国審査がない。ゲートすらなく、飛行機を降りて荷物をピックアップしたら出口だった。こんなことがあるのか？ ここまで何もない海外は初めてだ。同じＥＵ圏だからなのかもしれないが、国境という概念がない素晴らしさを実感する。

「OBSCENE EXTREME」フェスが行われるトルトノフは、チェコの首都のプラハから車で2時間半ほどかかる。冬のスキー客以外には滅多に観光客が訪れることなどない街のようだ。空港で友人であるMELT-BANANAのメンバーや、日本の「OBSCENE EXTREME」を企画している関根君とも会い、NAPALM DEATHのベーシストであるシェーンがやっているバンドも出るらしく、そのメンバーで迎えに来てくれた車に乗り込み、一路トルトノフへ向かった。

道中も何もない上に電車も不便で、プラハからトルトノフへ行くにはかなり苦労するようだ。そんなスキー観光以外何もない田舎の街で、夏の5日間にわたってメタルやパンクスが３０００〜５０００人ほど集まるビッグフェスが行われる。町興しの意味もあるだろう。

「OBSCENE EXTREME」フェスは、１９９９年からヨーロッパ、アメリカ、オーストラリア、アジアで行われている。主にグラインド系やメタル・スラッシュ系が中心のフェスで、２０１４年と２０１５年には日本でも開催された。最初は小規模のフェスだったようだが、年々出演バンドも増え、今ではかなりのビッグフェスになっている。世界中で行われている「OBSCENE EXTREME」のメインが、ヨーロッパ・チェコで行われるフェスになる。

近年ではグラインドやメタル系だけではなく、日本とヨーロッパ、アメリカ、オーストラリアでイギリスのDOOM、アメリカと２０１３年のヨーロッパでRATOS DE PORÃOが出演。２０１２年のヨーロッパ・チェコではDISCHARGE、POISON IDEA、EXTINCTION OF MANKIND、WOLFBRIGADE、２０１３年のアジアにはインドネシアのMARJINALなども出演している。日本からは２０１５年にチェコで行われた「OBSCENE EXTREME」フェスにSxOxBが出演している。

２０１６年は日本から、MELT-BANANA、SPEED!! NOISE!! HELL!!!、PALMとDEATH SIDEが出演。イギリスからEXTREME NOISE TERRORの他に、VARUKERSのボーカルであるラットがやっているバンドWARWOUNDも出演するなど、パンク／ハードコアのバンドも出ている。

「OBSCENE EXTREME（極限猥褻）」という名の通り、観客には下ネタ系のコスプレも多く、被り物や小道具なども揃えた、かなりおバカでクレイジーな客が多い。海外ではメタル系の客にクレイジーな人間が多く、メタル系と一緒のライブのときは楽しみのひとつである。日本では感じられない面白さがあるので、海外のメタルシーンを、ぜひ体験して欲しい。かなりウケるのは間違いない。自分の価値観さえ崩れ去ってしまうかもしれない。

夜中に到着したため、会場へは翌日に行ってみた。あいにくの雨模様でも中止になることなく、ステージでは多くのバンドが次々と演奏していた。客もカッパを着たり屋根のある場所にいたりしながら楽しんでいたが、さすがに雨のため昼の客席はまばらだった。会場の地面が土のためドロドロで、ショップなどのブースに行くにも一苦労だった。レコード屋、Tシャツ屋やフード店など、色々な店が出ていて、通り過ぎる人間の半分以上はコスプレだし、かなり面白いフェスである。

今回DEATH SIDEが出演するにあたって窓口になってくれた、F.O.A.D. RECORDS主宰でCRIPPLE BASTARDSのボーカルであるジウリオも、F.O.A.D. RECORDSの店を出していて、散策していると夜になった。

残念ながらメタルやデスグラインド系のバンドに詳しくないので、初日に誰が出たのかよく分からないのだが、夜になるとステージと観客が異様な盛りあがりを見せ始める。

ステージにコスプレ客が群がる、ダイビングする客もおかしな格好の人間ばかりだ。海やプールで使うようなサメなどの浮き袋やビーチボールなども飛び交っていて、今まで味わったことのないような雰囲気である。

夜中にはＳＭショーがあるなどさすが極限猥褻フェスというだけあり「これがOBSCENE EXTREMEか！噂には聞いていたがとんでもないな」などと思いつつ、夜になってようやくDEATH SIDEのメンバーと会場で合流する。しかし、昼間から飲み続けていてツアー疲れもあり、おまけに雨でかなりの寒さのためホテルに引き返した。

客の多くは会場内にあるテントサイトでキャンプをしているようで、そこにもステージがある。高知から来たSPEED!! NOISE!! HELL!!のベースで、男道レコード主宰の井上君がキャンプサイトに泊まっていて「朝からブラストビートをやり始めるんで寝られないんよねぇ」と嘆いていた。

めちゃめちゃなフェスなのは、何となくだが理解できた。これはちょっと面白そうだ。

こうして初日の夜は更けていったのだが、俺とＹＯＵはヨーロッパからなので、疲れてはいるが時差ボケがない。時差ボケ対策はライブにおけるコンディションの面で非常に重要である。時差ボケがないありがたさを、俺はまだ分かっていなかった。

それはDEATH SIDEの、海外単発ライブという新たな経験によって分かってくる。

しかし、初めてのチェコも、面白くなりそうだ。

2016年。DEATH SIDEチェコOBSCENE EXTREME FESのバンド紹介用の白黒バージョン。

ヨーロッパへ刻んだCHELSEAの魂

目が覚めて朝食を食べた後、部屋でＳＮＳを覗いていると、弁慶とMUKA-CHIN、ＯＲＩはトルトノフの街へ出て遊んでいるではないか。隣の部屋にいる俺とＹＯＵを誘ってくれてもいいじゃねぇか！　帰ってきた３人に、散々ブー垂れながら部屋で小パーティーをしている間に、迎えの連絡を入れる。

午後３時頃に会場に着くと、雨が上がり観客も昨日より多いようだ。EXTREME NOISE TERRORがメインアクトで、他にもVARUKERSのラットのバンドである WARWOUNDやDEATH SIDEが出るためか、昨日よりもパンクスの数が多い。

フェス内で飲食をする場合には、フェス専用のチケットを購入する。ここでは、貨幣はユーロとチェココルナが共に使えるようになっていた。トルトノフの街ではほとんどユーロは使えない。この取り組みも、外国から来場しやすくなっている要因なのだろう。

チェコはビールの消費量が世界一で、チェコビールがかなり美味しく値段も安い。フェスでもチェコの様々なビールが出店されていて、フェス専用のカップを持っていれば、通常２枚のチケットのビールが１枚で飲めるようになっている。

専用カップは、プラスティック製で年ごとのポスターデザインなど、何種類かの絵柄になっていて、環境の面や会場内のゴミのことを考えた取り組みで、土産としてもいいものになっている。

ヴィーガンフードも多く出店されていて、誰もが食事や飲み物に困らないように配慮されている。出演者にはバックステージにある飲食スペースの食事や飲み物のチケットはもちろんだが、会場内で使用できるチケットも配られる。ヴィーガンフードもあり、出演者も客もフェスを十分楽しめるように、細やかな配慮が随所になされている。素晴ら

#63

しいフェスだ。

会場で楽しんでいると、初めて観るWARWOUNDのライブが始まる。さすがハードコアのボーカリストとしては超一流であるラットのボーカルは素晴らしく、VARUKERSの曲をアレンジしてやっているなど懐の深さが感じられ、否が応にも盛りあがる。

そしていよいよDEATH SIDEの出番である。このメンバーでライブを経験しているからか、良い緊張感で本番を迎えられた。あとはヨーロッパの地にCHELSEAの魂を、日本のハードコアパンクを刻み込むだけだ。

司会による紹介が終わり、ライブがスタートした瞬間から全てを注いだ。何と言おうが、CHELSEAの曲がここで放出されている。絶対にCHELSEAが側にいるはずだ。

時差ボケも全くなく、チェコへ来てからはホテルのベッドで眠れるという素晴らしい条件に加え、今までツアーをやってきたために、ライブのステージ感覚が研ぎ澄まされている。会場や客全体の雰囲気、瞬間瞬間でする客へのアプローチなど、ライブに重要な感覚が全て手に取るように分かる。

観客の反応がもの凄く、ステージに上がってダイビングする客は数え切れない。ある客を捕まえてアキレス腱固めをかけて歌ったり、超満員の客席に入り歌ったりとかなり楽しめたライブだった。

日本でいうと、恐らく日比谷野音ぐらいのキャパである。全ての客の注目が俺たちに集まって、どんどんステージにのめり込んでくるような感覚も受け取れた。緊張感がありながらもリラックスしている最高のライブができた自覚があった。

CHELSEAの魂が存在しなければ、DEATH SIDEがライブをやることはない。日本でもアメリカでもヨーロッパでも、それは変わらない。CHELSEAが存在したからこそ、この日のステージに立つことができた素晴らしいライブだった。MUKA-CHINとＹＯＵはもちろんだが、ＯＲＩと弁慶もとてつもなく素晴らしい音を聞かせ、確実にCHELSEAの魂をヨーロッパに刻み込んだライブだった。

実際、終わってから店に行くと、何人もの店員に「一緒に写真を撮ってくれ」と、ビールを振る舞われた。その後もたくさんの客からの声かけがあり、良いライブだったと確信できる反応がたくさんあった。これも全てCHELSEAのおかげであるし、引き継いでくれたＯＲＩと弁慶にはいくら感謝しても足りないほどだ。

日本でギターを弾いてくれたヒロシも、ＯＲＩも弁慶も、もちろん俺とMUKA-CHIN、ＹＯＵも、みんなCHELSEAのためにやった。その結果が、この素晴らしいライブだった。

かなりの充実感と手応えがあった DEATH SIDE初のヨーロッパライブは、こうして幕を閉じた。このライブによって、再び様々な国からオファーが舞い込むこととなる。CHELSEAという男の作った楽曲が、時を超えて世界に飛び出すきっかけのライブだったかもしれない。

そして翌日はオフのため、みんなで観光に出かけた。観光といっても何もないトルトノフではなく、ポーランド国境に近いアドルシュパフという奇岩群のある景勝地だ。

電車に乗ろうと、みんなでトルトノフの駅に行く。レストランでもメニューがドイツ語とチェコ語ばかりで、駅でも英語がさっぱり伝わらない。ドイツに住むタトゥーアーティストで、日本人の友人である雪子鬼がライブに来てくれて、この日も一緒だったので、ドイツ語が話せる彼女のおかげでようやく電車に乗ることができた。

海外で電車に乗るときは、いつも確実に都市部なのだが、今回は都市部の電車とは違うヨーロッパの田舎のローカル線だ。テレビ番組の『世界の車窓から』そのものの雰囲気の中、アドルシュパフで観光をして楽しんだのだが、今まで海外ツアーで、ここまで観光を堪能したのは初めてかもしれない。

2016年。DEATH SIDE チェコ「OBSCENE EXTREME FES」のウェブサイトで、バンドの説明用画像。

戻ってフェスにも行き、この日もかなり堪能したが、ホテルに帰ってみんなで飲んでいるときに、MUKA-CHINがシャワーへ入った。しばらくすると、いきなり「ドスンッ」とデカイ音がする。

弁慶とORIが「大丈夫か！」と見にいくと座って気絶しているではないか。シャワー室は内開きのドアのため、潰れたMUKA-CHINが邪魔で聞かない。何とか救出したが、かなりびっくりした。本当に無事でよかった。「これで死んだら伝説のミュージシャンだったのになー！」などと冗談を言いながら、大笑いしてこの日は終了した。

そして日本へ帰る日、飛行機の時間が迫っているので送ってほしいと交渉するが、みんなで大きなバスで空港まで移動するので、俺たちだけを送ることはできないらしい。いくら交渉してもダメなので、諦めてバスに乗り今か今かと出発を待っていたのだが、何やら大物の雰囲気がある、只者ではないような人物が乗ってきた。

確か昨日の最終日の大トリで出演していた、今回のフェスのメインアクトであるSODOMのベースボーカル・トムエンジェルリッパーだ。

俺の近くにトムが座ったのだが、後に乗ってくる人間は、トムだと認識すると、隣の席が空いているにもかかわらず誰も座らない。どんどん人が乗ってくるが、誰ひとり座らない。最後にはトムの隣だけが空いている状態だ。そのときになってようやく俺は「ハハァ〜、こいつはこの界隈ではかなりの大物なんだな」と気づく。

いよいよバスが出発するときになって、最後に駆け込んできた若い兄ちゃんがいた。当然みんなと同じようにトムを認識するが、その席しか座る場所がない。

「あっちゃ〜、マジかよ。ここしかないのかよ」というような顔でなんなら頭を抱えるような雰囲気で、ひと呼吸おいてから読み物を広げてくつろいでいたトムに「隣いいですか？」と告げ、ようやくバスは走り出す。

こちらは飛行機の時間が迫っている。運転手がなぜかトムだけに向けるような感じで「ターミナルはどこですか？」と聞くので、俺は横から自分のターミナルを大きめの声で告げた。

するると、みんなは俺を見て「何でお前が言うんだよ！」的な雰囲気を醸し出す。知らんがな。遅れたらどうすんだよ！　しかしトムは全く何も言わず「それでいい」といった感じなのでようやく運転手も納得し、無事、俺たちの乗る飛行機のターミナルに到着した。

もしあそこでトムがターミナルを告げていたら、確実に彼の意見が優先され、俺たちは飛行機に乗り遅れていただろう。トムがいい人でよかった。


こうしてチェコでの「OBSCENE EXTREME」フェス出演は、大成功で終わったのだが、この時点でDEATH SIDEの、イギリス・ロンドンでのライブが決定していた。日本とイギリスのハードコアがなければ、俺はこうなっていない。

憧れ続けた大好きなハードコアが発祥したイギリスを訪れるのは、『週刊少年ジャンプ』で40年間連載されていた「こちら葛飾区亀有公園前派出所」が最終回を迎えた２０１６年９月のことだった。

恐るべき時差

#64

2016年は4月にDEATH SIDEでアメリカのニューヨーク、7月にFORWARDで北欧のスウェーデンとフィンランド、そのままDEATH SIDEでチェコにまで行ったのだが、9月にはDEATH SIDEでイギリスロンドンでのライブが決まっていた。1年で5か国4度も海外に行くなど、想像すら及ばない奇跡的な1年になった。

交渉の段階で、確実に入国ができるように就労ビザをとってくれるという話になったのだが、これまでの海外経験の中で就労ビザの取得は初めてだった。それまでは観光で入国していたために、入国審査で引っかからないように細心の注意を払っていたが、今回は全く心配がないという素晴らしいオーガナイズに感動した。

イギリスといえばハードコアパンク発祥の地である。俺の人生を正しい方向へ狂わせてくれたCHAOS U.Kの国だ。CHAOS U.Kの地元はブリストルなので、ロンドンから車で6時間ほどかかるのだが、どうしてもライブをやりたいので、オーガナイザーやCHAOS U.Kのギャバと何度も交渉していた。

しかしビザを取って、DEATH SIDEをメインでショーを組んでおり、チケットの売れ方などを見ても、イギリス以外のヨーロッパから来る客も多く、ロンドンのライブに集客を集中させるために、どうしてもブリストルではできないと言われ、仕方なく断念する。しかし1日オフがあるので、ブリストルへは遊びに行くという話になり、イギリスツアーはロンドンでの2回のライブで正式決定した。

ロンドンライブが決定すると、俺の英語力に不安を感じたのか、オーガナイザーから通訳を連れて来てくれと言われる。

そこでメンバーと相談して、FORWARDのSOUICHIに通訳兼物販係で来てもらうという話になった。

個人的には同じバンドのメンバーであるSOUICHIに、他でやっているバンドの交渉面など、日本での通訳だけならまだしも、現地同行で物販まで頼むというのは非常に複雑な気持ちがあった。俺たちにとってステージで演奏することが一番大切なので、演奏もさせずにマネージメント的な仕事をしてもらうのは非常に気が引けた。しかし気心も知れ、英語も堪能な上に信頼も厚いSOUICHIなら、条件としても完璧な人物だ。

DEATH SIDEのメンバーも全員、SOUICHIなら安心だと言っている。そこで改めてオファーをすると、SOUICHIは快く引き受けてくれて、DEATH SIDEとSOUICHIの6人でイギリスツアーへ行くこととなった。

人生初のイギリス行きになるのだが、バンドを始めたときからの憧れの土地であるイギリスでライブができるのは、非常に感慨深いものがある。CHELSEAと一緒にやっていた頃から、何度か海外へ行こうとした地は、全てイギリスだった。ガキの頃からの夢だったイギリス行きが、ようやく現実のものとなった。

楽器も持って行けるので問題はない。ビザもあるので入国審査もかなり楽に終わり、イギリスの地へ降り立つと、オーガナイザーのサイモンが迎えに来ていてくれた。するといきなり、東京でいうSuicaのようなＩＣカードを渡される。

どうやらロンドンでの移動は、全て電車で行うようだ。東京でも同じように、大都会では慢性的な渋滞により車が不便なことが多いためのようだが、これによりメンバーだけでロンドンを堪能することになる。

ひとまずホテルに行ったのだが、大英図書館の前で、市内の要所にすぐアクセスできる素晴らしい場所だった。6人部屋で、2段ベッドが3台あるドミトリー形式のような部屋で、非常に快適だ。到着したのが昼間だったので、INNER TERRESTRIALS、元CONFLICTのドラムであるパコの墓参りに行った。このときのみ車で行ったのだが驚いたのはロンドンの渋滞の凄まじさであった。

２０１７年。DEATH SIDEイギリス・ロンドンメインショーのフライヤー。

その後、本場イギリスのパブに連れていってもらい、生ギネスビールとサイダー（日本のシードルみたいなものだが、全く違った味のイギリスパンクスのソウルフード的アルコール）を堪能し、ロンドンに住む旧知の友人達がウエルカムパーティーを開いてくれるというので、サッカーで有名なアーセナルの街まで移動した。

２００６年のアメリカツアーのときに、TRAGEDYでスタッフをやっていたパコがいる。ほかにも、アメリカのテキサスで行われていた「CHAOS IN TEJAS」出演の際には泊めてもらった、来日ツアー経験もあるWORLD BURNS TO DEATHのボーカリストであるジャックまでいるではないか。パコが行きつけのインド料理屋で、ヴィーガン料理も用意されており、みんなで再会を喜びながら初日の夜は更けていった。

しかし、初ヨーロッパの単発ツアーで、アメリカとは違った時差でほとんど眠れない。ヨーロッパの時差は経験済みのはずなのだが、頭と体が全くいうことをきかない。かなりの寝不足というか、ほとんど眠らずに翌日を迎える。

その日はライブ初日だが、時間があるために観光しようという話になった。これまでのツアーや単発でも、海外で観光するときは必ず地元の誰かが一緒にいたのだが、チェコで初めてメンバーだけで観光をした。

それに味をしめたのか、海外慣れしていていつも現地をうろつく弁慶のおかげなのかは分からないが、oysterカードと言う電車のＩＣカードもあるし、イギリスでもメンバーだけで観光に出かけた。

ロンドンのカムデンタウンといえば、小中学生ごろに見た雑誌に載っていたド派手なパンクスたちの溜まり場で、パンクスが、観光客に写真を撮らせて金を稼ぐという生活をしていた。その真似をして俺も原宿で写真を撮らせて金を稼いでいたが、その大元の街であり、雑誌でしか知らないあのカムデンタウンだ。ドクターマーチンの本店へ行ったりバンクシーの絵を探したりと、カムデンタウンを堪能してホテルへ帰った。電車での行き方も分かった。

今までのツアーでは海外の友人が案内してくれるなど、どれだけ優しさ溢れる対応してくれていたのかがよく分かる。しかし計画を立てて、自分たちだけで公共交通機関を移動するのも、海外ではかなり楽しいことも分かった。

観光が終わって一度ホテルに帰り、迎えに来てもらって初日のライブハウスに電車で向かった。このライブハウスは、ロンドン中心部から電車を乗り継ぎ1時間ほどの郊外にあり、電車内では麻薬中毒患者と思われる女性に小銭をたかられたり、駅では髪の毛を立てている俺を珍しがる酔っぱらいがいたりと、ロンドンの中心街周辺とはまた様子が違う。

ロンドンで2回のライブは決まっていたが、メインショーに観客を集中させるために、この日はシークレットだった。ライブ直前に出演が告知されたにもかかわらず、チケットはソールドアウトとなり、バーコーナーも人でごった返す大盛況となる。

しかし、マイナス8時間という中途半端な時差によって体内時計が完全に狂ってしまった。ライブ中でも頭や体が思うように動かない。何とかがんばるのだが、心や頭、体が自分の知っている良い状態とは程遠い。どうにも不完全燃焼な感じが否めないままでライブが終わったのだが、客の盛りあがりのおかげで助けられ、なんとか大盛況でライブは終了する。

このままでは翌日のライブも危ない。確実にゆっくりと休んで眠ろうと思ったのだが、ホテルでみんなが寝たあとでも、またもや眠れない。

これはかなりマズイと思っているうちに夜が明けるのだが、やはり眠れない。またもやほとんど眠れないまま、ガキの頃からの憧れであった、ロンドンでのメインショーを迎えることとなってしまった。

2017年。DEATH SIDEイギリス・ロンドン、THE DOMEのメインショーポスター。

大失態

#65

ほとんど眠れないままベッドでまんじりともせずにいた。起きだしたメンバーたちは大英博物館でやっているパンク40周年を記念した展覧会へ行くという。

俺は眠りたかったのでひとり部屋に残ったがやはりほとんど眠れない。みんなが帰ってきてライブへ行く支度などを始めたので、俺も起きて髪の毛を立てるなどの用意をして、眠れないまま会場へ向かった。

メインショーの会場はかなり大きな規模で、1000人のキャパシティーのライブハウスである。エンジニアも完璧な音を作るプロフェッショナルな人物だ。すでにチケットはソールドアウトとなっているが、当日来た客も限界まで入場させるという。開場前から、イギリスに住む友人達が多数来てくれ、開場してからも続々と客が集まり始める。

しかし俺は眠れていないので、楽屋でなんとか眠ろうとウトウトするような状態で、友人達とも話さずに本番を迎える。完全にコンディション作りに失敗したのだが、やるしかない。心と体が分離したような状態でステージにあがり、いつものように英語で「I CAN'T SPEAK ENGLISH! SO FUCK YOU!」と言おうとすると、「I CAN'T SPEAK」と言ったあたりで、客席の一番前から先に「SO FUCK YOU」と言われてしまう。

掴みの言葉だと浸透しているのか、客の「それは知ってるぞ」というような対応にも感じられ、出鼻を挫かれる。ライブでは、かなり力んで空回りするばかりで、客との一体感がつかめない。

テンパってしまうと、さらに力んで空回りしてしまう。ステージで悪循環にハマってしまい、限界が訪れたときにフッと力が抜けると、メンバーのサウンドがやっと体に入ってきた。

「無理して力んで空回りするより、信頼するメンバーの音に身を委ねよう」

自然とそんな気持ちになり、ボーカル以外の演奏を前面に出すような感覚に変化していく。するとどうだろう。それまでのライブでの「自分が前面に出なければ」というエゴに近い感覚がなくなり、メンバーの演奏に身を委ね、何とか落ち着きを取り戻すことができた。

自分を出せない不甲斐なさはあるが「これはCHELSEAがいた頃の、本来のDEATH SIDEの形なのかもしれない」と意識を覚醒させながら、ライブは終了した。

アンコールがかかるが、自分の不甲斐なさのために動けずにいると、弁慶から「まだ決着ついてませんよ！」とハッパをかけられステージに向かう。

個人的にはかなり納得いかないライブであったので、メンバーには非常に申し訳ない気持ちでいっぱいだったが、それも俺のわがままな感情である。みんながベストを尽くしてやっているのに、自分のコンディショニングに失敗してステージに満足いかないなど、そんなわがままでCHELSEAの意志を伝えようなど、思いあがりも甚だしい。メンバーのおかげで、ライブは盛況で終わったが、かなりの反省点が残るライブだった。

終わったあとにも、CHAOS U.Kでベースを弾いていて、昔からのDEATH SIDEファンであるジェイに話しかけられた。ジェイの来日時には「DEATH SIDEのアルバムはほとんど持っているが、『WASTED DREAM』だけないんだ」と言われ、俺の持っていたアルバムをあげた友人でもある。

「ISHIYA。今日のライブはどうだった?」

「いや、俺がよくなかった」

「じゃあもう一回来てリベンジだな。またイギリスに来い！」

と慰めてくれるではないか。旧知の友人の優しさで、何とか心がどん底からマシにはなったが、自身では相当不満が残ったライブだった。

打ち上げのパブでも、あまり気乗りせずホテルに帰ったのだが、今度は悔しさと不甲斐なさで眠れない。俺がパンクになったきっかけの地、憧れのイギリスでのこの体たらくは、日本に帰国後もかなり尾を引いた。しかし頼りになるメンバーで本当によかった。同じ過ちは二度と犯さないと誓ったロンドンのメインライブだった。

翌日はオフでライブがないので、不眠でも問題はない。ブリストルへ向かうために、高速バス乗り場へ向かった。

ブリストルへ到着すると、CHAOS U.K、FUKのギタリストで旧知の友人であるギャバが迎えに来ていた。ギャバはバスターミナルから歩いて街並を案内してくれて、ブリストルの運河ではボートに乗り、馴染みのパブまで連れて行ってくれるという粋な計らいだ。

俺がかなりのCHAOS U.K好きなことを知っているギャバは、集める手はずを整え、そのパブには何と、オリジナルメンバーであるカオスや、CHAOS U.K来日時のメンバーであり、歴代メンバーのパット（DEVIL MAN）、フィル、モウアーまでいるではないか。

他にもSCREAMERという素晴らしいバンドのメンバーや、２００４年の最初のアメリカツアーのシアトルで世話になった、ゼンまでいる。SCREAMERのボーカルであるスタッフと結婚したゼンは、ブリストルに移住して子どもまで生まれたという。心から会いたかった人々が集まったパブで、俺は本場ブリストルのサイダーを堪能した。

ブリストルのサイダーは、ビデオ『UK/DK』のDISORDERの溜まり場でみんなが樽から注いで飲んでいる酒である。日本ではほとんど手に入らないので、本場ブリストルのパンクスの酒と言ってもよいだろう。

ロンドンで飲んだサイダーと違い、ブリストルで飲んだサイダーは炭酸も酸味もかなり控えめだ。リンゴの発酵から出来た炭酸なので、ナチュラルな感じで格別に美味しかった。ロンドンで飲んだサイダーでは、メンバーがみんな酸

２０１７年。DEATH SIDEイギリス。ロンドンでのライブ後のアフターパーティーのフライヤー。

But after the gig.

DEATH SIDE

AFTER PARTY

17.09.16 / FREE ENTRY / DJ'S & DRINK / 11PM - 2AM

THE DEVONSHIRE ARMS

33 KENTISH TOWN RD / LONDON / NW1 8NL

GETTING THERE FROM THE DOME:

NORTHERN LINE - CAMDEN / 134 BUS - CAMDEN

味と炭酸で胃を少々やられるほどだったので、このサイダーの味には感動した。

しかしほとんど寝てない上に、極上のサイダーでかなり酩酊してしまった。日が暮れてから移動したパブのそばにバンクシーの絵があって、見とれてしまった。みんなが帰ろうと言うのにまだ佇んでいて、説得されて何とかフィルの家にたどり着いた。

フィルの家のパーティーには、AMEBIXのギターであるスティグや、DISORDERのオリジナルメンバーであり、友人でもあるタフも来ていた。しかし、酩酊状態でわけが分からず、フィルの家の前にある公園を徘徊していた。この公園で摩訶不思議な体験をするのだが、頭がおかしくなったと思われそうなので書くのはやめておく。

かなりの酩酊で、自分でもどこにいるか分からないほどだったのだが、SOUICHIとその日泊めてくれるFUKのボーカルであるリッチーが俺を見つけ、ようやくリッチーの家に行き着いた。イギリスに来て初めてちゃんと眠ることができたが、この日の俺は、相当ひどい状態であった。

翌日はブリストルから車で1~2時間ほどの、チーズで有名な街であるチェダーに行った。サイダー製造工場などを見学して生サイダーをリットル単位で入る樽で購入。そのままチェダーのパブに寄りサイダーを堪能したが、本当に美味い。ひどい宿酔だったのだが、サイダーを飲んだ途端に治ったのには心の底からびっくりした。

行き帰りの道中では、広大な農場が現れ、牛の鳴き声が聞こえてくるなど、イギリスの田舎の原風景といった感じだった。CHAOS U.Kの代表曲「FARMYARD BOOGIE」そのままの光景を目の当りにした。CHAOS U.Kを聴き始めて30年以上を経て「この光景だからああいう曲になるのか!」と、やっと「FARMYARD BOOGIE」が理解できたと心底思える風景だった。

バンクシーの原画である壁画もサイダーも「これぞブリストル」という文化を堪能したのだが、イギリスでは、同行してくれたSOUICHI、メンバー、現地の友人たちにかなり迷惑をかけてしまった。

時差ボケもさることながら、この頃、俺の酒の飲み方がおかしくなっていたのも事実である。本人が気づかず言うことを聞かないのだが、今考えてみてもかなりタチが悪い酒飲みになっていたと思う。

その最たるものが、憧れの地であるブリストルとロンドンでの爆発で、自分でも手に負えない状態だ。こんな飲み方をしていたら、そのうち体を壊してしまう。CHELSEAのために集まっているとはいえ、ここまでの、あまりのわがままさ加減でも、俺を見放さないメンバーにはいくら感謝しても足りない。

すでに翌年の２０１７年も海外でのオファーが来ていた。２０１４年にFORWARDでツアーを行ったオーストラリアで、DEATH SIDEのライブだ。

少しはまともになれればいいのだが、俺は全く言うことを聞かず、ライブの度に飲んだくれる深みにどんどんハマっていった。

第五章　ジャパニーズ・ハードコアを世界へ

#66 再びオーストラリアへ

イギリスから帰って来た9月21日の翌日には、「OBSCENE EXTREME」の窓口として尽力してくれた、ジウリオのCRIPPLE BASTARDSが来日した一緒のライブがあり、他にも週末には広島と津山へ行くツアーなど、イギリスライブでの失態に悩んでいる暇もないほどFORWARDは立て続けにライブを行う。これらのライブに全力を尽くした結果、何とか気持ちが上向きになっていった。

そしてイギリスライブの翌年2017年には、ついにアメリカのM.D.C.が初来日を果たし、素晴らしいライブを見せてくれた。他にもイギリスのDOOMなど来日バンドが多数あり、FORWARDも出演する機会に恵まれたのだが、海外ライブを続けてきた賜物であると感じる。

しかし、ロンドンのライブでの自分の不甲斐無さがフラッシュバックして、何度も眠れない夜を過ごした。悔やんだところでやり直せるわけではないし、事実を変えることはできない。いつまでも過去に囚われて前に進めなければ、メンバーや友人など信頼している人間に顔向けができない。失敗は取り戻すしかない。

ようやくロンドンの呪縛が薄れてきたのは、2017年の春を迎える頃だった。

FORWARDは相変わらず毎週のようにライブをやっていたが、DEATH SIDEも2017年3月の「KAPPUNK」に出演し、〝CHELSEAの日〟以外にも日本でライブをやるようになっていた。

DEATH SIDEへライブ出演のオファーが多くなり、メンバーで「〝CHELSEAの日〟以外はどうするか？」と相談していた。CHELSEAの意思や楽曲の素晴らしさを伝えるために、海外に行く。しかし今となっては、DEATH SIDEを観たことがない人間もかなり多い。

再始動したDEATH SIDEが、「行ったことのない街でライブをするのもいいのではないか」と話してみた。色々話した結果、CHELSEAのお母さんのためにも、知らない街や国であればいいのではないかという結論に至った。

そして4月、DEATH SIDEはオーストラリアへ旅立った。

２０１４年にFORWARDでオーストラリアツアーを行ったときにオーガナイズしてくれたヤップが、今回もオーガナイザーだ。オーストラリア公演では、ヤップが過去にやっていた世界中でも人気の高いPISSCHRISTを再結成。さらにFORWARDとのツアーを最後に解散したTEARGASも再結成するというではないか。

オーストラリア二大ハードコアパンクバンドの再結成は、かなりうれしいニュースで、DEATH SIDEで行く意味も大きく、気合いが入った。

この頃、日本のヘヴィーメタルのトップバンドであるLOUDNESSの、アメリカ入国拒否事件が起こる。LOUDNESSほどのビッグバンドは、当然ビザを取得しているかと思ったが、俺たちと同じように、毎回観光目的での入国だったようだ。観光目的で入国したアメリカで大成功を収めたと聞き、かなり親近感を覚えた。

しかし、この事件により入国への不安が募った。入国できなければキャンセルとなってしまうため、イギリスに続いて今回もビザを取得してくれるという手筈となった。就労ビザとまではいかないが、バンドで演奏するための招待ビザを取ってくれたので、またしても楽器持参でも入国の心配はない。

入国審査ではビザを見せると、タトゥーを入れた空港職員が寄って来て「バンドか？　どこでやるんだ？」などと雑談をしたがる。かなり楽な入国だ。

ゴールドコーストで乗り継ぎ、メルボルンの空港へ到着すると、オーガナイザーのヤップと泊めてくれるフィルとその彼女が来ていた。フィルは、FORWARDのオーストラリアツアーのときに、自分の車でずっとついてきた中のひとりで、顔を見た途端、懐かしさが込みあげて再会を祝った。これまでの成果とも言えるフレンドシップによって、今回も海外でサポートしてくれる多くの友人に恵まれた。素晴らしいひとときである。

到着した日にライブがあるのだが、オーストラリアは日本との時差がほとんどないので体調も良好だ。移動疲れはあるものの、夜のライブまでフィルの家で地元パンクスや、アメリカからツアーで来ているSADISTのメンバーと小パーティーをした。

会話の中で、初日の前売りチケット320枚が1時間も経たずにソールドアウトとなったことを知る。2日目の追加公演に至っては、330枚が15分でソールドアウトとなったというではないか。こんな事態になるのは、オーストラリアのハードコアパンクのライブでは非常に稀(まれ)らしい。かなりうれしい事実なのだが、25ドルのチケットが転売で200ドルまで跳ねあがったという。

日本でも同様の問題に頭を悩ませるミュージシャンやバンドマンがいる。チケットだけではなく、救済目的で寄付のために作ったグッズやTシャツさえ高値で転売する輩が後を絶たない。音楽業界の大きな問題であると感じている。純粋にライブを楽しみたい客と伝えたいバンドの気持ちを、どうして踏みにじれるのだろう。自分の行為がどれほどひどいものなのかを、一度ちゃんと考えて欲しいものである。おそらく響かない、金のことしか頭にない連中なので、話にならない。難しい問題であり、今後の課題として考えていかなくてはならないだろう。

サウンドチェックがあるため早めに会場へ向かう。今回のオーストラリア公演は2回とも似たような造りの場所で、バーが併設されて喫煙しながら酒を飲める中庭がある。初日は2階のスペースでもライブができるようになっていてアフターショーが行われるという盛りあがり必至の素晴らしい企画であった。

オーストラリアといえば、物価の問題がある。以前来たときよりもあがっていて、マルボロがひと箱25ドルになっ

2017年。DEATH SIDEオーストラリアツアーポスター。2016年NYのポスターをアレンジしてヤップが作成。

ていた。ビールも1パイント10ドル前後なので、あの美味いCOOPERSをそこまで堪能できないと思っていたら、DEATH SIDEのメンバーはバー飲み放題だという。ヤップの粋な計らいには非常に助かったが、飲みすぎないように気をつけなくてはならない。

開場されると、PISSCHRÏSTの復活や、アジアツアーを終えオーストラリアツアーを行ったアメリカのSADISTの出演もあり、超満員で400人以上の観客が詰めかけた。前回のFORWARDツアーで、仲良くなった友人もたくさんいて、東南アジアから来てくれた友人や、シドニーの友人バンドも出演するなど、個人的にも楽しい1日だった。

PISSCHRÏSTが始まるとダイビングの嵐で熱狂の渦。客席で観ていたが、あまりにも素晴らしいライブに度肝を抜かれた。現在活動していないのが非常に残念であるが、「この日のために再結成してくれた気持ちに応えなくてはならない」と、気持ちが昂(たかぶ)ってくる。

客の盛りあがりにも刺激され、いよいよDEATH SIDEのオーストラリア初ライブだ。超満員の観客の盛りあがりは凄まじく、俺は日本のライブで、くるぶしを剥離骨折していたが、客席に入り観客にもみくちゃにされながら歌った。俺がリフトアップされクラウドサーフ状態になるなど、かなりの盛りあがりであった。

メンバーのまとまった演奏があるからこそ、俺は自由なパフォーマンスができる。演奏に身を委ねる安心と信頼が、これまでのライブで体に染みついているのだ。もうロンドンのような失態は演じない。

この日のステージは、客と一緒にもみくちゃになる興奮状態のライブであった。個人的にはDEATH SIDEが再始動してから、これまでの活動が安心感をもたらしたのだと思えるライブだった。

ライブが終わった後、2階のアフターショーに、新しくヤップがギターで始めたバンドが出るという。そしてボーカルがなんと前回のFORWARDでのツアーのときに一緒についてきていた、ステューだというではないか。

ヤップとステューが始めたENZYMEを観てからフィルの家に戻って、満足感のあるオーストラリア初日が終了した。

翌日の会場は、前回のオーストラリアツアーで、飲んだくれの俺がバーテンダーの兄ちゃんの部屋で寝た、あのBENDIGO HOTELだ。

オーナーもバーテンダーも顔見知りで、TEARGASが再結成してくれるなんて、どんなライブになるのか楽しみすぎて眠れない。いや実際は、時差がないのでゆっくりと眠り、翌日を迎えられたのだった。

挨拶は大切

#67

海外ではほとんど時差がないというのは素晴らしい。フィルの家ではしっかりと眠り休息が取れ、やはり体調管理において睡眠は大切だと実感する。

朝、目が覚めてゆっくりしていると、ヤップから連絡があり昼食を食べることになった。食事をしたのはベトナム料理店だった。オーストラリアにはアジア系の人種も多く、オーガナイザーのヤップもマレーシアからの移民である。そのためアジアンフード店がたくさんあり、ヴィーガンフードも至るところにある。日本料理では美味しいラーメン屋などがあり、食に困ることはない。人種が雑多に存在している環境には、素晴らしい面が多いと気づかされる。

色々な国に行くたびに良い面、悪い面の双方を実感するが、オーストラリアは日本人やアジア人の体質や気質にあう国ではないかと思える。まぁ物価はとんでもなく高いのだが。

今日の会場は、FORWARDでオーストラリアツアーに来たときにもやった、あのBENDIGO HOTELだ。おまけに前回同様2階のホテルスペースに泊まれるという。前回オートロックで閉め出されバーテンの兄ちゃんの部屋で寝たからか、なぜか俺だけひとり部屋に案内された。

「ISHIYAはひとり部屋だ。でも、この部屋には一緒になるやつがいる」と。紹介されたのはホテルスペースの住人で、この部屋の主である猫だった。

「明日まで世話になるけどいいかな？　よろしくね」と撫でながら猫に挨拶すると、猫も「分かったよ」とでも言いそうな仕草と表情に感じられ、部屋に泊まる許可を得られたと解釈した。

「そんなことあるか！」と思われるかもしれない。しかし先住民にきちんと挨拶したことが、俺を救ってくれることになる。

サウンドチェックを終え、友人らと飲みながら交流していると、前日にも増して続々と客が集まり始める。確かにメインはDEATH SIDEなのだが、PISSCHRÏSTとTEARGASが出演するために、多くの客が集まっているのだろう。俺もPISSCHRÏSTとTEARGASとの共演を非常に楽しみにしていたし、客の雰囲気でもそれは重々伝わってくる。

トップのガールズパンクバンドが終わる頃には会場が人の海で、中庭のテーブルがある喫煙スペースでも、座ることもままならない状態だ。昨日に続く大盛況で、否が応にも気合いが入る。

TEARGASの演奏が始まった。オーストラリアの客も楽しみにしていたようで、最高の盛りあがりでフロアではモッシュピットも出来あがる。懐かしい曲では、みんな声をあげ歌い、久しぶりの演奏とは思えぬ迫力のステージングは、さすがTEARGASと唸らせてくれた。

ライブ後に、ギターのジョーディーが「TEARGASは DEATH SIDEに影響を受けて始めたバンドなんだ。一緒にやれる日が来るなんて夢にも思わなかった」と言うではないか。前回のツアーでも、日本に遊びに来たときにも聞かされていない事実を知り、思いが詰まった今日という日の素晴らしさを実感する。

PISSCHRÏSTも圧巻のステージで、前方まで行くことができない。前日より盛りあがっていたのではないかと思えるほどのライブで、オーストラリアハードコアの素晴らしさが全面に出ており「もの凄い！」の一言に尽きるほどの迫力のパフォーマンスだった。DEATH SIDEのためにここまでしてくれたヤップの思いは受け取った。あとは俺たちが返す番だ。

前日に来られなかった客も多かったようで、出番前の会場内の雰囲気は最高潮に盛りあがっている。演奏が始まった瞬間、超満員の客席は異様な盛りあがりを見せる。

メンバーの演奏も素晴らしく、観客に伝わっているのがよく分かる。CHELSEAのギターを再現するＯＲＩと弁慶の演奏に酔いしれる観客は、狂ったように暴れ回っている。客席から渡されたビールのボトルを、２本同時に一気飲みすると観客も喜んでくれ、さらにライブはヒートアップし、アンコールまで含めた全曲があっという間に終わった。

こうしてDEATH SIDEのオーストラリア公演は、大盛況で終了した。イギリスでの失敗を引きずることなく、いや、あの失敗があったからこそ、さらに成長したライブができたのかもしれない。

気分良くバーへ行くと、前回俺を助けてくれたあの兄ちゃんがまだバーテンダーをやっているではないか。「俺のこと覚えてるか?」と聞くと「もちろんだ。忘れるわけがない」と再会を喜び、かなりの盛り上がりと今回のオーストラリアでのライブが終わった安心感もあり、俺はまたしても飲みすぎてしまった。

宴が盛り上がっている頃、一旦タバコを吸いに外へ出た俺は、そのままあたりをフラフラと徘徊し始める。またしてもタチの悪い酔い方の典型が出てしまった。

意識の根底に知らない街だというのもあっただろうし、多少の抑制は利いていたようで、それほど遠くまでは行っていなかったようだ。しかし俺がいないことに気づいたヤップや日本人の子が、俺を探し回っていたみたいで、またもや迷惑をかけるタチの悪さを発揮してしまった。

ヤップがメンバーに「ISHIYAがいない」と焦って探し回っていたようだが、メンバーはもう俺の徘徊癖に慣れていたので「大丈夫大丈夫」と誰も相手にしない。いくら探し回っても俺が見つからないので諦めたようだが、その頃俺は、ふと気づくと壁に描かれた大きなグラフティーアートを見つめながら、道端に座り込んでいた。

「マズイ。またやってしまった」

ここがどこかもわからない。ライブハウスもどの方向だろう。これはマズイなぁと思っていたら、どこからか「ニャァー」と猫の鳴き声がする。

「どこで鳴いているんだ？」と思い鳴き声の先を探してみると、目の前にある暗がりの細い路地の奥から、こちらを見ている猫がいる。よく見てみると、あの泊まる部屋で挨拶した猫ではないか。

目が合って「おお！　お前か！」と声をかけると「ニャァー」と鳴き、俺に尻を向けて尻尾を立て「ついてこい」とでもいうかのように歩き出す。

人がひとりやっと通れるぐらいの路地を、猫の後について行くと細い鉄製の階段に出た。そこは最初に部屋へ案内されたときに、夜中にタバコを吸える場所として確認した、BENDIGO HOTELの裏の非常階段だった。

前回の経験で表からは入れないことや、ホテルスペースの鍵がオートロックなのは知っている。裏口ならなんとか入れるかと階段を上がって行きドアに手をかけると、鍵が開いているではないか。裏口の扉もオートロックなのだが、俺がいないので開けておいてくれたとしか考えられない。やっと裏口から部屋に行き、ドアを開けて入ると、どこからか先に入った猫がちょこんと座っている。

こっちを見ながら「やっとついたね。ここだよ」とでも言うように「ニャァー」と鳴く。

「助かった、本当にありがとう。お前のおかげで帰ってこられたよ」

抱きかかえお礼を言うと「なんてことないよ。私の縄張りだし」とでも言いたげに腕から飛び降り、毛づくろいをし始める。

ちゃんと挨拶をしておいてよかった。この猫がいなければ、またもや徘徊するか、電話で誰かを叩き起こしていらぬ迷惑をかけるところだった。いや、すでに迷惑はかけているのだが……。

翌日ひどい宿酔で目がさめると、猫はもうどこかへ遊びに行っていた。書き置きがあり「SADISTがスクワット（不法占拠した建物）でライブをやっている」とのことで、すぐに連絡を入れ迎えに来てもらいライブ会場へ向かった。

そこは広大な敷地の中に、廃屋となった何かの跡地のような建物があり、囲われたフェンスの破れたところから入り込むという、まさにスクワット状態の場所だ。トイレなどもなく、電気も自家発電で行われている。出演している地元オーストラリアのバンドも非常に良いバンドが多く、メインのSADISTもボーカルのトラブルはあったが、素晴らしいライブだ。

DEATH SIDEでオーストラリアに訪れたこの3日間は、DEATH SIDEが出演した2回のメインショーを含め、初日のアフターパーティー、雨で中止となってしまったが2日目の昼間にもライブの予定があり、3日目のこのスクワットでのライブと合わせて、5つのライブが開催されるイベントになっていた。

これはある意味フェスティバルのようなもので、その3日間は遠くからやって来た人間も地元の人間も、誰もがパンク漬けになる素晴らしい3日間だった。そのメインとしてDEATH SIDEで出演できたことを光栄に思う。オーガナイズしてくれたヤップとフィルの人間性と企画力も相当素晴らしいもので、オーストラリア・ハードコアの真髄を経験した。

しかし改めて感じたのだが、世界中のどの国に行ってもこんなにみんながDEATH SIDEを楽しみにしてくれていて、盛り上がってくれる事実には驚くばかりだ。南半球の国にやって来てもここまで支持されている事実は、正直想像を超えたものがある。

この事実によって、CHELSEAという男が残した楽曲の偉大さを改めて痛感すると共に、再結成は間違いではなかったと感じる。日本のハードコアが世界に与えた影響を実感し、ハードコアパンクを通じて世界中で繋がる友人というものが、どれほど大切であるかを身に沁みて感じた3日間だった。

#68

スウェーデンクローナの洗礼

オーストラリアから帰国後、相変わらずFORWARDは毎週のようにライブをやっていたのだが、この頃になると俺は泥酔状態で、まともに歌っていることが少なくなっていた。

観ていた友人などから指摘もされていたのだが、本人は悪いとも思わず開き直るような状態だった。しかし、そんなライブがいいと思う人間がいたとしても、ひと握りのマニアか知りあいだけだろう。

そして案の定、ある日のライブ翌日に、左腹部肋骨のすぐ下あたりに尋常ではない激痛がおきてしまう。焼いたナイフを突き刺して、ずっとグリグリこねくり回されているような痛みが続き、立っていることはおろか寝ていることも難しく、全く動けなくなってしまった。

翌日、定期検診があるためひと晩耐えたが、寝返りすらうてず、到底眠ることなどできない激痛だった。杖をつきながら電車で定期検診に行くと、そのまま車椅子に乗せられて入院となってしまう。病名はアルコール性の急性すい炎。飲みすぎですい臓に限界がきたようだ。通常なら救急車で運ばれるような病気らしいのだが、それが頷けるぐらいの、これまでの人生で体験したことのない激痛だった。

自著『右手を失くしたカリスマ　MASAMI伝』で書いた、MASAMIさんの死因が同じすい炎である。MASAMIさんはこの激痛に耐えながら生きて、ライブまでやっていたのかと思うと、信じられない強靭さであるとつくづく実感する。

入院は10日ほどで済んだのだが、これ以降しばらくの間は禁酒しなくてはならない。FORWARD、DEATH SIDEともにライブはあったのだが、一滴も飲まずにライブをやったのは、10代のバンド開始以来初めてのことだったと思う。しかし病気によって、自らの酒の飲み方のおかしさに気づき、以降は以前のようなひどい飲み方は減っていったように思う。多分。

退院後の２０１７年には、DEATH SIDEで愛知県豊田市の豊田スタジアム外周部分で行われた「TOYOTA PUNK CARNIVAL」や、弁慶の地元である函館でライブを行い、FORWARDでは来日バンドとの共演が多かった。スウェーデンで共演したDS-13の他にも、様々な海外のバンドが来日し、俺が海外に行き始めてから来日バンドも、どんどん増えていったように思う。日本のバンドの海外進出が増加して、多くが海外との交流を始めたために、来日バンドが後を断たなくなったのだろう。

オーストラリアのヤップの新しいバンド、ENZYMEが来日ツアーを行うので、東京のライブをHARDCORE SURVIVESレーベルのＳＯ君と一緒にオーガナイズもした。やっと日本でも、俺たちのようなアンダーグラウンドレベルのバンドが、国際交流できる日常がやって来たのである。これは非常に素晴らしいことで、そのひと役を担えたのであれば、これほど光栄なことはない。

そして、FORWARDでスウェーデン・フィンランドツアーを行った際に、ストックホルムで泊まったDS-13のクリストファーの家に住んでいたローニーから「２０１８年に行われるストックホルムのフェスにDEATH SIDEで出演しないか?」とオファーが来ていた。条件も素晴らしいものだったので、メンバーに相談すると「行きましょう！」とのことで、DEATH SIDE初のスウェーデンライブが決定した。

ここでもまた、培ってきた友人関係によって新たな経験ができる素晴らしい機会に恵まれた。何とも信じられない現実が次々とやってくるので、人生というのは本当に面白い。

２０１８年、桜が満開となり春真っ盛りの東京から、日中でも気温がマイナスになるというストックホルムに、

DEATH SIDEのメンバー5人は到着した。

空港にタクシーが迎えに来ていて、運転手が「DEATH SIDE」と書かれた看板を持って立っている。タクシーの迎えも初めてだし、こんなテレビや映画みたいな、看板で迎えに来られたのも初めてだった。用意されたユースホステルへと向かうのだが、道中、川が凍っており雪が残る景色で、美しいストックホルムの街並みに感動しつつも、寒さに強い弁慶以外のメンバーは一抹の不安を拭えずにいた。

ユースホステルに到着し、ダウンジャケットなどの防寒具を荷物から引っ張り出す中、北国函館に住む弁慶は「俺はこれでいきます」と、布製の上着とパーカーに長袖インナー上下という軽装だ。メンバー一同大笑いしながら、夕食時だったので街へ散策に出かけた。

ストックホルムはカード社会だ。カードを持たない俺とYOUは食事ができないので寒さに震えながらユースホステルに戻った。煙草を吸いに出た中庭で、弁慶が「これはマイナス気温ですね。肌でわかります」と言う。しかし、その姿は長袖Tシャツに裸足。寒さに強い道産子の本領発揮である。

ストックホルム初体験のMUKA-CHINとORIに、来たことはあるが、ライブ以外は街を堪能していない弁慶。少しだけ観光経験のある俺とYOUという5人だが、全員がストックホルム素人と言っていい。俺ごときの英語力で、メンバー内で一番喋れるというとんでもない一行なのだが、最終日までの3日間を過ごすために、交通手段など初歩的な問題をクリアしなければならない。

そこでローニーに連絡をしてみると、どうやら観光などの個人的な行動は、移動を含め全て自分たちで行うようである。イギリスやチェコでメンバーだけで遊んできた経験があるために「これは楽しそうだ！」と、ユースホステルに併設されているレストランでミーティングと称した宴が始まった。

まだスウェーデンクローナ（以降skr）という貨幣の価値にも慣れていない。空港からのタクシー代は、チャーターしてくれていたために払っていないが「７００ぐらいってメーターに出てたよね？」とMUKA-CHINが呟く。１skrで約16円。レストランのメニューを眺めながらみんなで黙り込む。

「いくらになるの？　分かんねーよ」

「とりあえずビール飲もう」

「お姉さん！　スウェーデン初めてなんだけど、どれ食ったらいいと思う？」

値段もよく分からずに注文し、宴が進むにつれ「俺ワインにしようかな」とＯＲＩが口火を切り、弁慶とMUKA-CHINも「んじゃ俺も」とそれに乗る。俺は数種類のビールを堪能し、ＹＯＵは飲めないためにスウェディッシュノンアルコールビールだ。

時差ボケもあるのだが、酔いながら、

「明日どこ行く？」

「電車かバスだよな？　いくらなんでもタクシーはないだろ」

「どうやって電車乗るんだろ？」

ネットを駆使して調べると、日本の電車と同じようなＩＣカードを買うと、72時間もしくは48時間はバスや電車、水上バスに乗り放題だという。

駅やバス停が近くにあるようだし「明日から俺たちだけでスウェーデン観光だ！」と盛りあがっていると、違うテーブルにアメリカから来ているINFESTがいて、ボーカルのジョーがわざわざテーブルまで挨拶に来てくれた。なんて紳士な男なんだと言いながらひとしきり盛りあがり「そろそろ寝ようか」といって会計を終える。

盛りあがったのはいいが、部屋に戻りレシートを見ながら冷静に計算してみると、かなりの金額になっているではないか。日本円でひとり6千円～8千円は使っていることに気づき、どうりでお姉さんのサービスも良かったわけだ。

初日からすでに所持金のピンチを迎えるが、あまり実感のわかない一行は、部屋に戻り明日からの策を練る。俺とYOUはストックホルム経験があるので様々な提案などをしながら雑談する。

「とりあえず旧市街は観光スポットだから行ってみよう」

「土産屋とかたくさんあったよ」

「いきなり土産買って金なくならないかな?」

「とりあえず見るだけでも」

うだうだやりながら、明日に備えこの日は寝ることに。

4人とひとりの割り振りで、俺は寂しくひとり部屋になったのだが、以前チェコで別部屋にいた俺とYOUが他の3人に置いていかれ、観光していることをSNSで知るという経験を思い出した。「明日の朝飯に置いてくなよなー」と捨て台詞を残し、俺は部屋へ戻った。

明日からはストックホルムを堪能しよう。イギリスやチェコでもそうだったが、知らない国の電車やバス移動はかなり楽しい。これは面白くなりそうだ。

実践英語の頼りなさ

#69

翌朝、約束通り弁慶が俺を起こしに来て、無事朝食を食べることができた。バイキング形式の朝食は、これぞ海外という感じのかなり満足のいくものだった。

食事を終えた一行は、夜に行われる初日のライブまでの間観光をすると決めていたのだが、行くには電車やバスに乗るためのＩＣカードを買わなくてはならない。近くの駅まで行くと切符の券売機があり、前回の観光で券売機を使った記憶があった俺は、ＩＣカードが買えるのかとチャレンジしてみるが、さっぱり分からない。少しの間、券売機と格闘していたが、どうやらカードをチャージするか、切符を買うためにしか利用できないようだ。

MUKA-CHINがネットで調べたところ、キオスクでＩＣカードが買えることが判明し、無事72時間乗り放題のＩＣカードをゲットする。

「旧市街だからオールドタウンでいいんだよな?」

「そんな駅ないぞ」

「いや、Googleマップにオールドタウンで入れると、この駅が出てきます」

「じゃあ、そこだ」

Googleマップを駆使して電車を突き止め、不安ながらも恐らくここだろうと、全く読めない駅で降りてみると、そこにはかつて来たことのある街の風景が広がっているではないか。

「ここであってるぞ! このおもちゃ屋で子どもに土産を買った記憶があるし、この喫茶店でトイレ借りた!」

「そうそう、ここだここだ」

駅から旧市街まで様々な店が並び、続く石畳は「これぞヨーロッパ」という素晴らしい街並みである。

旧市街に入るとその様相は一変し、古き良きヨーロッパの趣(おもむき)が色濃く感じられ、土産屋もたくさんあるので、まずは攻める。

「このバイキングのカップ、カッコいいなぁ」

「ワイングラスもあるじゃん！　ドクロのとかカッコいい！」

「でも高すぎねぇか？　いくらになるんだ？」

「日本円で4千円ぐらい？」

「無理」

物価の高いスウェーデンの恐ろしさを土産物屋でも実感する。しかしYOUはなぜか、ストックホルムとは全く関係ないmotörheadのパチものTシャツを購入している。前夜判明していたのだが、なぜかYOUはスウェーデンへ来るのに、中国元を換金していた。どうやら途中の北京空港でのトランジットで使うつもりだったらしいが、全員が爆笑の渦に巻き込まれた。

YOUが中国元を持て余していると、旧市街は土産物屋が多いので外貨両替所があり、無事skrに換金できた。このとき判明したのだが、YOUは他にUSドルも換金していたらしく、ドルまで持っていた。どうりで日本の空港の換金所で時間がかかっていたわけだ。USドルに換金していた理由は謎なのだが、つくづく笑わせてくれる男である。しかし中国元とUSドルの換金が、後に俺を助けることになる。


街を散策していると前回訪れたレコードショップがあり入ってみる。するとDEATH SIDEか！　楽しみにしているぞ」と客から声をかけられた。街でもパンクスとすれ違うなど、フェスに来ている海外のパンクスも多い。

腹が減ったので、レコード屋の隣にあるハンバーガーショップに入った。各自注文するが、ここで海外マジック「ポテトはいるか？」の質問がきた。迂闊(うかつ)にOKすると、とんでもない量のポテトが人数分出てくることが過去の経験から分かっている。他にも「バーガーのサイズは普通でいいのか？」などと、ことごとく何かを勧めてくるが「俺達を甘く見るなよ。その辺の観光客とは違うぞ」とほくそ笑みながら、予定通り普通のバーガーとポテトをひとつだけ注文する。

ハンバーガーを喰らいながら、次にどこへ行こうか相談していると「海賊船のミュージアムがあるみたいで、要チェックの観光スポットらしい」とMUKA-CHINが言うので、飯の後はそこへ向かうことに決め精算すると、何とハンバーガー1個が1500円もするではないか。飲み物も加えるとかなりの額になってしまう、やはりポテトをひとつにして正解だった。しかし、ここで俺の持ち金がピンチを迎える。

「やばい！　金がない！」

するとYOUが「俺、中国元とUSドルをskr換金したから貸そうか？」と言ってくれるではないか。

おお！　神がいた！　持つべきものは友である。旧市街の路地裏で怪しい取引をしているかのようにYOUに金を借り、無事、海賊船ミュージアムに向かった。

ミュージアムへはバスに乗るが、一向に到着しない。おかしいなと思い車内の路線図を見ると、逆方向に行くバスに乗っているではないか。すぐさま次のバス停で降り、海賊船ミュージアムへ向かったのだが、スウェーデンという国の非常に素晴らしい部分に気づかされる。

ストックホルムは物価が非常に高いのだが、その分、税金による福祉が充実している。電車やバスなどの公共交通機関では、必ず体の不自由な人などが掴める専用のバーがあり、椅子にもバーがついており、ベビーカーや歩行器を持ったまま座れるスペースがあるなど、社会的弱者に対しての心づかいが行き届いている。

同じ税金の使い方でも日本とは大違いだ。なぜ、こうした税金の使い方をしないのかと、非常に複雑な気持ちになる。他でも海外での福祉に対する常識は日本と全く違っている。海外を訪れた際には、そういう視点で見ると日本との大きな違いに気づくはずだ。

海賊船ミュージアムに到着すると、そこにはヴァーサ号という17世紀に活躍していた海賊船が、原型の95％を残し現存していた。その大きさや装飾の迫力は凄まじく、１６２８年に造られた本物の海賊船は観る者を圧倒し「スウェーデンハードコアの素晴らしさも、ヴァイキングの末裔だからか？」と思わせるほどの素晴らしいミュージアムだった。

しかしこれが後に、実は海賊船ではなく国の船だったことが分かる。英語力が適当だとこういうことがあるのだが、海賊船だと思って感動していた気持ちはどうしてくれるんだ！

俺の実践英語などこんな程度なのだが、まぁしかし、かなり楽しい観光をメンバーだけで堪能できたので、海外にも随分慣れてきたなと感じながら、夜のライブへ向かった。

この「DEAD RHYTHM EASTER FEST」という、スウェーデンで最大規模のパンクフェスを4年間続けてきたローニーだが、今回で終了になるという。

そして、フェスには、何と２００４年のアメリカツアーで盟友となった、カナダのCAREER SUICIDEも出演する。その上大好きでまだ観たことのない、来日もしていない大物スウェディッシュハードコアの雄WOLFBRIGADEも出演するというではないか。

他にもアメリカのINFESTとCITIZENS ARREST、イギリスからはクラストコアというジャンルを世界で確立したDOOMの他にEXTINCTION OF MANKIND、THE RESTARTSが出演し、スペインからはBARCELONA、オーストリアからANSTALT、デンマークからはPLANET Y、隣国フィンランドからはFORESEENなど、３日間にわたり総勢９カ国23バンドが出演するかなり大きなフェスティバルだ。そのメインアクトとして招聘されたDEATH SIDEが、フェス最終日のトリを飾る大役を務めるのだ。

3日間ともに1000人以上が集まった北欧でも最大級のパンクフェスで、スウェーデン以外からは主にヨーロッパ圏から、イギリス、ドイツ、ポルトガル、スペイン、フィンランド、ラトビアなどの他、様々な国からパンクスが集まっていた。ヨーロッパの人間が集まるフェスはEUという集合体を肌で感じる素晴らしい機会である。イギリスでもそうであったのだが、前述したようにそれどころではなかったので、今回初めてヨーロッパのフェスをしっかり体験できたと思う。同じヨーロッパでも、チェコの「OBSCENE EXTREM」フェスとは違ってパンクバンド中心であるため、一味違った雰囲気を堪能することができた。

#70 DEATH SIDE 出演の意味

今回のフェスでのアメリカの代表格は、パワーバイオレンスというカテゴリーでは、世界でも筆頭格バンドであるINFESTだ。ファストな曲調だがボーカルによって曲の違いが明確に分かるバンドで、ステージに上がる客も多数いるなど非常に盛りあがり、ボーカルのジョーがパワフルに観客に訴える素晴らしいライブだった。

パンク発祥の地とも言えるイギリスからは、クラストコアというカテゴリーを確立した、旧知の友人でもあるDOOMが出演した。

クラストとは、英語でかさぶたや外皮といった意味で、ボロボロの服をまとっていたパンクスに対して使われ始めた。そういったファッションはCHAOS U.KやDISORDERというノイズコアが発祥で、代表的存在としてはAMEBIXが挙げられる。

1990年代半ばに登場したDOOMは、それまでにはなかったD-BEATというカテゴライズを定着させ、発売されたアルバムは世界のハードコアパンク界に衝撃を与え、瞬く間にファンを増やしていった。彼らのファンはボロボロのファッションで、DOOMに影響されたバンドも増えてきたために、クラストコアというカテゴリーができたように思う。初来日時にはDEATH SIDEで共演したが、その時点ではクラストコアやD-BEATという言葉すら存在していなかった。DOOMの台頭によってクラストコアというカテゴライズが確立されたと言って良いだろう。

そうした存在のDOOMであるが、さすがにファンが多く非常に盛りあがる。BLACK SABBATHのカヴァーもやるなどメタリックな面も持っており、DOOMここにありという素晴らしいステージであった。

イギリスからはDOOMの他に、何とEXTINCTION OF MANKINDが出演していた。覚えているだろうか? CHELSEAとDEATH SIDEをやっていた頃、海外進出を目指し手紙を書いて返事がきた、あのEXTINCTION OF MANKINDである。結果的に海外へは行けなかったが、何十年の時を経て今ここでやっと共演を果たしたのである。

オリジナルメンバーはボーカルだけらしいので、当時の話をするが覚えていないという。覚えていれば話に花が咲いただけに、非常に残念だったが、初めて観たEXTINCTION OF MANKINDにはDOOMのメンバーもいて、motörheadを彷彿させるサウンドに、ハードコアパンクの要素が大きい、骨太なサウンドを聴かせてくれる素晴らしいバンドだった。

スウェーデン・ハードコアの中で、最も世界に影響を与えたバンドのANTI CIMEXのボーカルであるヨンソンがいたWOLFPACKから、ヨンソンが抜けたことを機に改名したのがWOLFBRIGADEである。スウェーデン・ハードコア系譜のど真ん中にいるバンドで、かなり楽しみにしていて初めて観たのだが「これぞスウェディッシュ・ハードコア」という凄まじいステージは、かなり素晴らしかった。

スウェーデンの隣国であるフィンランドからも3バンドが出演し、オーストリアからはロカビリーバンドや、デンマークからはロック的なアプローチのバンドなど、ハードコア以外のバンドも多数出演する面白いフェスだった。

5日間をひとつの街で過ごせたので、時差ボケもかなり楽にはなってくる。じっくりとフェスや街を堪能して、いよいよDEATH SIDEが出演する日を迎える。

前日までフェスが行われていた会場とは違うホールだったが、そこも700人以上な収容できそうな大きな会場だ。サウンドチェックを行ってから物販の用意をして、一度宿へ戻りゆっくりしていると「DEATH SIDEの物販に人だかりができていて、みんなが欲しがっているので早く会場へ来てくれ」と連絡が入る。急いで会場へ戻ると、大勢の客がDEATH SIDEの物販スペースで待っているではないか。

今回はスタッフがおらずメンバーだけのため、あたふたと交代で対応するようにしたが、今回のために作ったTシャツが完売するほどの人気で、初日から会場内をウロついていても、様々な客から「最終日は楽しみにしているぞ」と、声をかけられて、正直これほどまでの評価の高さには驚くばかりである。

DOOMやINFEST、CAREER SUICIDEなどの素晴らしいバンドを差し置いて、4年間のイベントに終止符を打つ大役を担ったDEATH SIDEであるが、ライブ前に企画者のローニーに「本当に今回でこのフェスは終わってしまうのか?」と尋ねてみた。

すると「そうだ。その最後をDEATH SIDEで締めることができるのは光栄なことだ。その意味がわかるか?」と言われ、ここまで様々なタイプのバンドが出演する中で、世界に影響を与えた日本のハードコアパンクの評価までも背負う形に感じて、否が応にも気合いが漲(みなぎ)ってくる。

DEATH SIDEの前には、カナダの盟友CAREER SUICIDEが出演し、カナディアン・ハードコアを長年にわたり牽引しているサウンドと、久々に会う盟友に魅了されたライブでさらに気合いが入り、DEATH SIDEの出番がやってくる。

以前チェコやイギリスに来た客以外にも、ヨーロッパ各地からDEATH SIDE目当てに多くの客が来ているのが十分すぎるほどに分かった。そんな期待感が充満する中で、ライブが始まった。

最初から観客はかなりの盛りあがりを見せ、俺も負けまいと観客席に飛び込み歌い、ORIと弁慶が再現するCHELSEAのギターに、息のあったMUKA-CHINとYOUのリズム隊で、さらに会場は盛りあがる。

1度目のアンコールが終わっても鳴り止まず、用意していた曲がなかったのだが、オープニング用の曲が1曲だけあった。タイトルが「DEATH SIDE」であるために、ローニーの言葉を思い出し、全ての思いを込めてDEATH SIDEというバンド名と同じ曲で、4年間続いたこのフェスを締めくくらせてもらった。

ライブ終了後、やっと肩の荷が下りて、メンバーのみでユースホステルで軽い打ち上げを催し、各々ベッドに潜り込んだ。

ユースホステルには合計4泊したのだが、実は2日目の夜、宿泊者のみが入れる地下に、フリーのキッチンとダイニングスペースがあるのを発見した。外出してばかりいたので使う機会がなかったのだが、いよいよ帰るという最終日になって、このスペースが大活躍する。飛行機の時間までまだかなりあるので、近くにある生協で売っているスウェーデンの食材と酒を買い込み、このキッチンを使ったDEATH SIDEの打ち上げが行われた。

そしてここにはフリーパスタという、宿泊者が自由に食べていいパスタと調味料まであるので、最終日で金のない俺たちは大はしゃぎだ。弁慶がパスタを茹で、MUKA-CHINが食材を切り炒め物を作り、ＹＯＵが食器を用意し、俺はパスタソースを作る。そしてＯＲＩは美味そうな顔で食っている。

みんなで作ったパスタや、生協で買ってきたスウェーデン名物の鮭の燻製やニシンの酢漬けなどに舌鼓を打っていると、ホテルの従業員が、やっと俺たちを見つけたといった感じでやって来た。

「もうチェックアウトの時間だぞ」

やれやれといった感じの従業員だが、金のない俺たちはまだここで宴を続けたい。

「チェックアウト後もまた戻ってくればいいよな」などと言いながら部屋のカードキーをフロントへ戻したところで全員が気づいた。

「カードキーがなければ、もうあのキッチンには行けない……」

愕然とする一行を横目に、学生の運動部集団が続々とチェックインをしていく。

空港までのタクシーはチャーターしてくれているが、飛行機の時間まではかなり時間の余裕がある。しかし金はない。ギャラはユーロでもらっているので、手数料を支払ってskrには換金したくない。観光に行く金もなく、街はカードでしか飲食できない店ばかりで、スーパーに行ってもキッチンが使えない。

まだ少し寒いストックホルムではあるが、日中は太陽が降り注ぎ快適な気候だ。これなら外で軽く飲みながら出発を待つには最適である。受付カウンターホールの外に、太陽を浴びながら飲めるテラス席があるが、そこは初日の夜に散財したレストランだ。

「そういうことなの？ うまく金使わせるように出来てるなぁ」

などといいながら、俺たちはなけなしのskrを集め、ワインボトル2本をテラス席でちびちびと飲みながら、迎えのタクシーが来るのをひたすら待ち続けた。当然タクシーが迎えに来る前に飲み終わってしまい、途方にくれながら時計を見つめるしかない一行……。DEATH SIDEのストックホルムはこうして終わりを迎えた。

単発で行く海外も素晴らしいものがあると、ようやく慣れてきた頃だったが、FORWARDで過去最大規模にもなるかと言えるような全米ツアーを、またもや敢行する。

FORWARDの全米ツアーは、今回DEATH SIDEがスウェーデンを訪れた春から半年後の、2018年に終わりが見えてくる、10月頃だった。

FORWARD 5回目のアメリカツアー

スウェーデンから帰っても、FORWARDではいつものように月3、4本のライブが入っている。この頃になると2バンドでの活動にも慣れてきて、バンドの違いも楽しめるようになっていた。俺とYOUはFORWARD、DEATH SIDEともに一緒に活動しているので、バンドは違えど同じメンバーはいるのだが。

感覚というのは非常に大切だ。何年もバンドをやっていない人間が、いきなりやっても上手くいかないのは当たり前で、再結成バンドのライブがあまり良くない結果となる大きな要因のひとつは、ブランクの場合が多いと思う。その点、DEATH SIDEのメンバーは、MUKA-CHINがSLIP HEAD BUTT、ORIがPILEDRIVER、弁慶がCRUDEとMUSTANG、俺とYOUがFORWARDと、普段からバンド活動をしている。

各自が日常的にバンド活動をやっているので、ブランクとは縁遠い。ライブでの感覚や曲の仕上がり、演奏など重要な部分の良し悪しが、肌で分かる。その感覚が体に染み付いているため、再結成で久しぶりのライブや、年に数回のライブという少ない活動でも、観客が受け入れられる、次も観たいと思ってくれるライブができるのかもしれない。

〝CHELSEAの日〟以外のDEATH SIDEのライブは、海外も含めて、こちらから「やりたい」と言ったものはない。全て誘われたライブであり、それだけ観たい人がいるという、信じられないほど、うれしく恵まれた環境でライブができている。

これもCHELSEAという男の功績であるのだが、過去の名前だけで世界中のライブに、ここまで多く呼ばれるわけがない。良いライブができているからこそ、様々な国のフェスに呼ばれ、メインアクトを務めるなどの企画があり、素晴らしい条件が提示されているのではないかと感じている。もちろんそこにはCHELSEAによる楽曲の素晴らしさがあるためだが。

こうしてDEATH SIDEがしっかりと活動できているのも、FORWARDで活動しているからであって、個人的にはFORWARDがあるからこそDEATH SIDEの活動ができていると思っている。

そしてFORWARDは、DEATH SIDEのスウェーデンライブから約半年後の２０１８年10月31日から、５度目のアメリカツアーを敢行する。


ニューアルバムを発売し、日本でワンマンライブを行ってからアメリカツアーへ旅立ったのだが、今回は過去１番の規模である上に、スケジュールの過酷さも25日連続ライブというとんでもないものになった。

２０１８年といえば、俺はもう51歳だ。初老に片足を突っ込んだような年齢である。それにもかかわらず、20代や30代でも尻込みするような過酷なスケジュールの海外ツアーをやるなんて、頭がおかしいのかもしれない。

実際２００６年に一緒にアメリカツアーをやり、過酷さを知るWARHEADのＪＵＮには「今これやる?」と驚かれ、今回のツアーで、カナダで待ち構えている盟友のCAREER SUICIDEにも「これだけ長く活動してきて、今でもこのスケジュールのツアーをやるなんて驚きだ」と、ライブでも言われるほど、尋常ではないツアーだった。

とはいえ、世界で超有名なバンドは皆、これくらいの規模のツアーを日常的に行っている。何が違うかといえば俺たちは有名でもないし、バンドで食えていないという事実だけだ。まぁそこが一般的には問題なのだろうが、そんな事実は「それがどうした? だからどうした?」といった感じでどうでもいい。

「BURNING SPIRITS NORTH AMERICAN TOUR2018」と銘打った5回目のBURNING SPIRITSアメリカツアーになるが、SOUICHIが今まで培ってきたアメリカの人脈を総動員して、LONG KNIFE、HELL CHILDのドラムスであるキースと綿密に計画したツアーだった。

２０１８年。「FORWARD BURNING SPIRITS NORTH AMERICA」ツアーポスター。

西海岸北部のオレゴン州ポートランドから始まり、ワシントン州シアトルに北上、そこから西海岸をカリフォルニア州ロスアンジェルスまで南下、内陸部のアリゾナ州フェニックス、メキシコとの国境の街エル・パソからオースティンなどのテキサス州4都市。そこからニューオーリンズ、ナッシュビル、アトランタ、リッチモンドなどの南東部を経て東海岸のワシントンD.C.やニューヨーク、フィラデルフィアを回り、中東部のピッツバーグ、クリーブランド、シカゴ、デトロイトから、国境を越えたカナダのトロントまで、ほぼ全米とカナダの、25都市を25日間連日休みなしで回る。

今回のツアーは、過去のアメリカツアーでのやり方を、全て詰め込んだものになった。

サポートバンドは各地で変わり、西海岸を、2016年に一緒にアメリカを回って以来の盟友であるLONG KNIFE。テキサスを、元UNIT 21、WILD//TRIBEなどのメンバーで活動する、これまた古くからの友人たちのバンドOBSTRUCTIONと、今回のニューアルバムのアナログ盤アメリカ発売に協力してくれた、VAASKAのエディーのもうひとつのバンドCRIATURSがサポートしてくれる。さらに東海岸は、HEAD SPLITTERといった具合だ。中東部のシカゴ、デトロイト周辺や、カナダなど、各バンドとの引き継ぎの間に行く街へはFORWARD単独で回り、4つのツアーをあわせたような形となった。

FORWARDのツアーにいつも来てくれるフクちゃんは子どもが生まれたため、同行している場合ではない。まぁ俺にも子どもはいるのだが、スタッフと演者の違いはそこにあるのかもしれない。いや、ただ単に俺がおかしいだけだとは思うが。

そこで2016年頃から、俺たちの映画を作ろうと撮影をしている、映画監督の木野内君を無理やり連れて行くことにした。

映画の撮影に関しては、俺の個人的な生活などを撮らないのであればと許可している。これまで木野内君は

DEATH SIDEのライブや東京や地方でのFORWARDのライブを撮影している。もっと突っ込んだところまで撮影を許可すれば、一緒に行ってくれるかもしれない。ボストンに住んでいたこともある木野内君は英語も堪能で、映画撮影にはこれほど良い題材もないだろう。

「撮影していいから、一緒にスタッフとしてアメリカツアー行かない？　飛行機代も出すし、ギャラもメンバーと同じ扱いで出すから」と説得し、何とか同行を承諾してもらった。

日本の全国ツアーをやっていた頃もそうだったのだが、俺たち周辺の生活やツアーの感覚というのは、世間一般からみるとかなり特殊なようで、初めてロングツアーに参加した運転手には、一度のツアーで姿を消してしまう人間も多かった。過酷なのか異常なのか、その両方なのか。いなくなる人間か、この世界に残り続ける人間のどちらかしかいない。

今回の木野内君は、映画を撮りたいという情熱があるので、問題ないだろう。せっかく撮影しても使えない映像が多いのは残念だが、それを補っても余りある撮れ高はあるに違いない。こうして無事、アメリカツアーを行えることとなった。

今回のツアーも例によって、アメリカの入国対策としていつものように機材は借りて、物販は現地で製作し、パンクスやバンドと分かるものは事前に送り、スマホのＳＮＳアプリも消すなど万全の対策をして、総勢５人のメンバーもふたり、ふたり、ひとりと分かれて行くようにした。SOUICHIと木野内君は英語が堪能なので、秋山とＹＯＵはどちらかと行きたいと言うので、どう考えてもひとりで行くのは俺になる。しかしこれもまた一興。海外へひとりで行った経験がないので、初めてのひとり海外を楽しむことにした。

幸い何度かの海外経験はあるので、飛行機の乗り間違いはないだろう。英語も多少は話せるのでなんとかなるだろうし、誰かに合わせる行動をしなくていいのは気楽である。おまけにひとりなら入国審査も楽だろう。

待ち合わせは、オレゴン州ポートランドにあるLONG KNIFEの後藤君の家ということで、各自アメリカへ旅立った。

HAVE FUN

#72

何度もアメリカツアーをやっていると、今までとは違う何かを目指したくなる。もちろん今までやってきた積み重ねも大切だが、今までをさらに上回る何かを残さなければ、何度もアメリカへ来ている意味がない。

今回は、ニューアルバムのプロモーションもあるのだが、日本のバンドとしてアメリカへ向けたメッセージを、今までよりもさらに強く伝えようと考えた。

新しいアルバムの内容も、過去の作品と比べても一層政治的なメッセージが多く含まれているので、ライブのＭＣでは歌詞の内容に関することを伝えるようにした。

かなり拙(つたな)い英語であるのだが、理解しようと耳を傾けてくれれば、基本的なことは英語で話せるようになっていたので、歌詞をさらに細かく伝えるＭＣを意識して行った。

毎回のライブで必ず投げかけていたのは

「アメリカよ、戦争を作り出すのをやめてくれ」

「アメリカ政府の言う正義とはなんだ？ 俺には理解できない。アメリカの正義は胸糞悪い正義である」

「日本の憲法には重要なものがある。戦争の放棄だ。アメリカよ、戦争を放棄するんだ。人類共通の敵は戦争そのものである」

といったメッセージだ。他にも、放射能汚染の現状や、世の中で起きている問題に無関心でいることは人を殺すことになるといった趣旨も伝える。最後にFORWARDの代表曲である「WHAT'S THE MEANING OF LOVE?（愛とはなんだ？）」を投げかけることで、今までのアメリカツアーとは違った反応があったように感じられた。

俺の英語なので伝わっているか怪しいのだが、ライブ終了後に様々な観客から「驚いた」「その言葉は心に沁(し)みた」など、今までにない反応が返ってきたことで、思いが伝わったという実感があった。

どの街でもこうした反応があり、伝わっていると思えたことが今回のツアーで個人的には最大の収穫だったように思う。


ニューヨークのときだった。ライブハウスの前でタバコを吸っていると、どこかで見たことがあるような顔の、東洋人の男が俺に近づいて来る。顔を認識すると一発でわかった。

「おお！ 林じゃねぇか！ 何やってんだよこんなとこで！」

「お前が来るっていうから観に来たんだよ！ すぐ俺のことわかったな」

「当たり前じゃねぇか！ 今ニューヨークに住んでるのかよ？ 懐かしいなぁ！」


何と、俺が東京に出てくるきっかけを作り、最初の居候先の住人で後の居候先まで見つけてくれた、初めてライブハウスで仲良くなった友人の林だった。

懐かしい話に花が咲いたのは言うまでもないが、俺のライブを観た林は言った。

「お前が言ったFUCK OFF ALL GOVERNMENT（全ての政府はくそったれだ）はいいなぁ！」

「ニューヨークに住んでても同じなんだな！」

アメリカでの再会は、個人的にものすごい出来事で、まさかあの林と会うなんて、ニューヨークは信じられない奇跡を起こす街であった。


何度かアメリカに来て、パーティーで馬鹿騒ぎをしていると、よく耳にする英語に「HAVE FUN」という言葉がある。「楽しんで！」という意味だが「楽しむ」という感覚は、育ってきた国や周りの環境で違いがある。今回のアメリカとカナダでも楽しみ方の違いは感じられるし、当然、日本人とアメリカ人の楽しみ方も違う。

こうした感覚的に重要な部分も伝えたいと思い、ツアー途中からは「アメリカよ。違うということを理解してくれ。違うということは新しいということなんだ。違うものがあることを理解してくれ」というようなメッセージを込めるようになった。

この言葉はクリーブランドでのライブ終了後、会場のバーで飲んでいるときに、たまたまやって来たアフリカ系アメリカ人と話していて「俺の英語はひどいものなんだ。何か英語を教えてくれないか？」と言ったところ、教えてくれたものだ。

「DIFFERENT（違う）って分かるか？ DIFFERENT is NEW（違うってことは新しいんだ）」

彼に教えられた、非常に深い意味を持つ英語が胸に深く突き刺さり、頭から離れなかった。今回のツアーで、それぞれが持つ「楽しむ」の違いを感じていたので、ＭＣで話すようになっていった。

英語圏の海外では、ライブを始めるときに英語で「俺は英語が喋れねぇんだよクソ野郎ども」と、いうのが定番となっているのだが、このメッセージを理解しない人間もたまにいる。

英語が喋れないと英語で言っているのだ。内容はひどいのだがギャグだと分かるだろう。しかし、笑っていて気づいていない客がいたときには驚きを隠せなかった。来日したことのない英語圏の人間にある現象なのだが、英語で話すのが当たり前で、違う国の世界を知らないので理解が及ばないのかもしれない。

これも感覚の違いであり、どの国の人間にもあることだが、笑っている事実は同じでも、楽しんでいる意味は全く違うものになる例だと思う。

大切なのは知ることと理解することであり、その先に繋がりが生まれる。

アメリカに住む人間にとっては、キツイことや腹立たしいとも取れる歌詞やＭＣであるのだが、真剣に心を込めて伝えることで、客には理解しようという気持ちが生まれる。

伝えたい土台があって演奏するのと、何も事前情報がなく、どこの国のバンドか、バンドの名前すら知り得ない客の前でいきなり演奏を始めるのとでは、印象は全く違うものになる。

演奏力で度肝を抜く素晴らしいバンドもいるだろうが、俺たちはそんなバンドではない。「何を伝えるか」「何かを伝えたい」という意思があるか……そんな部分が非常に大切だと思っている。

客の心や記憶に残るライブをやらなければ、アメリカへ来た意味も、バンドでライブをやる意味すらもない。伝えたいことがある。それを伝えるために、金もなく生活は苦しいが、儲けとは程遠いバンドで世界中を駆け巡っている。その気持ちが伝われば必ず理解しあえる。そう信じてアメリカツアーを行った。


とはいえ、俺はアメリカに住んでいるわけではないし、生活をしていなければ分からない事情がたくさんあるだろう。それはどの国でも同じで、町単位でも違い、日常的な生活感が変わる。それを分かった上で、日本で得た情報でアメリカという国がやっている事実に対して「やめないか？」と言っていたのだが、テキサスを一緒に回ったCRIATURASのベーシストであり、VAASKAのボーカルでメキシカンであるエディーが、俺がライブの時に着ていたEZLN（メキシコサパティスタ民族解放軍）のTシャツとMCに反応して、こんなことを言ってきた。

「お前はYA BASTA!(スペイン語で〝もうたくさんだ〟の意）と書かれたEZLNのTシャツを着て、アメリカに変われと言っているが、アメリカにそれは無理だ。俺はメキシカンでアメリカに住んでいるが、それは無理なことなんだ」

アメリカに住む移民だからこそわかる現実である。しかし俺は、その言葉が「諦めろ」と言っているとは思えなかった。

アメリカを知らずに、大層なことを言うなという意味だったのかもしれないが、それよりも、日本から来たちっぽけなバンドの人間が言うことや体現しているメッセージへの反応に「ちゃんと聞いていてくれて考えてくれて、意見を伝えてくれたんだ」と感動してしまい、パーティーをやっていたエディーの家のバックヤードで、ふたりっきりになったとき、涙がこぼれた。

こういう人間がいるからこそ諦めてはいけない、何か別のやり方を提示するべきだと思い、翌日からは「今ある胸糞悪い世界とは違う世界を作り上げて、みんなで認めあい、繋がりあわないか？」とMCで伝えるようになった。

これは以前から、パンクスや自分の周りのコミュニティで感じていた「世間からズレている感覚が素晴らしいもので、繋がりあって世間一般とは違った世界をみんなで作らないか？」と言いたかったのだが、そこまで詳しく英語で伝えられたかと言うと疑問が残る。いっそのこと「みんなでパラレルワールドを作ろう！」と言った方が良かっただろうか？ いや、それじゃああまりにも飛躍しすぎか。

今までアメリカでやってきた成果が、回を重ねるごとに分かってきた。今回のアメリカで伝えてきたメッセージが理解されたかどうかは、次に行けば分かるだろう。新しいものは、こうした積み重ねの上に出来ていくのではないだろうか。無理をする必要などない。信じてやり続けることで、新しいこと、新しい価値観が自然と生まれていくのだと実感できるツアーでもあった。

互いを受け入れ、助けあう精神が常識であるアメリカ・パンクシーンは、多くの人が思い描くアメリカという国のイメージとは全く別のものだ。

音楽で何かを変えようなんて、馬鹿げたことだと思う人間はたくさんいるだろう。しかし、本気でやっている人間がいることを理解しても、悪い人生にはならないと思う。音楽で人生が変わった人間もたくさんいるはずだ。少しでもいいから認めること。受け入れること。それは人生に劇的な変化をもたらす。この手助けができるのは音楽だと思っている。それは日本でもアメリカでも、世界中どこへ行ったって変わらない。

アホみたいな馬鹿騒ぎも大好きだが、こんな感覚で生きていくことそのものが俺のHAVE FUNであり、楽しさなのかもしれない。

DEATH SIDE IN LA

#73

FORWARDのアメリカツアーで、かなりの手応えを感じて帰国したが、日本のライブでは相変わらず客があまり入らない。

よほど俺たちは嫌われているのか、あまりにも日本の客と俺たちの感覚が違うのか。まさか俺のモヒカンで髭、眉毛がないというのが、最近の若者のニーズとかけ離れているのか？ 今さら他の髪型にする気もないし、眉毛を生やして髭を剃ったら別人だ。それは勘弁して欲しいのだが……。

実際はライブの宣伝活動やアルバムの発売など、一生懸命やっているはずなのだが、どういうことなのかが本人たちもよく分からない。本人たちが分かっていないのが一番問題なのかもしれないが、何かが足りないのだろう。

アメリカツアーの手応えはかなりのものがあったので、日本でも必ず俺たちの気持ちは伝わるはずだと信じて、ライブ活動を続けていた。

そんな頃、DEATH SIDEにまたもや海外からのオファーがやってきた。以前からＬＡへ来てくれと言うオーガナイザーがいて、条件は素晴らしかったのだが全く知らない人物だった。悩んでいたところで、旧知の友人の紹介で、カリフォルニアのオークランドでD.I.Y.のフェスのオーガナイザーをしているクリスチャンからオファーがきた。

「オークランドで『MANIC RELAPSE』というフェスをやるのだが、メインアクトとしてDEATH SIDEに出演してもらえないか」

というものだった。信頼できる友人からの紹介なので何も問題はない。やりとりでパンクスだというのが伝わり、とても好感の持てるいい奴だ。

「MANIC RELAPSEのオファーを受けるなら、ＬＡのライブもやってみようか？」と、バンドで話がまとまった。

以前DEATH SIDEのニューヨーク公演の時に「ONLY NORTH AMERICAN SHOW(北アメリカで唯一のショー)」と銘打ってライブをやっていたために、再度アメリカでライブを行うには考える部分があった。しかし、西海岸ではやっていないし、やったことのない街であれば行く意味が大きいと考え、DEATH SIDEでのLAとオークランドの西海岸ツアーが決定した。

しかしやりとりすると、どうにもLAのオーガナイザーは、あまり信頼できる感じではない。クリスチャンのように、パンクやハードコアが好きでライブをやっているわけではなく、儲けのためにライブを企画する、パンクとは違う世界の住人で、仕事の手段としてライブを企画しているような感覚だ。

そこで、長年アメリカン・ハードコアシーンでオーガナイザーとしてやっている友人何人かや、友人バンドなど、信頼できるアメリカやカナダの友人に、LAのオーガナイザーのことを聞いてみた。するとみんな、知らないと言う。その後、彼らが友人などに聞いたり調べたりと力を尽くしてくれたところ、やはりあまり信頼できる人物ではないということではないか。アメリカやカナダのハードコアシーンにおいて、絶大なる信頼関係によって企画を成功させ続けている友人や、今までのつきあいから信頼している海外の友人が、口を揃えて「この人物の企画はやめておけ」という。

俺の感じていたこの人物への不信感と、信頼できる友人の意見を受けメンバーと相談し、LAでのライブはこの人物による企画ではなく、オークランドのフェスのオーガナイザーに頼もうという話になった。

来日する海外のハードコアバンドでもよくあることなのだが、オーガナイザーによってライブの雰囲気は全く違うものになるので、オーガナイザーの人間性は非常に重要だ。確かに金銭的な面は大切なのだが、それが一番ではない。俺たちのようなハードコアパンクバンドにとって、フレンドシップや信頼関係が一番重要で、金銭的な条件よりも信頼性に一番重点を置く。

複雑なやりとりが英語なので、FORWARDのアメリカツアーに来てもらった木野内君に通訳してもらいながら交渉した。結果、オークランドのフェス「MANIC RELAPSE」のオーガナイザーであるクリスチャンに、ＬＡも仕切ってもらうこととなった。

３日間にわたる大規模なフェスを企画しながら、ＬＡの俺たちのライブも企画するのはかなり大変だったと思う。クリスチャンは大きな会場を押さえ、宿泊場所もプールまである素晴らしいホテルを用意してくれた。

海外から「MANIC RELAPSE」に出演するバンドもあり、西海岸で7年間もこのフェスを企画している実績と信頼があるために、オーストラリアのヤップのバンドであるENZYMEや、FORWARDのアメリカツアーのＬＡではいつも一緒にやるZOLOAの他にも、EXIT ORDERなど素晴らしいバンドが対バンとなった。

クリスチャンの忙しさに加え、滞在費の問題も関係したのかもしれないが、DEATH SIDEは飛行機で到着した日にＬＡでのライブを行うという強行スケジュールとなってしまった。10時間ほど飛行機に乗ったあとのライブというのは、経験があるが相当厳しい。さらに飛行機が遅れたり、気候の影響などで到着が別の空港になったりすることなどもザラにある。大丈夫かと一抹の不安があったのだが、それが的中してしまう。

ＹＯＵとＯＲＩが乗った飛行機が遅れ、ライブが始まるギリギリの到着となってしまったのだ。

他の3人は先にホテルに到着していたが、ＹＯＵとＯＲＩは到着するとすぐに支度をしなくてはならず、ホテルで一度も座ることすらなく会場入りする。

アメリカの場合入国の関係で楽器を持っていけないために、現地で借りる手はずを整えてはいたが、出演の1時間ほど前になって、ようやく会場で使う楽器を確認するなど、かなりの慌ただしさだ。当然サウンドチェックの時間などはない。すぐに弦を張り替えてどんな楽器なのかを確認し、楽器が手に馴染む間もなくライブを行う。今までに経験したことにないライブだった。

かなりの慌ただしさの中ライブがスタートすると、広い会場のためかいつものＬＡのようなグチャグチャな盛りあがりではなかったが、客席ではサークルモッシュも出来あがり、ライブ中、機材トラブルはあったものの、慌ただしさの中でベストを尽くしたメンバーは本当に素晴らしいと感じられたライブだった。

個人的には、時差ボケを感じることができないほどの慌ただしさが、逆に俺の集中力を増加させた、悪くないライブだったと思う。

アメリカの大きな会場で行われるメインアクトライブでは、アンコールは半ば当然の常識となっている。しかし、アンコールは当然といった感じで、かかってもいないのにアンコールをやるバンドも良く見かける。日本でもあるかもしれないが、このアメリカにおける大規模ライブの体質には、以前から疑問を持っていた。

初めてアメリカツアーへ行ったときに感じた、初めてアンコールを受けたときのうれしさや驚き、そんな感動や観客の気持ちが伝わってきてこそのアンコールであり、アンコールが前提で、ライブを観ているのも気に入らない。

この日のライブ後にも、「アンコールをやってくれ」と言われた。楽屋で耳をすましてみるとアンコールは聞こえない。求められてもいないのに、アンコール曲を用意しているからと当たり前のようにやるのがアンコールなのか？　俺は疑問をそのままに「アンコールはやらない。求められていないのにやる必要はない」と断った。

LAのDEATH SIDEのライブを楽しみにしていてくれた観客はどう感じたのか？　なぜアンコールをやらないんだと思っただろうか？　こんなに大きなライブのメインなのにアンコールをやらないDEATH SIDEに腹を立てたのだろうか？　日本から来た俺の、アメリカの客に対する問いかけだと言える。「常識にとらわれ過ぎて本質を見失ってはいないのか？」と。

とはいえ、ものすごく素晴らしいライブであればアンコールが鳴り止まない事実があるのも知っている。この日のライブは個人的に悪いものではなかったが、強行スケジュールの影響が客に伝わったのかもしれない。

ライブ終了後はさすがに疲れていたのでホテルに戻ったが、初日のライブが終わった興奮や、慌ただしいライブの感想、次のオークランドのフェスに向けての話などで、結局、朝方近くまで部屋で飲んでいた。

部屋から見降ろすと、中庭のプールでビキニのお姉さんたちが酒を飲みながら騒いでいる。

「プール行ってみる？」

「いやー、凄いなあれは！ 行ってみたいけど、やっぱり無理」

海外ドラマや映画に出てくるワンシーンのような光景を目の当たりにして、シャイな日本人が露骨に出てしまう。

オーガナイザーのクリスチャンも部屋に来ているのだが、俺たちに遠慮して床で寝ているではないか。

「クリスチャン！ そんなとこじゃなくてベッドに寝ろよ」と言っても頑なに拒否するので、みんなで抱え上げてベッドへ放り投げ、ここまでの疲れや苦労が和らぎ、少しでもゆっくり休めるようにと願った。

翌日はオークランドへの移動日でライブがない。ほぼ眠らずに車での移動となったが、車で熟睡し3日間にわたるフェスに備えることができた。

しかしオークランドか。危なくなければいいのだが。

2019年。DEATH SIDE アメリカ・ウエストコーストツアーのフライヤー。

#74 オークランドMANIC RELAPSE

「MANIC RELAPSE」が行われるのは、サンフランシスコの隣町であるオークランドだ。オークランドといえば、初めてアメリカへ来たときに銃の恐怖を肌で感じ、夜中のコンビニで危うく強盗に遭いかけた、あの街だ。

しかし到着してみると、1軒のホテルがほとんどパンクスで貸切り状態になっていて、メイン会場まで徒歩ですぐという素晴らしい立地だったためにかなり安心した。

俺たちが到着した頃にLONG KNIFEも到着し、久々の再会を喜んでいると、同じホテルにはLONG KNIFEの他にも、なんとSTAR STRANGLED BASTARDS、DOOMSDAY HOURのエリックとダスティン、クリスもいるではないか！ おまけにフィンランドのセベなど、かなりたくさんの友人がいて、2階のプールがあるスペースはみんなのたまり場でパーティーになっているという。

ふた部屋が用意されて人数分のベッドもあり、エアコンが効かないのだが、窓を開ければ快適に過ごせる。これはかなり楽しめる3日間になりそうだ。

今回で7回目の開催となる「MANIC RELAPSE」だが、メイン会場は約1000人規模で大小ふたつのステージがあり、昼は別の会場のレコードショップでショーや写真展が行われ、ライブハウスはもちろんだが、アートギャラリー、野外のスケートボードランプでもショーがある。3日間、昼から夜まで楽しめるフェスだった。

DEATH SIDEの他に日本からは、HAT TRICKERS、RADIO ACTIVE、ATTACK SSなども出演し、オーストラリアのヤップとステューのENZYMEや、FORWARDで韓国へ行った時に世話になったSCUMRAID、セベがドラムを叩くフィンランドのRIISTETYTと、盟友LONG KNIFEが出演する他にも、THE MOBやMOB 47といった80年代ハードコアレジェンドも出演するなど、40バンド以上が出演する。

初日は出演しないので会場へ遊びに行くと、観客で埋め尽くされている。D.I.Y.シーンのフェスのため、観客席にはハードコアパンク、クラストなどの姿が多く見られ、否が応にも盛りあがる。

日本のバンドとも会場で出会うが、RADIO ACTIVEは、現地待ちあわせというとんでもないことをしていたようで、オークランドの危険さを知る俺には驚くべき事実なのだが、本人たちは何て事のない様子で、ビビる俺がおかしいのかと思うぐらいの気楽さだ。

HAT TRICKERSのメンバーは、相変わらずアメリカでもきちんとメイクをしているし、ライブ用の機材も多いので先乗りしていたなど、アメリカに来た経緯や色んなことを情報交換する。

どうやらDEATH SIDE以外の日本のバンドは、小規模なツアーのようにアメリカに来ているらしくHAT TRICKERSはDEATH SIDE出演の最終日には他の街でライブがあり、翌日のアフターショーに出演するという。

オークランドの滞在期間も、自分たちで自由に行動したのだが、近所に飯屋やスーパーは見当たらない。唯一あったホテルすぐ近くのレストランで食事をしようと思っても、かなりの待ち時間であり、なかなか対応もしてくれない。

会場ではピザを売っていたが、3日間過ごすのであれば飯の確保は重要だ。2日目になってから近場を徘徊してみると、少し歩いたところにチャイナタウンを発見したため、2日目から飯が中華になった。慣れた食べ物なので体調も心配ない。初日の夜は、腹は減っていたがオークランドの夜に外出する気になどなれないので、昼間に食べたブリトーの残りで腹ごしらえをして、ベッドにもぐり込んだ。

ENZYMEやRADIO ACTIVEは、2日目の昼間にスケートボードランプのある野外で行われるショーにも出演するらしく、かなり面白そうだ。行きたいのだが、DEATH SIDEは2日目の夜のメインショーに出演するため、サ

2019年。DEATH SIDEサンフランシスコ「MANIC RERAPSE FES」のフライヤー。

ウンドチェックで行けなかった。昼間のライブの様子をRADIO ACTIVEに聞いてみると、客席にあるゴミ箱に火がつけられ演奏中に発煙筒が焚かれたという。客とバンドがもみくちゃになるかなりカオスでありながらも「これぞパンク」といったライブだったが、少し恐怖感を覚えるほどで「怪我がなくてよかった」とホッとした様子だ。

RADIO ACTIVEでヘルプのボーカルをつとめた初アメリカ体験のヨーカイが「アメリカはパンクが過ぎる！」と言うほど、かなり凄まじいショーだったらしい。ヤップからも「ISHIYAは気にいるライブだと思うぞ。次は出た方がいい」と言われるなど、見逃したことを後悔する凄まじいライブになっていたという。行けば良かった。

しかしこのフェスのメインステージで、THE MOBやMOB 47を差し置いて、大トリとしてDEATH SIDEは出演するのだ。チケットもソールドアウトのようで、世界中のパンクバンドが集まるアメリカのフェスで、日本のバンドが大トリという光栄に応えなければならない。ホテルの廊下ですれ違う客にまで「DEATH SIDEか！ 楽しみにしてるぞ」と声をかけられたり、写真を撮られたりするなど、期待の高さをひしひしと感じる。アメリカへ来て3日経っているので時差ボケも薄れ体調的には問題ない。出番がくるまで集中して気力を漲らせる。

2日目のメインショーが始まると、サブステージで演奏した韓国のSCUMRAIDの凄まじさや、オーストラリアのENZYMEの素晴らしさもさることながら、メインステージでDEATH SIDEの前に登場したTHE MOBの名曲「NO DOVES FLY HEAR」では落涙するほど感動してしまった。こんなレジェンドと対バンできるだけでも幸せなのだが、DEATH SIDEとして日本のハードコアパンクを伝えなくてはならない。

DEATH SIDEがライブをする目的は、自分の思いを伝えることや目立つことではなく、CHELSEAの思いを感じてもらうことの一点に尽きる。ステージで演奏が始まる直前にギタリストのＯＲＩと弁慶にその思いを伝え、超満員のメインステージにあがる。

観客席と対峙した瞬間、全ての思いが解き放たれ5人の音が重厚に絡みあい、演奏していてこれほど高揚感が得られるものなのかと感動するほど満足いくステージができたように思う。

ライブの後、これだけ大きいフェスでアメリカとなれば、当然パーティーとなる。しかしDEATH SIDEのメンバーは、みんなのたまり場である2階のプールスペースに顔を出さないで、エリックやダスティン、クリスやLONG KNIFEと部屋で飲んでいた。どこから聞きつけたのか大勢が部屋に押しかけてきて、俺とYOUの部屋でパーティーとなってしまった。誰が俺たちの部屋を教えたんだ！ 寝かせろ！ いや、別に寝なくてもいいが。

まぁしかし、かなり楽しく宴は続き、朝方LONG KNIFEが帰り、やっとお開きになったが、久しぶりにアメリカのパーティーの凄さを体験した夜だった。

フェス最終日、3日目には会場が変わった。電車か車でなければ行けない場所でHAT TRICKERSも出演する。チャイナタウンで飯を食い、電車で行こうとしたが、切符の買い方から電車の乗り方までさっぱり分からない。おまけにここはオークランドだ。昼間でも駅の周辺はかなり危ない雰囲気が漂っている。ホームレスも多く、派手なアジア人で明らかに地元ではない人間が右往左往しているのを凝視（ぎょうし）していた。

「これはちょっとマズイかもなぁ」と思っていたら、車が通りかかり「DEATH SIDE！」と声をかけられる。「ハーイ！」とか何とか手を振ってから、即座にまたもやみんなで悩んでいた。すると、その車が引き返してくるではないか。

「何やってるんだ？」

「いや、今日のライブに行きたいんだが、電車の乗り方が分からない。乗り方、教えてくれないか？」

やりとりしていると、何と車で連れて行くというではないか！

荷台のついた小さめのダットサンのようなトラックで、運転手の他に男性と女性が乗っていたのだが、男性が俺たちに乗れと譲って降りてくれ、荷台も駆使してメンバー全員乗り込み会場に到着した。

何度来てもアメリカパンクシーンの優しさに助けられる。無事ライブも楽しめ、帰りはタクシーを呼んで帰ることができた。またもや俺の英語力の限界が如実に表れた結果だが、仲間にはいつも助けられる。

翌日はサンフランシスコのベイエリアを観光しながら、クリスチャンと飯を食い、DEATH SIDEのアメリカ西海岸、LA、オークランドは終了した。

個人的には8度目のアメリカだったが、何度来てもアメリカのパンクシーンの素晴らしさには感動する。アメリカという国家はめちゃくちゃだが、アメリカに住むパンクスは、そんな自国のやり方に憤っている。それは日本でも変わらない。国家に憤りを感じ、音で、メッセージで、生き方で発信しているパンクスが、世界中で繋がりあって闘っているのだと再確認できた素晴らしいフェスだった。

アメリカツアーから帰国した翌週に、DEATH SIDEはイタリアのヴェネツィアで行われる「VENEZIA HARDCORE FEST」へ、弁慶がやっているMUSTANGと一緒に出演することが決まっていた。

メジャーリーガーのイチローが引退し、元号が平成から令和になった2019年のことである。

2019年。DEATH SIDEサンフランシスコ「MANIC RERAPSE FES」ポスター、フライヤーPART2。

#75 水の都ヴェネツィア

DEATH SIDEは、LA、オークランドでのライブを終え、帰国した翌週の2019年5月8日に、弁慶が地元函館で活動しているMUSTANG と一緒にイタリアのヴェネツィアへ旅立った。馬車馬のような海外予定ではあるが、これだけ海外へ行ける幸せを噛み締めている状態である。

久々に友人のバンドと海外へ行くのはかなり楽しみで、ヨーロッパは入国審査の心配がないため、みんなで一緒に行ける。

飛行機会社は初めて乗るロシア航空だったので、モスクワ経由でイタリアへ行ったのだが、シェレメチェボ空港が事故を起こしたばかりだったようで、滑走路に着陸すると飛行機内で拍手が起きるなど、今まで経験したことのない雰囲気だった。

シェレメチェボ空港では円が全く使えず、換金所のレートが載っている掲示板にすら円は表示されていない。空港で現金は確かロシアルーブルしか使えず、おまけに荷物に厳しい。他国は少しぐらいなら見逃してくれることが多いのだが、重量やサイズがオーバーでは、きっちりと金を取られるので、ロシアは強気な国だなと感じたのを覚えている。

とはいえMUSTANGと一緒の旅なので、ここ2回のアメリカへはひとりで飛行機に乗っていた俺は、みんなと飲みながら出発を待つのは非常に楽しかった。

イタリア・ヴェネツィアの空港には深夜に到着したのだが、入国は弁慶の受け答えだけで全員が入れた。弁慶が「アメリカが入国に厳しかった」と話すと、入国審査官は「アメリカとは違う。ようこそイタリアへ」と迎えられたようだ。非常に幸先の良いスタートである。

迎えに来てくれていたオーガナイザーのサマールと宿泊場所へ向かうと、キャンプ場でコテージが用意され、キッチン、シャワーつきで人数分のベッドもあり、かなり快適だ。深夜の到着だったが、翌日はオフのため夜のフェスが始まるまで観光しようと決め、早々に旅の疲れを癒すためベッドへ潜り込む。

今回のイタリアでのライブは、MUSTANGがフィンランドの「PUNTARA ROCK FESTIVAL」へ出演したときに一緒だったTHE EU'S ARSEのリチャードの「DEATH SIDEとMUSTANGをイタリアに呼びたい」という話から始まった。

2バンドでは条件面が色々難しく、イタリアのレーベルF.O.A.D. RECORDS主宰でCRIPPLE BASTARDSのボーカルであり、DEATH SIDEの「OBSCENE EXTREME」出演のときに窓口になってくれたジウリオに話を通し、このフェスへの出演交渉をしてくれた。そこからジウリオに細かい条件を交渉して、初めてのイタリアでのライブが決定した。

ジウリオとは、「OBSCENE EXTREME」のときに一度交渉をしていたのでかなりスムーズに進んだ。いつも助けてくれる上にできる男なので、かなり信頼の厚い素晴らしい友人だ。

フェスの行われる場所は、水の都で有名な、映画などの舞台にもなっている観光名所のヴェネツィアだというではないか。日本人ではベニスと言った方がわかりやすいかもしれないが、現地でベニスと言う人間はいなかったので、ヴェネツィアで統一する。ライブ以外も、かなり楽しめそうなツアーである。

DEATH SIDEのツアーではもうお馴染みとなった、バンドだけの観光となるのだが、今回はMUSTANGもいるのでかなり賑やかで楽しい。

目を覚ましてから、早速Googleマップで観光地や交通手段を探すと、どうやら歩いて行けるところに駅があり、そこからヴェネツィアの観光地までは電車1本で行けるようだ。

駅に向かいながら街並みを堪能し、スーパーも発見したので食事の確保も問題ない。駅に到着して、人に聞きながら何とか今回は切符も買え、電車も間違えずに乗れた。

観光名所のサンタ・ルチア駅に到着すると、目の前には映画で見たような水路があり、ゴンドラや土産物屋が並んでいる。

「おお！　ヴェネツィアっぽいなー！」

当たり前だ。ここはヴェネツィアだ。ブラブラと歩き始めるが、ライブ翌日にもオフがあるので、メインのサンマルコ広場はそのオフの日の楽しみにとっておく。周辺をブラつきながら土産などを物色する。今ここで買っては荷物になるだけだ。しかし、思いついたときがそのときであり、後回しにするべきではなかったと後悔することになるのだが……。

とはいえ、天気が良くて気持ちがいい。仲の良い友人らと観光するのは楽しいものだ。素晴らしいヴェネツィア旧市街を堪能していたのだが、腹も減ったので水路沿いの野外席があるレストランで食事をすることとなった。ここで食べたイタリア料理の数々が最高に美味しく、水路に浮かぶゴンドラを眺めながらの食事は「これぞヴェネツィア」といった最高の時間だった。

その味が忘れられず、帰り道のスーパーではどっさりとイタリアの食材を買い込み、フェス初日のライブが始まるまでパーティーとなる。

MUSTANGのメンバーの弁慶とシンヤ、あけみちゃんは料理が素晴らしく上手なので、俺たちは出来あがるのを待っていればいい。海外慣れもしているので、イタリア料理に飽きたときには味噌汁まで出してくれるなど、至れりつくせりだ。函館のライブのときも、いつも素晴らしいもてなしをしてくれるのだが、イタリアで素晴らしい時間を堪能できたのは、MUSTANGのおかげである。

イタリアの食事は何もかもが美味しく、日本人の口にもあうので、食事で苦労することはないと思う。食事があうか、あわないかは海外ライブでは非常に重要な部分なので、とても助かった。

THE EU'S ARSEのリチャードが宿泊先に来て、MUSTANGは久々の再会を喜びあっていた。そうこうするうちにライブ時間が迫ってきたのでタクシーを呼び会場へ向かう。到着すると、ふたつのライブスペース、スケートボードランプが設置されている大きな物販スペースと、敷地内に3か所の屋内スペース。他にはピザのイートインと野外のフリースペースがある、かなり広い会場である。

出演者には食事が用意されるため、事前に「メンバーにヴィーガンやベジタリアンはいるか？」などの細やかな気づかいもあり、さすが、これだけの規模のフェスを運営するだけある。

この初日には開いていなかったが、スケートボードランプと物販スペースはかなり広く、体育館ぐらいの広さがある。多くのショップや物販が並び、2日目は楽屋機能も兼ね備えるなど、客や出演者への気づかいが感じられるスペースである。

様々なショップが出店するのも海外フェスの特徴で、ライブに来ればレコードやTシャツが手に入るのは、観客にとってかなりうれしい部分だ。日本ではほとんど見ることができない海外ライブの楽しみのひとつで、当然俺もショップを巡り、Tシャツなどを買い漁る。

ジウリオの店は、Tシャツやレコードも多く出しているのだが、アナログ盤は海外からの持ち帰りに気をつかう。最近は海外へ行った時にはシングル以外に手を出さないようにしているので、泣く泣く諦めるレコードがたくさんあった。

俺はマニアでもコレクターでもないのだが、それでも欲しくなるものがたくさんある。マニア心を刺激するのも海外フェスの特徴だ。

見たことのないTシャツやレコードがたくさんあったが、ANTIFA（アンチ・ファシスト）が浸透しているようで、そういったデザインのTシャツが多く見られた。イタリアシーンにANTIFAの思いが伝わっていることは、客の対応からも感じられる。

他にも「A.C.A.B.(All Cops Are Bastards～全ての警官はろくでなしだ！の略)」をもじって、猫の写真でA.C.A.B.、All Cats Are Beautiful～全ての猫は美しい）とプリントされた面白いTシャツや、ヴェネツィアだけに、ゴンドラをドクロが漕いでいるフェスのオフィシャルイベントTシャツなどがあり、かなり洒落ていてイタリアのセンスの素晴らしさがよく分かるものばかりだった。

ヨーロッパのDEATH SIDEライブにはほとんど来てくれるイギリスのラトと、元EXTREME NOISE TERRORのマークとも会い、初日の偵察を終えたが、翌日のライブが楽しみだ。

初めてのイタリアで、日本のハードコアはどう映るのだろうか。MUSTANGとDEATH SIDEなら問題ない。弁慶は2ステージと大変だが、日本のハードコアをイタリアに刻み込もう。

2019年。DEATH SIDEイタリア「VENEZIA HARD CORE FEST」バンド紹介用画像。

2019年。DEATH SIDEイタリア「VENEZIA HARD CORE FEST」のメインポスター。

#76 VENEZIA HARDCORE FEST

２０１２年から始まり7回目を迎える「VENEZIA HARDCORE FEST」だが、このフェスに日本のバンドが出演するのは初めてだという。会場を東洋人のパンクスがウロウロしているだけで珍しがられ、初日から「どこから来たんだ？ 出演するのか？」と話しかけられることが多かった。純粋に珍しくて話しかけてくるようで、アメリカの一部地域で感じる、蔑んだ目であからさまに東洋人を見下すような雰囲気は感じられなかった。

今、海外ではDEATH SIDEの知名度もあり、事前に知っていてライブに来る人間が多い。しかしイタリアでは、他ほどDEATH SIDEは知られていないようなので、今回のイタリアではそういったフラットな感覚を、より一層強く感じた。

２日目はフェスのメインの日となるようで、初日よりも客が多いように感じられる。ショップが並ぶスケートボードランプで、スケーターがスケートボードをやり、ふたつのステージではライブが繰り広げられている。初めて観る様々なバンドを堪能していると、いわゆるオールドスクール的な音のバンドが少しはあってもいいはずだと思うのだが、全くいない。

昔からイタリアのハードコアバンドといえば、RAW POWER、WRETCHED、NEGAZIONEなどがいるのだが、80年代のイタリアン・ハードコアに影響を受けたバンドは皆無である。

他のヨーロッパのフェスでも、オールドスクール、もしくはオールドスクールにインスパイアされたバンドは必ずいるのだが、この中ならMUSTANGとDEATH SIDEはかなり目立ち、観客に強く大きなインパクトを残すことができるだろう。

しかしモヒカンや鋲ジャンのパンクスがいないのは寂しいものである。時代の流れなのかジャンルの違いなのか、今回のフェスにそういったゴリゴリのパンクスは、俺たち日本から来たバンドと、イギリスのラトとマークぐらいだった。

こうしてフェスの雰囲気を感じながら、MUSTANGの出番を待っていた。

そしてMUSTANGが始まった。演奏が進むにつれ、遠巻きに観ていた客が前に出て、サークルモッシュが出来あがっていく。外にいた客も、次々に会場内に押し寄せ、入りきれないほどの人間で溢れかえった。反応も凄まじい。初めて観る日本のバンドのレベルの高さや、情熱的なアティテュードにどんどん引き込まれていく様子が、手に取るように分かる。MUTSTANGのライブは、テンション、技術、情熱……何もかもが出演バンドの中でダントツだった。これで気分が高揚しないわけがない。

1バンドを挟んですぐDEATH SIDEのため、弁慶は非常に大変だったと思うが、いよいよ出番が近づいてきた。

このとき、偶然にも豪雨となり、外にいる客のほとんどがDEATH SIDEがライブをやる会場に入ってきた。ステージ横で、メンバーがセッティングしているときにふと思った。イタリア語を喋れば掴みはかなり良いのではないか？ それなら英語圏ではいつも言っている「I CAN'T SPEAK ENGLISH! SO FUCK YOU!」をイタリア語にしようと思い、ステージ袖にいる友人に聞いてみた。

「イタリア語で、わたしは日本人ですって何て言うんだ？」

「ソノ ジャポネ」

「イタリア語が喋れませんは？」

「ノン カピースコ イタリアーノ」

「FUCK YOUは？」

「ファンクーロ！ FUCK YOUはファンクーロだな！」

「グラッツェ！」

「ありがとう」のグラッツェと、いろんな挨拶の「チャオ」、美味しいという意味の「ボーノ」以外イタリア語を知らないような東洋人だが、いきなりイタリア語でこれを言えば確実に観客の注目が集められるだろう。これは今までの海外経験によるただの勘なのだが、これまでのステージ経験から絶対的な確信がある。

超満員の客の前に立つ。こちらに注目する客ばかりではない。照明もかなり暗い感じなので、客席の感じもよく分からないが、確信に満ちている俺は、教わった言葉でライブの口火を切った。

「ソノ ジャポネ。ノン カピースコ イタリアーノ。ファンクーロ!!!」

後から「ファンクーロにバをつけて、バファンクーロにすると、もっと強い言葉になる」と聞いたのが悔しすぎる。知っていれば、語呂的にも言葉のインパクトやアクセントのアタックでも、バファンクーロが良かったのだが、イタリアの観客は、みんな洒落を分かってくれたようで、かなりの大ウケだ。

こんな東洋人でモヒカンのパンクスが、まさかイタリア語を話すとは思わなかったらしく、それも内容が内容なのでかなり客の心を掴めたようで、ライブはいきなり最高潮に達した。

あとは信頼しあっているメンバーの呼吸に任せ、相乗効果で上限なしにテンションがあがりまくる。その日、客のほとんどがDEATH SIDEを知らないにもかかわらず、異常な盛りあがりを見せた。ＯＲＩによると、ステージ横にいたエンジニアも、1曲が終わるたびに拍手していたという。ライブが終わりバーに行くとバーテンダーに俺は写真を頼まれ、MUKA-CHINは酒を奢ってもらうなど、好評のライブだった。

終わってから色んな客やバンドから「イタリア語が喋れねぇって、イタリア語じゃねぇか！　ウケるな！」「お前ファンクーロって！　それ言うか！　ぎゃはは」など。冒頭のイタリア語についてもかなりのうれしい反響がきた、大成功のライブができたと思う。

「VENEZIA HARDCORE FEST」に出演した初めての日本のバンドとして、DEATH SIDEとMUSTANGは確実に爪痕を残したと思う。これを機会に現在のイタリアのパンクシーンの人間に、日本のハードコアやパンクに興味を持ってもらえたらうれしいし、今後、イタリアへ行く日本のハードコアバンドが増えれば、こんなに素晴らしいことはない。

CHELSEAという男が存在し、その男の曲なんだと、このライブの後にでも知ってもらえたならば、イタリアでやった甲斐があるというものだ。

キャンプ場のコテージに帰り、MUSTANGとDEATH SIDEのメンバーで軽く打ち上げをして床についたのだが、翌日はオフで土産を買いに行く予定だ。また観光ができる楽しみがある。

しかし起きてみると雨が降っていた。行くか悩んでいると、最近のヴェネツィア旧市街地は地盤沈下が進んでいるという。雨が降ると膝ぐらいまで浸水、水没してしまうというではないか。サンマルコ広場など、とても観光できないようで、それでは旧市街へは行けない。

すると帰るまで時間があるとラトとマークが、俺たちのいるキャンプ場に来てくれた。とりあえず昼飯を食おうと、キャンプ場にあるレストランで食事をすることとなったのだが、このレストランもかなり美味しく、ピザやパスタに舌鼓（したつづみ）を打ちながらみんなで相談して、ショッピングモールに土産を買いに行くことにした。

ラトとマークは「マジか！　ショッピングモールか？」と驚いていたが、タクシーを呼びにキャンプ場の受付に行くと、何やらバスから大勢降りてくる。キャンプ場入り口にはバス停があり、どこまでか行けるようになっている。行き先を確認すると、何と旧市街の観光地まで往復するバスが出ているではないか。何も苦労して電車で行く必要はなく、バスで楽に往復できたのを、最終日になって初めて知る。やはり俺の実践英語の限界によるものなのだが、何で気づかないのか。

みんなで大笑いしたが、まぁしかし、海外で乗る電車や、みんなで「ああだこうだ」言いながら観光するのはかなり楽しかったので、問題ない。

呼んだタクシーの運ちゃんもかなり面白く、イタリア語しか話さないのだが、俺たちと話が通じる。ショッピングモールに行ったあと、なぜか、一度帰って迎えに来てもらう算段までできて、おまけに携帯番号も教えてもらい、電話でも話せてしまう。タクシー内でも色々話してくれる、かなりいいおっちゃんなのだが、全てイタリア語だ。

こちらは英語で話していたので、英語は理解できると思うのだが、こちらの英語がわかりにくかったのか「お前らも英語の人間じゃねぇだろ」という意味なのか、ずっとイタリア語。ただし互いにわかりあえた素晴らしいおっちゃんだった。戻ってからはTHE EU'S ARSEのメンバーも来てくれ、初めてのイタリアは、かなり堪能できる日々だった。

イタリアツアーは終了したが、帰りに荷物の超過などでかなり揉めてしまい、現地スタッフまで呼んで対応してもらうことになった。ロシア航空は、かなり重量チェックが厳しく、荷物が届かないことでも有名だ。実際に弁慶の荷物はスペインまで行っていて届かず、引き取りは1週間後だった。あまり使いたくないのだが、安いためにヨーロッパへ行くときに重宝する航空会社だ。

そして、DEATH SIDEで出演したチェコの「OBSCENE EXTREME」から、「次はFORWARDで出演しないか？」のオファーが来た。もう乗りたくないかなと思っていたのだが、またもやロシア航空でヨーロッパへ行くこととなる。

しかし今回の「OBSCENE EXTREME」は、WARHEADも一緒だというではないか。２００６年のアメリカツアー以来の、WARHEADと一緒の海外になる。これはかなり楽しみだ。

#77

2度目のチェコ、OBSCENE EXTREME

イタリアから帰って、「OBSCENE EXTREME」の詳細が分かった。どうやら今回は5日間のフェスの初日に、パンクバンドだけを集めたパンクＤＡＹのようなものがあるらしい。「PUNK AS FUCK FEST」と銘打った初日には、G.B.H、OI POLLOIと共にＷＡＲＨＥＡＤも出演する合計10バンドによるライブのようだ。ＦＯＲＷＡＲＤもこのパンクＤＡＹに出演したかったのだが、ＦＯＲＷＡＲＤは本祭初日、全体では２日目の出演となった。

しかしNEGATIVE APPROACHやSIEGE、ANTI-SYSTEMといった80年代ハードコアのレジェンドバンドも初日のパンクＤＡＹではなく、本祭の3日間に組み込まれている。

ＦＯＲＷＡＲＤも２００６年のＷＡＲＨＥＡＤとのアメリカツアーで運転をしてくれた、ベンのDROPDEADと同じ日に出演することになっているので、初日のパンクＤＡＹの意味がイマイチよく分からないが、それでも「OBSCENE EXTREME」のＷＡＲＨＥＡＤが観たかった。しかし、到着が初日の夜のため、ステージでのＷＡＲＨＥＡＤを観ることができなかったのが、非常に残念だった。

初日の夜ホテルに到着するとＷＡＲＨＥＡＤが待ち構えていて、早速部屋でパーティーとなる。翌日にはフィンランドへ旅立ち、ツアーを続行するＷＡＲＨＥＡＤだが、海外で会うとまた違った感覚で盛りあがり、互いの健闘を約束し、パーティーは朝方まで続いた。

このときに聞いた話では、ＷＡＲＨＥＡＤには楽屋があり、かなり良い待遇だったという。前回、DEATH SIDEで出演したときは楽屋もなく、メインの3バンドぐらいだけに楽屋用の小屋があったが、ＷＡＲＨＥＡＤにはその小屋が用意されていたらしい。俺たちには絶対楽屋などあり得ない。羨ましいじゃねぇかＷＡＲＨＥＡＤ。

こうしてチェコでのＷＡＲＨＥＡＤとの宴は終了したが、帰りのモスクワトランジットで一緒になるという。「じゃあまたモスクワで！」と、あまり実感のわかない別れの挨拶をし、ＦＯＲＷＡＲＤは翌日のフェス出演に備えた。当日の朝ではあるが。

２日目に出演して、残り3日間もあるので帰ってもよかったのだが、NEGATIVE APPROACHやSIEGE、ANTI-SYSTEMも観たかったので、最終日まで滞在した。

NEGATIVE APPROACHといえば、２０１６年のアメリカツアー中に、「FUN FUN FUN FEST」のアフターショーを見逃し、ニューオーリンズでは俺たちの車の故障で到着が遅れ、共演が叶わなかった、俺が大好きなアメリカン・ハードコアのレジェンドである。再結成したSIEGEも観たいし、ANTI-SYSTEMも出るなんて夢のようではないか。

連日、午前中からやっているフェスなのだが、本祭初日の夜の7時になった頃、ようやくFORWARDの出番がやってきた。ライブスタート時には客がまばらだったが、俺が1曲目からステージを降りて客席で歌い始めると、客が反応を見せ徐々に盛りあがってくるのが肌で感じられる。

ライブ中に、客席のモッシュピットで何か食っている客がいたのでそれを食ってみたり、客席で個人個人に向けたような対応をしたりしていると、最終的にはアンコールも生まれるような大成功のステージになった。

拙(つたな)い英語のＭＣではあるが客には伝わったようで、フェス期間中に会場を徘徊していると「お前らを観て、日本という国を初めて知った」「本当に驚いた」などたくさんの反応があり、頼まれた写真撮影も数えきれないほどで、手応えを感じられるライブとなった。

今回、ＦＯＲＷＡＲＤにしては珍しく、海外では1回限りのライブだった。まだまだ知名度の低いＦＯＲＷＡＲＤだが、日本のバンドとして恥ずかしくないライブができたように思う。

終了後ホテルに帰ると、どこからか見知らぬパンクスが部屋にやって来てパーティーとなる。オークランドのMANIC RELAPSEのときと似たような感じだ。

パーティーに、ふたりの南米ペルーのパンクスがいて「今度ペルーでツアーをやってくれないか?」と具体的な話もされた。まだ行ったことのない南米はかなり魅力的で、帰ってから詳細に連絡を取ろうと、かなり盛りあがるパーティーとなった。

飲まない人間にとっては、面白くも何ともないと思うが、酒の席では新たな繋がりができることが非常に多い。世間の「飲んでいる席の話だから」というような、社交辞令ではなく、パンクスは本気で話を進めるのだ。

今回もこれで、南米ペルーライブという話が決まってもおかしくはない。それほどパーティーは馬鹿騒ぎ以外にも意味があって、ツアーに発展することがザラにあり、面白いものでもある。

今回の「OBSCENE EXTREME」には、毎日延べ5000人ほどの客がやって来たようだ。FORWARDを知らない客の中でのライブは望むところだ。バンドにとってこれほどのチャンスはない。

幸い海外では「知らないバンドでも観てみよう」という観客が非常に多く、ライブの楽しみ方を知っているので、観てくれさえすれば本気の魂が伝わっていく。色んな国で「お前のこと知ってるぞ!」「観たことあるぜ!」と言われることは、これまで本気でやってきた証だと思え、非常にうれしい気持ちでいっぱいになる。

全力で本気のステージをやるのは当たり前なのだが、世界が広がっていく実感には、何ものにも代えがたい素晴らしさがある。もちろん交渉などの細かい作業が重要なのだが、手に取るように次々と新たな世界が開かれていくと、信じられない気持ちとうれしさが同時に湧き起こる。

これも全て、どんな状態でもステージでベストを尽くし、思いを本気で伝えてきたからだと感じている。それ以外に、俺みたいな酔っ払いの貧乏パンクスが、こんなに色々な国へ行ける理由がない。まぁひどい時もあるが、それを糧にして次のライブでは同じ過ちを繰り返さないようにしようと心がけている。できているかいないかは別として。

生命の続く限り世界を広げていきたいと、心から切実に願っている。何かが少しでも変われば、俺みたいな人間でも生きている意味があるのではないだろうか。

チェコでの「OBSCENE EXTREME」が終わった。帰りに、モスクワの空港でWARHEADと再会の祝杯をあげようと思っていたのだが、俺たちの到着が遅く飛行機の時間が迫っていて、飯すら食えなかった。

結局「また日本で！」と、海外でのWARHEADとの再会は慌ただしく終わったが、WARHEADとはいつでも「また次！」と言いあえる仲なので、安心できる友人と海外で会うのは、かなり面白い機会だった。

帰国後も俺はライブを続けていたのだが、しかし２０１９年が終わる頃に事件が起こる。DEATH SIDE、FORWARDのベーシストで、30年来ずっと一緒にバンドをやり続けているＹＯＵが入院したのだ。それまでも何度か入退院を繰り返し復活してきたが、今回は一番深刻だという。

そして復活を願いながら、ヘルプベーシストで活動を続けていた２０２０年、世界は得体の知れないウイルスに汚染される。新型コロナウイルスの発生だ。

２０１９年に発生し、瞬く間に世界に広がったこの謎のウイルスにより、バンド活動はおろか、世界中の人々の日常生活までが一変する事態となる。バンド活動は制限され、仕事にも影響を及ぼし、世界がどうなっていくのか分からなくなった。

新型コロナウイルスの世界的蔓延、ＹＯＵの入院と、まるっきり先の見えない状況に襲われるが、約3年間のコロナ禍、制限された中でもバンド活動は行っていた。

それは自分たちのためではなく、世話になったライブハウスや海外のフェスの存続が危機だと知り、「俺たちにできることはないか?」と、今こそ恩を返す時だと考えたためだった。

2019年。FORWARD チェコ「OBSCENE EXTREME FES」メインポスター。

#78 新型コロナウイルスという未知の障害

日本では１９８３年、海外では２００４年からバンドでライブをやり続けてきたが、全てが制限されてしまう新型コロナという未知のウイルスが出現した。外出が制限され、バンドでのライブはおろか、集まっての食事すらできずに、様々な店舗の営業は深刻な事態に遭遇していた。

制限により、俺たちがバンド活動をしてきたライブハウスも経営の危機に陥った。ライブを開催することもできず、みんなで集まって騒ぐための場所であるライブハウスは、コロナ感染者を出したことによって、世間から猛バッシングに遭ってしまう。

ライブハウスはバッシングされるが、満員電車は制限しない。意味不明な政策を打ち出した日本の政府は、何の頼りにもならない。このままでは俺たちの居場所であり、生きて行く上でなくてはならない存在のライブハウスがなくなってしまう。

そこでいち早く立ちあがったのが、バンド活動を行うアーティストだった。ハードコアやパンクバンドの動きは早く、早々に多くのバンドが救済のために様々な活動を行い、自分たちの居場所を守ろうと必死に戦った。

FORWARDもライブハウス救済用のＣＤを作り、必要経費を引いた全額をライブハウスに寄付した。DEATH SIDEでもチェコの「OBSCENE EXTREME」のライブ音源と、イタリアの「VENEZIA HARDCORE FEST」の映像をＣＤ／ＤＶＤ化した音源を発売し、売り上げをライブハウスに寄付する。さらに「VENEZIA HARDCORE FEST」が存続の危機だというので、未発表音源を配信で販売し寄付するなど、焼け石に水かもしれないが、少しでも足しになればと足掻（あが）いていた。

実際のライブができないために配信ライブなども行い、多くのバンドがライブハウスの存続のために立ちあがった期間でもある。このコロナ禍によって、バンド界隈が一大転換を迎えたのは確かだろう。

それまでも東日本大震災や阪神・淡路大震災など、救済に立ちあがったアーティストは多かったが、今回の新型コロナでも、バンドを始めとしたアーティストは、救済に動く人間が多かった。

バンドの活動が支えのひとつになり、客を含めライブハウスで育った人間の応援に応えようと、必死になったライブハウスのがんばりが、存続に繋がったのではないだろうか。

先の見えない世界的蔓延ではあったが、そんな中でも海外からオファーがきたのには驚いた。絶対にこの新型コロナの世界的流行が終わると信じ、海外のフェスでDEATH SIDEが必要とされたのには感動し、ＹＯＵの入院もあったがコロナ禍が収束する頃には体調が戻ればという願いを込めて、海外からの話を前向きに保留としていた。

話がきたのは確か２０２１年頃で、世界中がコロナ禍、真っ只中の時期であった。国家の政策で自宅待機をさせられ、ＳＮＳでは様々な情報が錯綜（さくそう）し、混沌とした状態にあった。そんな状況で先が見えないにもかかわらず、オファーをくれたのは、未知の国である東欧のセルビアだった。

最初にオファーがきたときには、全く知らないセルビアという国のため戸惑ったが、やり取りをすると真摯な思いが伝わってきたため、2年後を目処にゆっくりとした交渉が始まった。

全てはＹＯＵの体調問題だ。FORWARDとDEATH SIDEではバンドの成り立ちや活動理由が違うために、DEATH SIDEはＹＯＵの体調が復活しなければ、海外どころかライブ自体、バンド活動自体ができない。

入院しているＹＯＵとも連絡を取りあい、無理をしない方向で「実現できたらいいよね」と、ＹＯＵの復活の目標のような位置づけにもなったセルビア行きだった。

世界的なコロナ禍において、ヨーロッパでは対策が明確に示された。２０２２年になると「フェスをやるのが決まったんだが、そろそろセルビアに来られるか？」という話がくる。ＹＯＵも退院して、復帰のためのリハビリを行っていたので、メンバーに「以前からきているセルビアの話が、具体的にきたんだけどどうする？」と相談してみた。コロナ禍で日常生活ですら制限があり、ウズウズしていたのも否めないが、重要なのはＹＯＵの体調なので、ＹＯＵ次第という部分が大きい。するとＹＯＵは、セルビア行きを目標にがんばっていたためか、「行ける」と言ってくれるではないか。

ＯＲＩや弁慶はかなり心配していたが、それまでＹＯＵの状況を知っていた俺はMUKA-CHINとも相談し、ＯＲＩと弁慶にも詳細を説明して、各自の行くという気持ちを確認した。

しかし日本の状況を見ると、街ではマスクを外さずに、スポーツ観戦でも声出し禁止や、ライブハウスでも入場人数の制限があるなど、とても海外に行ってライブなどできる雰囲気ではない。日本へも、ワクチン接種をしていなければ入国できないという規制があり、コロナ禍以前に来ていた海外からの観光客もさっぱり見なくなっていた。

しかし、この時期には、ワクチン接種をしていなくても、ＰＣＲ検査で陰性ならば入国できるまでに緩和された。そこで「ヨーロッパではどうなのか」と聞いてみると、何も規制がないと言うではないか。DEATH SIDEのメンバーは、ワクチン接種をしていない人間がほとんどなので、それならば行けるとセルビアでのライブが決定する。

すると、オーストリアのウィーンを拠点に活動する友人で、来日経験もあるRUIDOSA INMUNDICIAのゲオルグから連絡があり「オーストリアのウィーンでもライブをやらないか？」とのオファーがきた。

旧知の友人であり、セルビアともそれほど遠くないウィーンであることと、オーストリアはＥＵ加盟国であるために、入国や通貨の面でも何かと便利である。さらにセルビアへの車移動から運転の他、現地でのサポートなど万全の体制であるという、素晴らしい提案だったので、オーストリアとセルビアのツアーが決定した。

２０１9年以来3年ぶりの海外が決定したのだが、ヨーロッパへ行く最安の飛行機会社であるロシア航空は、ウクライナと紛争を起こしているために使えない。飛行ルートも、当たり前だがロシアとウクライナ上空は飛べない。ヨーロッパの航空会社によっては、混乱があるために、荷物が届かないこともザラだという。

コロナ禍が収束していないところへ、戦争まで始まってしまい、世界が混沌とした中でのオーストリア、セルビアツアーとなった。

オーストリアもセルビアも東欧の旧共産圏だと思っていたのだが、オーストリアはＥＵ加盟国であり同じ中欧でナチスドイツに併合された歴史はあるが、社会主義や共産主義の国だったかと言うとそうではなく、第二次大戦以降はイギリス、フランス、アメリカ、ソビエトの連合軍の占領下に10年間置かれるなど、複雑な国家体制を歩んだ国のようだ。

セルビアも東欧だと思っていたのだが、元は旧社会主義連邦共和国のユーゴスラビアで、東欧や南欧、東南欧などの呼称は、社会的背景により変化するようで、両国ともにヨーロッパに翻弄(ほんろう)された長い歴史がある。

俺にとっては全く未知の国なのだが、弁慶はヨーロッパでのツアー経験が豊富なので色々聞いてみると、オーストリアでもセルビアでもライブはやったことがないというので、両国ともメンバー全員ライブ初体験となった。

オーストリアは何語で話すんだろう？　セルビアにはセルビア語があるのか？　情報を知らない国というのはものすごく興味をそそられる。バンドをやっていなければ、決して行けない国であろうし、再び訪れる機会も皆無に近いだろう。

新型コロナ明けの世界はどうなっているのか、日本とはどう違うのか。非常に興味がある。こうして2022年が終わろうかという11月に、DEATH SIDEは久々の海外へ旅立った。

#79 新型コロナ明けの海外、オーストリア・ウィーン

２０２２年の11月、DEATH SIDEは、セルビア第二の都市であるノヴィ・サドで行われる「TO BE PUNK FESTIVAL」への出演をメインとした、オーストリアとセルビアのツアーを行った。

ロシアとウクライナの紛争が長引いているため、飛行機は中東ドバイ経由となった。ドバイでのトランジットを含め22時間ほどの長旅だったが、初めて降り立ったオーストリアのウィーン国際空港で、いきなりスウェーデンからDEATH SIDEを観に来た友人で、Nightmareとの日本ツアーも行ったSKITKIDSのメンバーやその友人と出会う。

ツアーで世話になるRUIDOSA INMUNDICIAのドラムであり、オーガナイザーのひとりであるゲオルグの迎えで、ウィーン滞在中に宿泊するベーシストのムンディの家に行き、スウェーデンのSKITKIDSたちも交え、オーストリアビールで乾杯。翌日のライブに備え、マイナス８時間の時差を整えるため、みんなで観光へ出かけることとなった。

バスとトラム（路面電車）で観光の中心である旧市街地に、ムンディの彼女ソフィーやゲオルグの案内で行ったのだが、古代ローマ時代からの街並みは素晴らしく、キリスト教が基本にある文化と教会などの建物は、さすがヨーロッパと言わざるを得ない重厚さで歴史に圧倒されるものがあった。

その後ムンディも合流し、日も暮れて寒くなってきたためにウィーン名物であるホットワインに舌鼓（したつづみ）を打ち、ウエルカムパーティーで予約してくれたウィーン料理レストランへ向かった。

レストランにはヨーロッパ各国からDEATH SIDEを観るために続々と人が集まってきて、盛大なパーティーになった。

二次会まであり、地元のバーへ移動したのだが、DEATH SIDEを観るためだけにウィーンまで来たパンクスでごった返した。バーのオーナーもDEATH SIDE好きだと言い、翌日のライブに来るという。俺たちのヨーロッパツアーを楽しみにしている人間の多さには、かなり驚くものがあった。

ＹＯＵはまだリハビリ段階なのだが、一生懸命がんばっている。しかし無理はさせられないので、先にムンディの家で休んでもらい、さらに宴は続いた。

二次会終了後にムンディの家へ帰ったのだが、弁慶とムンディ、ムンディの彼女のソフィーは朝方まで飲んでいたらしく、ソフィーは翌日起きられないほどの宿酔で、ムンディも同様に午後まで起きないほどの濃い初日となった。

しかしこれで恐らく、時差ボケは大丈夫だろう。人によるとは思うが、個人的にはヨーロッパの時差が一番慣れるまでに時間がかかり、手強いと感じている。イギリスのトラウマかもしれないが、久々の時差との闘いは懐かしい感じがする。

そして翌日、ウィーンでライブ当日を迎えたのだが、メインのライブは前売りチケット１６０枚が発売2日目にしてソールドアウトとなり、ネット上などでは「もう少し大きい会場でやったほうがいい」との話も見られたが、ウィーンにはパンクが演奏できる大きなライブハウスはない。今回もいつもはやらないメタル系のライブハウスだという。メタル系ライブハウスは、いつもと音作りが違った。アンプからの出音は極力絞ってＰＡで調節していて、パンクバンドではなかなかない経験だったが、音作りの奥深さを経験できるいい機会にもなった。

ライブハウスの店員もみんな素晴らしく、終了後にはオーナーがわざわざ褒めに来てくれたり、俺が食事の後片づけをしていたら、結構な年齢と思われるドリンクのおっちゃんに「それは俺の仕事だ。俺の仕事を取らないでくれ！」と粋な冗談を言われたりと、色々なサービスがなされて素晴らしい時間を過ごせた。

2022年。DEATH SIDEオーストリア・ウィーンでのアフターシークレットショーのフライヤー。

新型コロナでライブから離れていたDEATH SIDEだが、ツアーに備えスタジオもきっちりやって来たので、超満員のライブは大盛況で幕を閉じた。

実はこの日、メインショーがソールドアウトなのにもかかわらず、チケットを求める客が多いために、シークレットでアフターショーを行うことが決まっていた。しかし、告知してしまうと人間が来過ぎて対応できないので、「あくまでもシークレットを貫いてくれ」と念を押されていた。

アフターショーは、メインにも出演した、ツアー中のフランスの旧知の友人であるベファのバンドDELETÄRと2バンドによるものだった。ショーを行うのは、いつもパンクバンドがやっているライブハウスだったので、いつもの通りの音作りでいつものようにできるパンクバンドがライブをやるのに相応しい場所だ。メインショーとはまた違った盛り上がりで非常に満足いくライブができたように思う。

メインのショー、アフターショー共に、ヨーロッパ中から集まった客の盛りあがりは筆舌（ひつぜつ）に尽くし難く、2019年以来のDEATH SIDEだったが、できる限りの全てを出し尽くした満足感に溢れていた。

オーストリアは東欧ではないと聞いていたが、客にスリボヴィッツという酒をもらい「ようこそ東ヨーロッパへ」と言われたので、やはり東欧になるのだろうか？ ヨーロッパの複雑な歴史に興味を覚えた日でもあった。

オーストリアの言葉はドイツ語なので、地元の人間だけで話しているとさっぱり分からない。英語もうまく話せない上に別の言語まで出てくる。英語圏ではないのだが、当然のようにみんな英語を話し、英語のコミュニケーションに不安はない。英語に不安があるのは俺たち日本人であり、ヨーロッパは自国語と英語の2か国語は当たり前なので、日本人の英語力のなさを痛感する。

個人的には、自国語を持っているヨーロッパの人間たちの英語の方が分かりやすい。しかし何せ俺の英語力である。相手があわせてくれなければ理解が非常に大変なので、当てにはならないだろう。久々の海外で、新型コロナ前までは海外で当たり前のように感じていた些細（ささい）なことに、異国情緒を感じてしまう。

翌日は、さらに未知の国セルビアだ。近年まで紛争地帯だった国であり、南部のコソボでは未だに緊張の高い情勢が続いている。全く知識がない国であり、ユーロ圏でもないために通貨も違えば、言葉もロシア語に近い表記と感じられるセルビア語で、全く理解ができない。

一緒にツアーを行う、オーガナイズしてくれたオーストリア・ウィーンのバンドであるRUIDOSA INMUNDICIAでさえ、セルビアでのライブは初めてだという。一体どんなところなのだろうか？

久々の海外で1日2回のライブだったので、終了後には結構な疲れと酔いで、帰ってすぐに床についた。しかし初めての国への期待と、緊張や時差などもあり、あれだけ気を使って時差を解消しようとがんばったにもかかわらず、俺は全く眠れずに朝を迎える。

目が覚めて「眠れねーよ！」と言ったら、弁慶が「俺も寝られなかったっす！」というのだが、めちゃめちゃ元気だ。弁慶のタフさにはいつも驚かされるが、移動時間に眠れれば問題ないだろう。

二度と同じ轍（てつ）は踏まない。あんな気持ちはもうたくさんだ。眠るために気合いを入れるというわけのわからない事態にはなったが、初めての国、セルビアへ向かった。

2022年。DEATH SIDEオーストリア・ウィーンのメインライブフライヤー。

セルビア・ノヴィ・サド TO BE PUNK FESTIVAL

#80

オーストリアからセルビアまでの移動は、車で約6〜7時間。東京から京都ぐらいの距離だろうか？　しかしハンガリーを通らなければならず、ハンガリー、セルビアと2回入国の審査がある。

幸い俺は、気合い十分で車で爆睡していたために、寝ている間にセルビアに到着した。途中寄ったガソリンスタンドのショップでは、通貨がハンガリーのものでユーロが使えず、カードがなければ買い物すらできない。

こうした日本で体験ができない感覚も懐かしい。しかし寝ていても通過できたということは、地続きのヨーロッパでは入国審査も簡単なのだろうか？　しかし帰りに、ハンガリーとセルビアという地続きの隣国だから起きる問題で大変な目に遭ってしまう。

過去にハンガリーとセルビアは、紛争やコソボ問題、近年ではシリア問題での難民が大挙してセルビアからハンガリーに入ってきたために、国境を封鎖した歴史があった。そのため1台1台車を全て調べるのでかなりの時間がかかった。帰りのハンガリーとの国境での入国審査は、5時間以上だ。

ヨーロッパを多く回った弁慶でさえ「こんなのは初めてだ」と言うほどで、ユーロ圏ではない国には、まだまだ解決されていない複雑な事情が山積みであり、日本との大きな違いを実感する経験となった。

初めて訪れたセルビアは、オーストリアよりも寒く感じる。函館に住む弁慶によると、湿気があるために寒く感じるという。11月の終わりではあるが、東京の真冬ぐらいの寒さである。

そしてこの日、創成期から日本のハードコアパンクを牽引（けんいん）し続け、世界最古のハードコアパンクのシリーズＧＩＧ「消毒ＧＩＧ」の主催でもあり、日本最古でありながら現役でもバリバリに活動していた日本を代表するハードコアパンクバンド「GAUZEが解散した」という衝撃的なニュースが飛び込んできた。RUIDOSA INMUNDICIAのメンバーにもGAUZE解散の事実を伝えると、かなりのショックだったようだが、筆者個人的にもかなりショックで信じられない思いを抱えたままセルビアに到着した。一体GAUZEに何があったのだろう……。

今回のツアーでメインとなるセルビアのノヴィ・サドで行われる「TO BE PUNK FESTIVAL」は、主催者のイゴールによると15年間続いているフェスだという。この「TO BE PUNK FESTIVAL」が始まる以前には、ノヴィ・サドで様々な音楽フェスはあったがパンクのフェスはなかったようだ。

このフェスの最初の目的は、セルビアとその周辺国のバンドで2日間のパンク／ハードコアの集まりを持つことだったが、毎年様々なバンドが出演するようになった。チケットも毎回低価格であり、D.I.Y.のフェスと言えると思うが、今まで経験してきた諸外国のD.I.Y.フェスとはまた違った雰囲気がある。

過去にはこの「TO BE PUNK FESTIVAL」に、PETER AND THE TEST TUBE BABIES、THE VIBRATORS、STUPIDS、SNUFF、G.B.H、COCKNEY REJECTS、COCK SPARRERなどの世界的なレジェンドのパンク／ハードコア／Oi!バンドが多く出演しており、そのようなフェスでメインアクトを務める大役だった。

今回は2日間にわたって行われ、両日共に€12（約¥１７００〜¥１８００）という低価格で、両日合わせて11バンドの出演であり、会場もSKCNS FABRIKAという７００人収容の大きなホールだった。

主にセルビア、クロアチア、ハンガリーの観客を中心としたフェスなのだが、今回はヨーロッパの様々な国々、オーストリア、イタリア、ギリシャ、ドイツ、ブルガリア、ハンガリー、ルーマニア、ロシア、クロアチア、ボスニア・ヘルツェゴビナ、北マケドニアから多くの人間がやって来たという。初日には５００人、そしてDEATH SIDEの出演する2日目は６００人の観客が押し寄せ、そのほとんどの人間がDEATH SIDEを観に来たと聞いて驚くばかりだ。

CHELSEAの凄さというものを、海外へ行くたびに感じるのだが、今回未知の国であるセルビアでもそれは全く変わらなかった。つくづく凄い男だと思うが、生きていたらこんなことは口が裂けても言えないだろう。

主催者のイゴールに、なぜ日本のバンドを呼ぼうと思ったのかを聞いてみると、ヨーロッパでは日本のシーンがリスペクトされており、日本からバンドが来ることをずっと夢見ていたという。ヨーロッパをツアーする日本のバンドはあまりいない上に、飛行機代などの予算の問題もあるため、今回は日本のアーティストのヨーロッパ進出をサポートしている、EU・ジャパンフェストという所に連絡を取り応募したようだ。

どうやらDEATH SIDEは、ヨーロッパのアンダーグラウンドシーンでは認知されているらしく、今回こうした支援が受けられたためにセルビアに来ることができたようだ。

しかし過去に、日本のパンクバンドがセルビアで演奏したことは無いというではないか。そしてDEATH SIDEが、初めてセルビアでライブをやる日本のパンクバンドだということを当日に知り「これは下手なことはできない」と、気合いが入る。

楽屋ではフランスから来たスキンズバンドRIXEの連中がやたらと賑やかで面白い。フランス語、英語、スペイン語を操る彼らは友人も非常に多く、楽屋が盛り上がり始めると、海外のライブではお馴染みのケータリングによる出演者のための食事が用意され始めた。ウィーンでも食事と酒は用意してくれたのだが、こちらはフェスなだけあり、かなり豪華なケータリングだ。

この頃すでに肉・魚・乳製品・蜂蜜などの動物性のものを極力食さない・身につけない・使用しない、動物の権利を守ろうとする生き方のヴィーガンになっていた俺にも食べられる食事があり、種類も豊富だ。

今回のヨーロッパで、ヴィーガンになって初めて海外を経験したのだが、ヴィーガンという生き方は当たり前に認識されており、街中やレストラン、高速道路のガソリンスタンドと併設されるコンビニのようなショップやスーパー、空港の売店などのあらゆるところでヴィーガンフードは容易に手に入った。以前からそうなのだが、多数のバンドが出演する海外のフェスでは、当たり前にヴィーガンフードは提供、もしくは販売されている。

こうした世界のスタンダードに、日本は全く及んでいないのが現実だ。様々な海外との交流が必要だと感じるならば、生活のために不可欠な「食」の部分は非常に重要である。ヴィーガンは食だけの問題ではないのだが、食だけを考えてみても日本のフェスやライブには見直す部分が多すぎるので、今後必然的に課題として浮き彫りになるだろう。

そして出番の時間が迫ってくるのだが、ちょうど同じこの日に、日本で急遽GAUZEのラストライブも行われるというではないか。日本のハードコアを牽引し続け、創成期から活動し続けてきたGAUZEがなくなってしまう。そんな日に「セルビアという国で初めて演奏する日本のパンクバンド」という重大さを背負う現実で、複雑な思いが入り混じる。

前日2回のライブに、長距離の移動、時差ボケの直らない体調で出番は夜の12時だ。様々な悪条件が揃ってはいるが、そんなもんは海外では当たり前だ。俺には全力を尽くす以外にできることはない。

サウンドチェックが無かったために、本番の演奏前に観客がいる前でサウンドチェックを行ったのだが、客席に行き曲の演奏を始めると、すでに異常な盛り上がりを見せる。いくら「サウンドチェックだ！」とマイクで言っても、観客の思いは爆発して全く抑えが利かない。

すぐさまステージに戻り演奏を開始すると、会場内の観客全員が注目しているのが手に取るようにわかる。これがセルビアか！ 俺たちが日本のハードコアバンドだ！ 二度と来ることはないかもしれない。今この瞬間に、思いの全てを叩きつけるしかない。

俺がハードコアのライブに通い詰める大きな要因となったGAUZEの解散、あのライブに行かなければ、今ここでこうしてライブをやっていなかったかもしれない。自分の人生まで顧みるような思いで叫び続けた。

普段なら海外ではMCを英語でやるのだが、思いの丈をぶつけるには英語では無理だ。俺は途中から日本語で思いをぶつけながらステージを行った。観客たちにはわからないだろう、しかし思いの丈は伝わるはずだ。今まで経験してきたハードコアパンクの世界は、言葉も人種も国も関係なく繋がりあってきた。

新型コロナで世界中が閉塞感に包まれた後の解放感も痛いほど伝わってくる。

「これが日本のハードコアパンクだ！」

アンコールも含め14曲を演奏し、こうして今回のツアーでの演奏が全て終わった。

2022年。DEATH SIDE セルビアバンド紹介用画像。

2022年。DEATH SIDEセルビア「TO BE PUNK FESTIVAL」メインポスター。

最終話 #81

今まで行った国々を一冊の本にまとめて書いてみたが、まだまだ面白い話は腐るほどあるし、新たに行く国もあるかもしれない。しかし今回はこれで終わりにする。

海外を訪れる度に実感するのだが、世界は本当に広い。幸いにも俺は、多くの友人や自分がやっているバンドを求めてくれる観客のおかげで、様々な国に行く経験を得られている。

子どもの頃や学生時代、バンドを始めた当時には考えられないような、信じられないほどのうれしいしい体験だ。俺程度の少ない経験でも感じられるのだが、アメリカやオーストラリアには素晴らしいものがたくさんある。もちろんヨーロッパや韓国、日本にも素晴らしいものはたくさんある。

反対に酷い面もたくさんあり、アジア人だというだけで差別的な感情や言葉を向けられた経験をした。理不尽すぎる腹立たしい思い、悔しい思い、悲しい思いに晒されるときもあった。

何度か海外経験するうちに、「なぜ、理不尽な負の思いが渦巻いてしまうのか?」という一端が、自分なりに理解できるようになったと思う。

負の連鎖はどの国にもある。表立ってあからさまな銃声などで生命の危険を感じる国もあれば、殺人や事故、災害の犠牲者よりも、自ら生命を絶つ人間の方が多い国もある。

それぞれ気候も違えば時間も違い、季節や気温、体感、人々の常識、当たり前の感覚や尺度、生活様式や食生活、その国独特の匂いなど……何もかも違う場所を経験すると、俺のような頭の悪い人間でさえ、自分が住んでいる環境との違いについて考える。

考えて導き出した答えを実践してみると、新しいことが自分なりに次々と分かってくる。それが自分にあっているのか、あっていないのか、正しいのか正しくないのか、新たな感覚で自分が見えてくる。

こうした感覚を得ることはどこにいてもできるとは思うが、俺のような人間は、環境の違いがなければ理解できないほど鈍感なのだ。

そして俺のような人間に、自分の常識や当たり前とは違う事実や現実を突きつけて、視野や受け取り方の幅を広げ、成長させてくれたのが海外だった。

こうした経験の全てを、ひとりきりで体験するのと、心を許し信頼している人間と共有するのとでは、体感や記憶、考え方が全く違ってくるのではないかと思う。たとえ誰かと一緒に様々な経験をしたとしても、一緒にいる人間を信頼せず、自分だけしか信用していなければ、それはひとりきりであるのと同じだ。ひとりきりでいいのならばそれで構わないが、俺には到底耐えられない。

俺のようにまともに学校も出ておらず、ろくに仕事もしないで酒を飲んでは失態を演じてばかりいる人間でも、唯一人生の中で自らを省み（かえり）ながら真剣に向きあっているのがバンドである。

別にバンドや音楽に限ったことではないが、自分の人生で「これだ」と思えるものを見つけ、それに人生を賭（と）して全精力をつぎ込めば、今回、俺が書き綴ったような経験ができる可能性は高いと思うし、実際に素晴らしい経験をしている人間は多いだろう。

世間や一般的な常識に流されて、自分が好きでもない、やりたくもないことをやっていたら、「果たしてここまでの経験ができたか？」と考えてみても、とてもそうは思えない。まぁは書けないような失態はたくさんあるのだが。

よく有名人やスポーツで偉大な成績を残した人間などが、「全ては周りの人たちのおかげです」と言っているのを聞く。

俺はガキの頃からひねくれたところがあったので「そんなことあるか！　自分がやったからだろうが！」などと思っていたのだが、実際に友人と共に生きてくると「人生で素晴らしいと思う経験ができたのは、他でもない友人のおかげである」と、心から感じるようになる。

ひとりでは何もできない事実や現実を心から実感して、自分ひとりで生きているのではないと思えたのは、友人たちがいたからだった。

俺よりも凄まじい虐待を受けたり、年端もいかぬガキの頃から家族がいなかったり、愛とは程遠い人生を歩んでいる人間が世界中にたくさんいる。俺の体験などそこらへんに転がっている普通の話なのだが、個人的には家族というものは、血縁関係だけに限らないと実感している。こんなクズのような人間でも、いつも一緒にいてくれて、助けてくれる友人は、人生にとってかけがえのない宝物であり、家族と呼べる存在だと思っている。

実際まだ何もわかっていない若造の頃に、家族のように親身になってくれたのは、友人だった。だからこそ、決して友人を裏切ることなどできない。友人を裏切るのは自分を裏切るのと同等か、それよりも罪が重いと感じている。

友人に裏切られたという話をよく聞く。本当にひどい裏切り行為もあるとは思うが、そこには信頼関係がなかったのだろう。

相手に対する自分の勝手な期待や、相手や状況などが自分の思い通りにならないからといって、裏切りだと騒ぎ立てるのは見当違いも甚だ（はなは）しい。自分の世界だけで生きていけるほど、世の中というものは甘くない。

そう感じられるようになったのも、海外という別世界を体験できたからであり、信頼する友人がいてくれるからだと断言できる。

海外に出るのは、自分の住んでいる国や自分自身を理解するためには非常にいい経験だ。異国の事実や現実を体験することで、自分自身や自分の住んでいる国が見えてくる。それが人生にとって、有意義なものであることは間違いない。チャンスがあれば、いや、無理やりチャンスを作り出してでも「世界」というものを体験することをお勧めする。

実際に出会って、言葉も国も肌の色も、育った環境も何もかもが違う人間と、馬鹿騒ぎしながら笑いあえ、その後も続いていく世界が実際に存在する。それはインターネット上だけの希薄な関係ではなく、顔を見て体温を感じて話しあい、面と向かって感覚や感情をぶつけ合い、互いに思いやり、実際に手を差し伸べあいながら助けあう世界だ。

こうした素晴らしい事実を知ることができた最たる要因が、俺にとっては信頼できる仲間がいなければできない「バンド」だった。

とはいえ元友人や元メンバーの中には揉めた人間や嫌いな人間もいる上に、逆に俺を嫌う人間もいるのは確かなので、偉そうなことを言っても説得力がないかもしれないが、信頼関係がずっと続く友人やメンバーがいてくれるのは事実である。

友人のおかげで、人生で素晴らしい経験ができる事実を噛みしめながら、俺はこれからも友人と共に生きていきたいと思っている。

東南アジアや南米、アフリカや中東など、まだまだ行っていない国はたくさんあるし、一番多く行っているアメリカや、ずっと住んでいる日本でさえ、知らない場所や街はたくさんあり、生きている間に経験したい未知の世界は果てしなく広がっている。

友人を裏切らず、自分を裏切らず、大好きなハードコアパンクという生き様と音楽、バンドで、ひとつしかない生命を、1度しかない人生を、全力で生き抜くことしか俺には見つけられなかった。

ただそれは、やってみるとそんなに悪い生き方ではないと実感している。ひとりでいても孤独ではないと思える安心感が、信頼によって確立されているからだ。「孤独だ」などと言って拗(す)ねていると、すぐに文句を言ってくれる友人が周りにはたくさんいてくれる。

思いっきり自分の思うがままに進んで、答えを見つけるのもいいじゃないか。でも、自分ひとりで生きているんじゃないってことは、ちゃんと理解しろよ。人生は1度きりしかない。仲間と楽しく笑いながら、くたばるまで転がり続けるんだ。

自分の人生を、他の誰でもない自分自身が生きるんだ。信頼し愛するものと共に進んでいけば、答えなんてあとから勝手についてくる。

俺のような人間でもできるんだから、誰にでもできる。今からでも遅くはないぞ。死ぬときに笑える人生を歩まないか？

ああでも、こんな人生は歩みたくないか（笑）。

あとがき

今回の本は、これまで出版した自著『ISHIYA私観 ジャパニーズ・ハードコア30年史』や『右手を失くしたカリスマ MASAMI伝』のように、noteなどのネット連載はなく、書き下ろしの本になった。

出版元であるblueprintから「そろそろ次作を出しませんか？」と言われたのだが『右手を失くしたカリスマ MASAMI伝』で、俺が物書きになった最大の理由であるMASAMIさんの話と、俺が育ったジャパニーズ・ハードコアの世界を書けたので、全く何も思い浮かばなかった。

「MASAMIさんのことが書ければ、もう別に他に書くこともないしなぁ」と思っていたので「もう本にするようなネタがありませんよ」と担当者に伝えると「では会社と相談して、何かネタを考えて提案します」と言ってくれるではないか。

物書きを始めた頃から思っていて、目標であったMASAMIさんの本を出せて抜け殻のような俺でも求めてくれるならばと、何とか書く気を呼び起こしていた矢先「次回作はISHIYAさんの自伝はいかがですか？」と言われてしまう。

ちょっと待ってくれ。自伝なんて小っ恥ずかしいし、俺みたいな人間の人生を書いたって何も面白くないし、読みたがる人間などいるわけがないと断り「それじゃあ海外にはちょくちょく行ってるので、海外の話は？」と提案し、協議を重ねた結果「自伝的に経験を書いていく海外の話にしましょう」となった。ふたつをあわせた案になり、どうしても自伝的な部分は書かなくてはならない感じになってしまった。

まぁしかし、求められるというのは幸せなことなので、どうせならと、がんばって自伝的に書いてみたのだが、書いているうちに連載をしていないので反応もわからず「こんなもん読んで面白いのか?」と何度も思うようになり、その度に担当者に確認して「面白いですよ」と持ちあげてもらい、何とか書き終えることができた。担当のblueprint松田様。本当にありがとうございます。しかし刊行された今でも「本当にこんな話が面白いのか? こんなものを出版していいのか?」と、ずっと思っている。

しかし、俺のようなどうしようもない人間がバンドで海外に行く話で、ひょっとしたらこれから先、バンドで海外を目指す人間が出てきて、それが日本のハードコアパンクであれば、「世界に日本のハードコアが伝え続けられるのではないか」との思いもあり、恥をさらすようではあるが、がんばって書いてみた。

一応ISHIYA私観シリーズの3作目になるようで、物書きになってこんな短期間で自分の本がシリーズ化されて発売されるなんて、夢のような話である。

かなり一般社会とは違う話なので、腹の立つ方もいるとは思うが、こんな世界があって、そこにいる人間たちは社会的には認められていなくても、世界中で繋がりあって別の世界を作っているんだなと、広い心で受け止めてもらえるとありがたい。

俺たちの周りには書けない話が多いが、何とか書ける範囲でまとめることができた。悪事を隠しているわけではなく、悪さ自慢に捉えられるのは伝えたいことと違うので、書籍として残す必要がどこにもないという俺の判断で、ほとんど書かなかった。

知りたければ、俺たちと信頼しあえる友人になるしかない。ハードルは高いかもしれないが、基本的に友人が増えるのはウエルカムであることは、この本を読んでくれた方なら分かるだろう。

最終話でも書いているが、信頼できる友人がいなければ、俺の人生はロクでもないものになっていたと思う。

ずっと一緒にバンドをやっていてくれるメンバーにはいくら感謝してもしきれない。普段は恥ずかしくて面と向かっては言えないが、心からありがとうと言いたいと思います。

「FORWARD」
SOUICHI
秋山

YOU
スタッフのフクちゃん
撮影&スタッフ業務もこなしてくれる木野内君

「DEATH SIDE」
MUKA-CHIN
YOU
ORI
弁慶

みんな本当にありがとう。
最後に協力してくれた方、この本を書く上でなくてはならない存在の方々に、
深い感謝の意も込め、名前を掲載させていただきます。

CHELSEA(ex.DEATH SIDE)
T.T(EIEFITS’ ex.FORWARD)
…
CRUDE
PILEDRIVER
MUSTANG

SLIP HEAD BUT
KUBOTA（SLIGHT SLAPPERS）
SHIGERU SHIGGY SATO（西横浜EL PUENTE）
YUMIRRIN（SLIP HEAD BUTT' SLEEPERS）
NANG CHANG（SMASH YOUR FACE）
EIJI（VESPERA）
JHAPPY（ソメイヨシノ）
ＪＵＮ（WARHEAD）
荒木（WARHEAD）

佐藤君（HG FACT）
KATSUTA（HEEL' TOKYO HARDCORE TATTOO）
纐纈（DEVOUR RECORDS）
BLOWBACK（新潟）
鉄アレイ（東京）
鈴木立（ex.我殺）
林
カメラマン（名前忘れた。ごめん）
ミッキー（にら子供）
ヒロシ（ASYLUM）

コウジ
GAZELLE（ASYLUM）
ZIGYAKU
ロンリー
桐生ちゃん
テトちゃん
リカちゃん
その他家のない俺を泊めてくれた人たち、本当にありがとう。

海外ツアーで協力してくれた各国の友人たち
SIMON（UGLY POP RECORDS：カナダ）
GABBA（CHAOS U.K、FUK：イギリス）
HAVOC（HAVOC RECORDS：アメリカ）
ANDY（NIGHT BRINGER：アメリカ）
ROB（アメリカ）
RYAN（アメリカ）
CHRIS（RIGHTEOUS JAMS：アメリカ）
ADAM（SLEEPER CELL：アメリカ）
BEN（DROPDEAD：アメリカ）
CAREER SUICIDE（カナダ）

STAR STRANGLED BASTARDS（アメリカ）
DOOMSDAY HOUR（アメリカ）
TIMMY（CHAOS IN TEJAS、540 Records: アメリカ）
BILLY（Partners in crime records: アメリカ）
YANNICK（FERAL WARD RECORDS: アメリカ）
TRAGEDY（アメリカ）
POISON IDEA（アメリカ）
WORLD BURNS TO DEATH（アメリカ）
KEN SANDERSON（PRANK RECORDS: アメリカ）
ROBERT（NO STATIK: アメリカ）
NO STATIK（アメリカ）
MARKKU（スウェーデン）
GREG DALY（アメリカ）
LONG KNIFE（アメリカ）
YEAP（HARDCOREVICTIM RECORDS、PISSCHRIST、KRÖMOSOM、
ENZYME: オーストラリア）
TEARGAS（オーストラリア）
HOONEY（韓国）
SCUMRAID（韓国）
SIMON（イギリス）

CHAOS U.K（イギリス）
KEITH（BLACK WATER RECORDS、LONG KNIFE、HELLSHOCK、WARCRY etc.: アメリカ）
EDDIE（TODO DESTRUIDO RECORDS、CRIATURAS、VAASKA: アメリカ）
CRIATURAS（アメリカ）
UNIT 21（アメリカ）
WILD//TRIBE（アメリカ）
OBSTRUCTION（アメリカ）
HEAD SPLITTER（アメリカ）
MIKE（SAD BOYS: アメリカ）
ARTY（アメリカ）
ANYA（アメリカ）
CREG（NOT DEAD YET: カナダ）
DAN ORSTRICH（アメリカ）
SPINACH（アメリカ）
JUKKA（SOTATILA: フィンランド）
JANI（フィンランド）
SEVE（BACKLASH: フィンランド）
DS-13（スウェーデン）

CRISTIAN（MANIC RELAPSE：アメリカ）
JORDAN（アメリカ）
RONNEY（DEAD RHYTHM EASTER FEST：スウェーデン）
GIULIO（F.O.A.D. RECORDS、CRIPPLE BASTARDS：イタリア）
CURBY（OBSCENE EXTREME：チェコ）
SAMALL（VENEZIA HARDCORE FEST：イタリア）
GEORG（RUIDOSA INMUNDICIA：オーストリア）
RUIDOSA INMUNDICIA（オーストリア）
IGOR（TO BE PUNK FESTIVAL：セルビア）

そして海外の各地でライブを企画してくれたオーガナイザー、対バンしてくれた多くのバンド、泊めてくれた友人たち、ドライバーのみんな、そしてライブに来てくれた観客たちがいなければ、この本を出せるような経験はできませんでした。

また地球のどこかで、必ず会えると信じています。

表紙とイラストを描いてくれた浅野忠信君、帯文を書いてくれた大槻ケンヂさん、本当にありがとうございました。

2023年5月17日
ISHIYA

ISHIYA

アンダーグラウンドシーンやカウンターカルチャーに精通し、
バンド活動歴30年以上の経験を活かし、
音楽や映画を中心に様々な媒体で執筆を続けるフリーライター。
1987年から自身のバンドによる国内外のツアーを続け、
著作には『関西ハードコア』(LOFT BOOKS)、
『ISHIYA私観 ジャパニーズ・ハードコア30年史』(blueprint)
『右手を失くしたカリスマ MASAMI伝』(blueprint) がある。
また、noteで各種連載を行うほかにも、トークイベントなどへの出演も多数。
FORWARD /DEATH SIDE VOCALISTとして、
国内外へジャパニーズ・ハードコアを発信し続けている。
note https://note.com/ishiya148
Twitter https://twitter.com/ishiya_148
instagram https://www.instagram.com/ishiya_forward

Laugh Til You Die
笑って死ねたら最高さ!

著者：ISHIYA

イラスト：浅野忠信

装丁：古田雅美、内田ゆか (opportune design Inc.)
編集：松田広宣 (blueprint)
校閲：大竹香織 (サプリ)、伊藤剛平 (初頭五餅校閲事務所)

2023年8月17日　第一刷発行

発行者：神谷弘一
発行・発売：株式会社blueprint
〒150-0043 東京都渋谷区道玄坂1-22-7 5/6F
[編集] TEL 03-6452-5160 FAX 03-6452-5162

印刷・製本：株式会社シナノパブリッシングプレス
JASRAC 出 2305195-301

ISBN 978-4-909852-44-1 C0073
©ISHIYA 2023, Printed in Japan.

本書の無断複製は著作権法上の例外を除き、禁じられております。
購入者以外の第三者による電子的複製も認められておりません。
乱丁・落丁本はお取替えいたします。